Semiótica Russa

Coleção Debates
Dirigida por J. Guinsburg

Equipe de Realização – Organização e revisão: Boris Schnaiderman; Tradução: Aurora Fornoni Bernardini, Boris Schnaiderman e Lucy Seki; Produção: Ricardo W. Neves e Sergio Kon.

boris schnaiderman (org.)
SEMIÓTICA RUSSA

PERSPECTIVA

Dados Internacionais de Catalogação na Publicação (CIP)
(Câmara Brasileira do Livro, SP, Brasil)

Semiótica russa / organizador Boris Schnaiderman.
-- 2. ed. -- São Paulo : Perspectiva, 2010. --
(Debates ; 162)

ISBN 978-85-273-0342-2

1. Semiótica 2. Semiótica - Rússia
I. Schnaiderman, Boris. II. Série.

10-02277   CDD-401.41

Índices para catálogo sistemático:
1. Semiótica russa : Linguística 401.41

2ª edição
[PPD]

Direitos reservados em língua portuguesa à
EDITORA PERSPECTIVA LTDA.

Av. Brigadeiro Luís Antônio, 3025
01401-000 – São Paulo – SP – Brasil
Telefax: (0-11) 3885-8388
www.editoraperspectiva.com.br

2019

SUMÁRIO

Nota de Organização 7
Boris Schnaidernan, Semiótica na U.R.S.S. — Uma busca dos "elos perdidos" (À guisa de Introdução) 9

PARTE I. ANTROPOLOGIA, ETNOGRAFIA, FOLCLORE, ESTUDO DAS RELIGIÕES

1. *I. M. Lotman*, Sobre o problema da tipologia da cultura — Tradução de Lucy Seki 31
2. *E. M. Mieletínski*, Tipologia estrutural e folclore — Tradução de Aurora Fornoni Bernardini 43
3. *T. I. Ielizárenkova, V. N. Toporóv*, Concepções mitológicas sobre os cogumelos, relacionadas com a hipótese do caráter primitivo do soma — Tradução de Lucy Seki 61
4. *A. M. Piatigórski*, O mundo dos símbolos da antiga cultura budista — Tradução de Lucy Seki 69
5. *G. A. Levinton*, Algumas questões gerais no estudo do rito matrimonial — Tradução de Lucy Seki 73
6. *A. A. Zalizniák, V. V. Ivanov, V. N. Toporóv*, Sobre a possibilidade de um estudo tipológico-estrutural de alguns sistemas semióticos modelizantes — Tradução de Aurora F. Bernardini. . 81

7. *D. M. Segal*, Sobre a relação da semântica do texto com sua estrutura formal − Tradução de Lucy Seki 97

PARTE II. POÉTICA

8. *I. M. Lotman*, Sobre algumas dificuldades de princípio na descrição estrutural de um texto − Tradução de Aurora Fornoni Bernardini 131
9. *I. K. Chchglóv*, Algumas características da estrutura de *As Metamorfoses* de Ovídio − Tradução de Boris Schnaiderman 139
10. *B. A. Uspênski*, A Semiótica em Chesterton − Tradução de Aurora Fornoni Bernardini 159
11. *B. A. Uspênski*, Elementos estruturais comuns às diferentes formas de arte. Princípios gerais de organização da obra em pintura e literatura − Tradução de Aurora Fornoni Bernardini 163
12. *N. M. Fortunatov*, O ritmo da prosa literária − Tradução de Aurora Fornoni Bernardini 219
13. *V. V. Ivanov*, O papel das oposições binárias na abordagem mitopoética do tempo − Tradução de A. F. Bernardini 221
14. *I. I. Revzin*, Biéli, Birkhoff e o problema da mensuração da criação artística − Tradução de Aurora Fornoni Bernardini .. 225

PARTE III. SEMIÓTICA E PSICOLOGIA DA PERCEPÇÃO

15. *D. M. Segal*, O problema do substrato psicológico do signo e algumas concepções teóricas de S. M. Eisenstein − Tradução de Aurora Fornoni Bernardini 235

PARTE IV. SEMIÓTICA E TEATRO

16. *P. G. Bogatyrév*, O cenário, o espaço artístico e o tempo no teatro popular − Tradução de Lucy Seki 243
17. *O. G. Karpínskaia, I. I. Revzin*, Análise semiótica das primeiras peças de Ionesco ("A cantora careca" e "A lição") − Tradução de Aurora Fornoni Bernardini 249

PARTE V. SEMIÓTICA E CINEMA

18. *V. V. Ivanov*, Sobre a estrutura dos signos no cinema − Tradução de Boris Schnaiderman 255

PARTE VI. SEMIÓTICA E FONIATRIA

19. *V. V. Ivanov*, A Lingüística e o estudo da afasia − Tradução de Aurora Fornoni Bernardini 263

Fontes utilizadas 305

NOTA DE ORGANIZAÇÃO

1. Nos textos incluídos neste volume, todos traduzidos do russo, os títulos das obras citadas estão igualmente traduzidos. No final, porém, há uma relação das fontes utilizadas, onde, a par da tradução, dá-se uma transliteração dos títulos dos trabalhos incluídos.

2. Não existindo uma norma segura de transliteração dos nomes russos para o português, procurou-se escrevê-los segundo uma aproximação das regras de nossa ortografia. Em certos casos, isto criou dificuldades, pois implicou a transliteração de fonema russo por mais de uma letra de nosso alfabeto. Isto se tornou particularmente sensível no caso do artigo de V.V. Ivanov, "A Lingüística e o estudo da afasia", onde foram necessárias notas para explicar os casos em que se deu pequeno afastamento da norma geral de transliteração, seguida no livro.

Está claro que estes percalços seriam evitados pelo uso da Notação Fonética Internacional, mas ela não está suficientemente difundida em nosso meio, pelo menos entre o público não-especializado.

3. Além das notas dos autores, aparecem outras dos tradutores e do organizador, devidamente especificadas. A inclusão entre colchetes indica trechos que não estão no texto original.

4. Em vários casos, foi preciso introduzir neologismos, pois eles ocorrem nos próprios textos originais. Por exemplo, a noção de *modelização* é fundamental nos trabalhos dos semioticistas soviéticos. Para compreendê-la bem, é essencial a leitura do trabalho de I. M. Lotman, "Sobre o problema da tipologia da cultura", que por esta mesma razão aparece no início da coletânea.

SEMIÓTICA NA URSS
Uma busca dos "elos perdidos" *
(À guisa de Introdução)

A maior parte dos que escrevem no Ocidente sobre Semiótica soviética toma como ponto de referência o Formalismo Russo, do qual os atuais semioticistas seriam os continuadores diretos. A noção que se tem mais comumente, e que durante muito tempo foi também a minha, é em linhas gerais a seguinte: os russos tiveram os seus precursores de uma visão estrutural das Ciências Humanas, como os grandes filólogos A. N. Viesselóvski (1838-1906) e A. A. Potiebniá (1835-1891), e que foram também os precursores do Formalismo Russo; depois, vem o Formalismo propriamente dito (1914-1930), cortado abruptamente por um ato de força do stalinismo; e a partir da década de 1960 desenvolve-se a escola dos seus continuadores, os atuais

---

* Este ensaio pôde ser completado graças a uma bolsa de estudos à França, que me foi concedida pela Fundação de Amparo à Pesquisa do Estado de São Paulo — B.S.

semioticistas soviéticos. Em oposição a este esquema, há os que procuram estabelecer uma distinção rígida entre formalismo e estruturalismo. Já tive ocasião de argumentar contra a rigidez desta diferenciação estabelecida por Lévi-Strauss num ensaio sob muitos títulos admirável, mas no qual há muita coisa de incorreto do ponto de vista de uma história das Ciências do Homem[1], pois são bem evidentes as relações entre o que faziam os teóricos da OPOIAZ e toda a visão estrutural das modernas Ciências Humanas. Aliás, esta relação é lembrada com freqüência pelos próprios semioticistas soviéticos, embora, também com freqüência, eles se voltem contra a noção exposta há pouco, e que estabeleceria uma vinculação muito linear entre eles e o Formalismo Russo. Às vezes, esta reação chega a ser irritada. Iúri Lotman, por exemplo, afirmou em mais de uma ocasião que é típico da crítica reacionária burguesa o estabelecimento de semelhante vinculação, e isto, declarado assim abruptamente, não contribui em nada para nos esclarecer sobre o problema. Não esqueçamos, porém, as condições em que tudo isto é escrito. Há na U.R.S.S. uma polêmica bastante violenta entre os semioticistas e críticos de variadas tendências, as coisas não decorrem placidamente, e nem sempre é possível manter um tom de serenidade.

Neste sentido, tem sido exemplar a atuação de V. V. Ivanov. Diversos trabalhos curtos dele já me tinham dado informações valiosas sobre o problema. Recentemente, porém, surgiram duas obras suas mais extensas, "A importância das idéias de M. M. Bakhtin sobre o signo, a enunciação e o diálogo, para a Semiótica moderna"[2] e *Ensaios de História da Semiótica na U.R.S.S.*[3], que, além dos elementos novos trazidos, ajudaram-me a pôr em ordem algumas anotações feitas em diferentes ocasiões e ter uma visão histórica mais satisfatória e que vou procurar transmitir agora.

Aliás, o deslumbramento que tivemos no Ocidente com a divulgação dos trabalhos do Formalismo Russo é perfeitamente compreensível. Qualquer pessoa que se ocupa de literatura e

---

1. Claude Lévi-Strauss, "La structure et la forme", in *Anthropologie structurale deux*, Paris, Plon, 1973. A publicação em revista é de 1960. Discuti o problema no artigo: *"Macunaíma* e um diálogo entre surdos" (1974), incluído em meu livro *Projeções: Rússia, Brasil, Itália*, São Paulo, Editora Perspectiva, 1978.

2. *Znatchênie idéi M. M. Bakhtiná o znake, viskázivanii i dialogue dliá sovriemiénoi semiótiki, in Trudi po znakovim sistiêmam* (Estudos Sobre os Sistemas de Signos), VI, Tártu, Estônia, 1973.

3. *Ótcherki po istórii semiótiki v SSSR*, Moscou, Editora "Naúka" (Ciência), 1976.

que lê pela primeira vez ensaios como o famoso de Eichenbaum sobre *O capote* de Gogol ou os trabalhos de mocidade de Jakobson, não pode deixar de ter uma espécie de júbilo misturado com susto: "Como foi possível eu não ter conhecido isto antes?" Ora, temos culpa de que eles ficaram muito tempo no ostracismo? Mas agora, passados tantos anos e publicados tantos materiais, temos a obrigação de procurar uma visão mais abrangente. De um ponto de vista histórico, é importante fixarmo-nos um pouco na segunda meade do século XIX, pois se constata então que uma visão est tural e semiótica vai-se formando em meio ao historicismo donimante na época. É claro que os precursores têm muita importância. Um ensaio como "À procura da essência da linguagem" de Roman Jakobson[4] lembra oportunamente a teorização dos estóicos, Santo Agostinho e os lógicos medievais. E não é menos importante o seu *Olhar de relance sobre o desenvolvimento da Semiótica*[5], que estabelece uma série de etapas na constituição da Semiótica, assumida e compreendida como tal. Seria preciso acrescentar aos precursores citados aí por Jakobson os importantíssimos estudiosos da linguagem na Índia antiga, aliás referidos por ele em outros escritos, e que têm sido objeto de valiosos trabalhos na União Soviética, particularmente os de V. V. Ivanov e V. N. Toporóv, alguns dos quais escritos em colaboração. O primeiro chega a afirmar que, enquanto os estudos gramaticais de Panini antecipam de 2500 anos a morfologia gramatical, tratados hindus de Poética, sobretudo de Poética do teatro, são verdadeiros precursores, com a mesma antecipação, da morfologia de Propp e de seus inúmeros continuadores (3, p. 260).

Mas não é isto que pretendo abordar agora. Além de não me preocupar tanto, neste momento, com os precursores remotos, quero mostrar não os que construíram realmente a Semiótica como tal (nisto os russos aparentemente não poderiam ter reivindicações a fazer), mas sim como certo desenvolvimento ocorrido na Rússia nas Ciências Humanas foi paralelo ao que ocorria no mundo a partir da segunda metade do século XIX: o surgimento cada vez mais evidente do que se poderia denominar "uma consciência semiótica".

Jakobson e outros já mostraram o absurdo de se ter deixado de levar em conta, durante muito tempo, a contribuição de Peirce. Uma recente republicação de trabalho escrito por Émile Littré nos últimos anos de vida mostra como já na década

---

4. *In Lingüística e Comunicação*, São Paulo, Editora Cultrix, 1969.

5. *Coup d'oeil sur le développement de la Sémiotique*, Indiana University Publications, Indiana, Bloomington, 1975.

de 1880 o grande lexicólogo tinha uma noção muito sutil sobre a relação entre a vida dos signos e a comunicação e não centrava tudo nesta, como se vê muitas vezes em trabalhos bem mais recentes[6].

Quando o norte-americano L. H. Morgan estudava em "corte horizontal" os sistemas de parentesco de povos seus contemporâneos, seu trabalho evidentemente prenunciava a abordagem sincrônica de Lévi-Strauss (Cf. 3, p. 12). E ao mesmo tempo, a sua pesquisa já se encaminhava para uma busca dos "elementos discretos" — tão característica dos trabalhos semióticos — e do agrupamento desses elementos num sistema. Enfim, os exemplos neste sentido são bem numerosos, mas não preciso citá-los em pormenor, pois alguns são bastante conhecidos.

Os próprios trabalhos de Peirce, com sua genial penetração em problemas que só agora estão sendo elucidados, são na realidade a expressão mais avançada dessa evolução que ocorria na época nas Ciências Humanas do Ocidente.

E é sob essa luz de um enfoque na medida do possível global, que temos de ver o ocorrido na Rússia a partir das últimas décadas do século passado.

Citei ainda há pouco o nome de Potiebniá. Os trabalhos russos de história da Semiótica trazem dados sobre as suas antecipações. Ora se lembra que ele já tinha sobre o pensamento mítico uma concepção que prenunciava a de Lévi-Strass; ora se traz à baila o fato de que já ligava a origem da linguagem ao mito, como seria desenvolvido mais tarde por Cassirer, etc. É outro o meu interesse neste momento. Vejamos como uma visão estrutural e semiótica aparece nele aliada a uma concepção bem historicista, bem enraizada no século XIX. Leia-se o seguinte trecho de seu livro *Apontamentos sobre a gramática russa*[7], e que fora publicado anteriormente em revista:

> Na palavra também se realiza o ato do conhecimento. Ela significa algo, isto é, além do significado, deve ter um signo. Embora para a palavra o som seja tão indispensável que sem ele o sentido da palavra seria para nós inatingível, ele indica o significado não por si mesmo, mas porque antes teve outro significado. O som *vierstá*[8] designa uma medida de

---

6. Émile Littré, "Pathologie verbale ou lésions de certains mots dans le cours de l'usage", publicado pelo autor em sua coletânea *Glanes*. Reeditado em *Le Nouveau Commerce*, Cahier 33-34, Printemps 1976, pp. 82-134.

7. A. Potiebniá, *Iz zapíssok po rúskoi gramátike*, Voronej, Tipografia de N. D. Goldstein, 1874, v. 1.

8. Aportuguesado para "versta".

comprimento porque antes designava *borozdá*[9]; ele significa *borozdá* porque antes significava a "volta do arado", e assim por diante, até nos determos nos embriões da palavra, pouco acessíveis à pesquisa. Por isto o som da palavra não é um signo, mas apenas o invólucro ou a forma do signo. Se se quiser, é o signo de um signo, de modo que na palavra os elementos não são dois, como se poderia concluir da definição da palavra dada acima, mas três.

Para o signo de uma palavra dada, é indispensável o significado precedente, mas o signo não é idêntico a este significado; senão, a palavra dada, além de seu significado atual, conteria todos os significados anteriores.

Pareceu-me conveniente traduzir este trecho, porque mostra as duas facetas opostas do pensamento lingüístico de Potiebniá. Por um lado, ele está muito preso à tradição filológica e etimológica oitocentista, vê tudo em função da gênese; mas, por outro lado, percebe que o som em si não é signo, que ele não liga a palavra ao objeto, o que antecipa certamente a concepção de Saussure. (Ao tratar de antecipações de Saussure, não se pode deixar de citar o grande lingüista polonês I. A. Baudouin de Courtenay, que passou muitos anos na Rússia e fez escola em Kazã e Petersburgo. Sua teoria sobre o fonema começou a ser desenvolvida em 1868.) Além disso, a noção de "signo de um signo" e a noção de cadeia, embora esta ainda presa à gênese, apontam para direções muito atuais da Lingüística.

A obra de A. N. Viesselóvski, também muito presa à preocupação genética e marcada pelo positivismo da época, caracteriza-se, ao mesmo tempo, por uma grande ousadia de pensamento. Adepto do método histórico-comparativo, recusava-se, no entanto, a explicar todos os fatos do folclore pelos empréstimos de uns povos a outros. A sua concepção sobre o assunto é anterior à teorização de E. B. Tylor neste sentido. V. V. Ivanov frisa (3, p. 6) a importância da sua concepção sobre o inconsciente na literatura popular e que se liga à noção de inconsciente desenvolvida na década de 1870 pelos lingüistas da escola de Kazã. Os trabalhos de Viesselóvski sobre Poética exerceram profunda influência e diversos críticos do Formalismo Russo partiram, explicitamente, de algumas de suas formulações.

No período em que essa escola se desenvolveu, ocorria no País uma efervescência extrema, tanto nas artes como nas Ciências Sociais. E sem dúvida, umas e outras têm de ser examinadas à luz desse clima geral.

---

9. Sulco de arado.

Nos últimos anos, já se fez bastante no Ocidente para divulgar melhor o que se fazia então nas artes. Um livro como *Formalismo e Futurismo* de Krystyna Pomorska[10], por exemplo, relaciona bem os problemas do Formalismo com a sua ambiência poética. Já os fatos ligados às Ciências Sociais têm sido geralmente menos elucidados e, na verdade, são às vezes bem difíceis de elucidar, devido ao atraso com que certos materiais são divulgados. Obras importantíssimas permaneceram inéditas dezenas de anos, de modo que o panorama que se pode traçar hoje é bem diferente do que se apresentaria poucos anos atrás.

O veto lançado sobre certas obras no período stalinista não somente as retirou então da circulação, mas tornou muito difícil a sua recolocação em pauta mesmo decênios mais tarde. Veja-se, por exemplo, o que sucedeu com a obra do lingüista N. I. Marr (1865-1934). Autor de uma "teoria estadial" que ligava intimamente a fase de desenvolvimento da língua com o estádio de desenvolvimento da sociedade, seus trabalhos e os de seus discípulos foram discutidos intensamente em 1950, cabendo a palavra final ao próprio Stálin[11], com o que se encerrou a discussão, sendo o poder, nas instituições que lidavam com a Lingüística, retirado dos adeptos de Marr e transferido para os seus oponentes. Além do que havia de absurdo em semelhante procedimento, do que ele acarretava de atraso científico, quando a palavra final e decisiva cabia ao chefe do Estado, os próprios textos de Stálin são bem sugestivos sobre o espírito com que as coisas eram feitas. Se em princípio ele estava certo ao afirmar que a língua não poderia ser considerada um fato da superestrutura, do ponto de vista da classificação dos fatos sociais por Marx em fatos da infra e da superestrutura, pois, transformada a base material da sociedade, ou infra-estrutura, a língua permanece essencialmente a mesma, o seu texto está eivado de generalizações, de conservadorismo lingüístico e de uma concepção utilitarista. Exemplo:

> Quem precisa de que as modificações das palavras na língua se processem não segundo a gramática existente, mas segundo uma completamente nova? Que proveito haveria para a Revolução, em semelhante

---

10. Editora Perspectiva, São Paulo, 1972. Edição original: *Russian Formalist Theory and its Poetic Ambiance*, Haia-Paris, Mouton, 1968.

11. I. Stálin, *Otnossítielno marksisma v iazikoznânii* (Sobre o Marxismo em Lingüística), Moscou, Gospolitizdát (Editora Estatal de Obras Políticas), 1950, e *K niékotorim vopróssam iazikoznânia* (Para alguns problemas da Lingüística), mesma editora, 1950.

transformação da língua? E em geral, a História não efetua algo essencial sem que haja para isto necessidade específica[12].

Não se tem aí, até, certo fatalismo historicista? O mais grave, porém, é que, embora no final do segundo de seus artigos, admita que nos trabalhos de Marr, além dos erros de princípio, há muita coisa de útil e bem elaborado, na prática a "luta contra o marrismo" eliminou da vida cultural soviética obras e desenvolvimentos valiosíssimos.

Personalidade rica e contraditória, Marr suscita até hoje ódios acirrados, prevenções, ressentimentos, de modo que a polêmica velha de quase trinta anos continua pesando no que se publica na União Soviética e dificultando a divulgação de trabalhos muito importantes. Por isto mesmo, no Ocidente muitos não se dão conta, por exemplo, de que V. I. Propp não é apenas o autor da famosa *Morfologia do conto maravilhoso* ou das *Raízes históricas do conto de feitiçaria*[13], livro este cujo desconhecimento explica boa parte dos equívocos de Lévi-Strauss em relação a seu autor. Basta dizer que vários trabalhos importantes deste só foram reunidos em volume postumamente, em 1976[14], inclusive o texto original de sua resposta a Lévi-Strauss, conhecida até então pela tradução italiana[15]. Como resultado disso, os próprios autores soviéticos citavam até então esse trabalho de Propp na referida tradução, evidentemente quase inacessível ao público russo.

No último período de sua vida, Marr estava trabalhando em íntima conexão com o psicólogo L. S. Vigótski e o cineasta S. M. Eisenstein, enquanto no campo da Lingüística o seu continuador direto era I. I. Mechcháninov. Conforme nos mostra muito bem V. V. Ivanov (Cf. 3, pp. 12 e ss.), Marr desenvolveu certas concepções de Viesselóvski sobre a relação entre a linguagem e os ritos antigos, bem como sobre a relação entre a linguagem dos gestos e a língua articulada.

Se a sua teoria dos "estádios" se prestou de alvo aos ataques de Stálin, ao mesmo tempo é o caso de perguntar: não ocorre nas Ciências Humanas uma tendência a pôr em relação fatos na aparência bem distantes entre si, como é o caso da evo-

12. *Sobre o Marxismo em Lingüística*, p. 8.

13. V. I. Propp, *Morfológuia skázki*, Moscou, Editora "Naúka" (Ciência), 1969 (2. ed.) e V. I. Propp, *Istorítcheskie kórni volchébnoi skázki*, Leningrado, 1946.

14. V. I. Propp, *Folclor i dieistvítielnost* (Folclore e realidade), Moscou, Editora "Naúka" (Ciência), 1976.

15. *In* Vladimir Ja. Propp, *Morfologia della fiaba*, Turim, Einaudi, 1966.

lução social e da evolução das línguas e dos estilos? Assim, Lévi-Strauss, depois de lembrar, tratando da história cultural chinesa, que

> Karlgren mostrou como os enfeites animais das peças arcaicas se transformaram, nos bronzes tardios, em arabescos chamejantes e pôs em relação os fenômenos de evolução estilística e o desmantelamento da sociedade feudal,

se vê tentado a crer numa transformação paralela nas artes dos guaicurus, com seus "arabescos (...) de pássaros e de chamas". E acrescenta:

> O barroco e a preciosidade do estilo seriam assim a sobrevivência, formal e amaneirada, de uma ordem social decadente ou desaparecida.

E ainda fala das culturas como

> conjuntos orgânicos em que o estilo, as convenções estéticas, a organização social, a vida espiritual, estão estruturalmente ligados[16].

Ora, a teoria de N. I. Marr não seria uma formulação mais extremada da mesma idéia? E a própria concepção geral de Eisenstein, como está expressa em seu vasto tratado inacabado de Estética, *A natureza não-indiferente*[17], cujo ponto de partida é a *Dialética da natureza* de Engels, não está marcada por um esquematismo marxista semelhante ao sistema de Marr?

São famosos os estudos de I. V. Knorozov que levaram à decifração do alfabeto dos maias. Eles se basearam, aparentemente, numa concepção bem semelhante à de Marr. V. V. Ivanov, por exemplo (3, p. 257), lembra que, segundo Knorozov, a escrita sempre surge numa sociedade sacerdotal.

A partir das concepções de Marr sobre a linguagem dos gestos como precursora da língua articulada e da ligação feita por ele entre o surgimento da fala e a utilização de instrumentos, o psicólogo L. S. Vigótski propunha uma série de trabalhos com chimpanzés, com este objetivo, há mais de quarenta anos, mas só deixou registrada esta sua intenção, pois as condições de trabalho não lhe permitiram efetivá-la (Cf. 3, pp. 20, 21).

V. V. Ivanov escreve (3, p. 30) que algo no gênero, isto é, quanto ao uso da mão nos primeiros sistemas de comunicação

---

16. Claude Lévi-Strauss, *Anthropologie structurale*, Paris, Plon, 1958, pp. 293, 294.
17. *Nieravnodúchnaia priroda*, in *Ízbranie sotchiniênia v chesti tomákh* (Obras escolhidas em seis volumes), Moscou, Ed. "Iskustvo" (Arte), 1964-1971, v. III.

humana, já fora expresso pelo etnólogo norte-americano F. Cushing em seu trabalho "Manual concepts", 1892[18], mas algumas de suas importantes anotações sobre a comunicação entre os povos "primitivos" foram publicadas somente em 1975. A idéia fundamental de Cushing teve, no entanto, considerável divulgação, graças sobretudo a Lévy-Bruhl, e é bem provável que tivesse exercido influência sobre concepções de Marr.

O cineasta S. M. Eisenstein teve sempre uma grande preocupação com a origem dos sistemas de signos. Ele procurou ler o artigo de Cushing citado por Lévy-Bruhl e ficou profundamente impressionado, chegando a escrever sobre a linguagem dos gestos, "à qual regredimos em estado de desvario" (*Apud* 3, p. 31). Isto se liga evidentemente à sua preocupação constante com o "êxtase", no qual via íntima relação com a fruição estética.

As obras de S. M. Eisenstein foram publicadas somente em parte em vida do autor[19]. Recentemente, saiu uma edição em seis volumes de suas *Obras escolhidas*[20], que contém diversos trabalhos inéditos muito importantes. No entanto, segundo nos informa V. V. Ivanov (Cf. 3), grande parte dos seus trabalhos ainda está por publicar, inclusive um diário interessantíssimo que manteve durante as filmagens no México.

A publicação de novos textos faz com que a figura de Eisenstein avulto cada vez mais, como a encarnação talvez mais completa do "espírito semiótico" na Rússia moderna. Tendo passado do teatro para o cinema, sua atividade como diretor englobava a preocupação com diversas artes. Ainda no cinema mudo, preocupou-se com a transmissão de efeitos de som. A utilização da cor constituiu uma de suas preocupações constantes. A relação entre pintura e cinema foi estudada por ele minuciosamente, com análise magistral de quadros e desenhos. Em diferentes ocasiões, mostrou a importância que teve para a gênese de suas idéias sobre a montagem o conhecimento do ideograma japonês e chinês. A literatura está presente sempre nas suas reflexões sobre cinema, que por sua vez trazem elementos valiosos

---

18. F. Cushing, "Manual concepts", *in American Anthropologist*, v. 5, 1892.

19. Eis algumas traduções ocidentais *The Film Sense*, New York, Harcourt, Brace & Co., 1942; *Film Form*, mesmo editor, 1949; *Structure, Montage, Passage, in Change* 1, Paris, 1968; *Reflexões de um cineasta*, Rio de Janeiro, Zahar, 1969; *La non-indifférente nature* 1, Paris, Union Générale d'Éditions, 1976; "O princípio cinematográfico e o ideograma", *in* Haroldo de Campos (org.), *Ideograma: Lógica, Poesia, Linguagem*, São Paulo, Editora Cultrix, 1977.

20. Já citada: v. Nota 17.

para a compreensão da obra literária. Não são poucos os ensaios que nos dão a medida da sua capacidade como escritor, enquanto o roteiro de *Ivã, o Terrível*, mostra apurada elaboração estilística. Eis uma anotação sua: "Não posso filmar. Escrevo" (*Apud* 3; p. 68). Os próprios desenhos para os filmes indicam uma capacidade incrível de se realizar em diferentes meios de expressão. E são bem conhecidas as reminiscências em que Prokófiev narra como a intervenção de Eisenstein foi decisiva para a forma definitiva da trilha sonora dos filmes em que ambos cooperaram.

Poderiam referir-se a ele as palavras magníficas de Maiakóvski, numa discussão sobre cinema, no sentido de que não via diferença nenhuma entre a sua capacidade como poeta e como roteirista[21]. No caso, trata-se virtualmente do grito de um artista sufocado em sua vocação multiforme pela burocracia dos órgãos responsáveis pelo cinema, os mesmos que perturbaram tanto a vida de Eisenstein, que encontrou dificuldades tremendas para realizar seus arrojados projetos, tanto na União Soviética quanto no Ocidente.

É impressionante a preocupação do cineasta com a ciência de seu tempo e, na realidade, ele expressou talvez como ninguém a síntese da ciência e da arte, certamente uma das grandes preocupações da década de 1920 (Ivanov aponta em mais de uma passagem para a semelhança entre as concepções de Eisenstein e as do matemático e teórico das artes P. A. Florênski, uma das grandes figuras daqueles anos)[22]. O próprio construtivismo soviético tem por base esta preocupação.

E ao mesmo tempo, a interpenetração das artes encontra então o seu momento privilegiado. A relação dos poetas cubo-futuristas russos com a pintura e o cinema; a preocupação dos próprios simbolistas, sobretudo Andréi Biéli, com a problemática do signo; as experiências teatrais de Meyerhold, Taírov, Vakhtangov e outros, que ampliaram o campo de ação do teatro, visto na totalidade dos elementos visuais e sonoros, enquanto a própria Semiótica do teatro já era iniciada com os trabalhos de P. Bogatirév; os projetos arrojadíssimos de Tátlin, em que a escultura e a arquitetura se fundiam e criavam-se conjuntos giratórios emissores de sons; as experiências gráficas de El Lissitski, que elevavam a tipografia à condição de arte maior; enfim,

21. Intervenção taquigrafada, traduzida em meu *A Poética de Maiakóvski através de sua prosa*, São Paulo, Ed. Perspectiva, 1971, p. 276.

22. Escrevi sobre P. A. Florênski em "Dante e a Rússia", *in Língua e Literatura* 1, São Paulo, 1972, pp. 164, 165 (artigo incluído em *Projeções: Rússia, Brasil, Itália*, v. Nota 1).

são realizações e mais realizações, todas no sentido de expressar uma das aspirações máximas do século: arte, ciência e técnica, fundidas numa totalidade e oferecidas ao homem para uso cotidiano.

Na realidade, a explosão revolucionária de 1917 foi acompanhada de um revolver completo do consagrado e estabelecido, nas artes, na literatura, nas normas do cotidiano. Não foi por acaso que os revolucionários do estético se uniram à Revolução, enquanto os poetas de salão, os continuadores da velha arte, acabaram assumindo, na maioria, posição contrária. É verdade que tudo isto foi muito complexo e o próprio entrechoque do destino individual e da contingência histórica acabou encontrando formas geniais de expressão, como no caso da obra poética de Marina Tzvietáieva, Óssip Mandelstam e Ana Akhmátova. Aliás, para a compreensão do que então sucedia, não podemos deixar de ligar as antevisões de um Khébnikov, nos seus escritores utópicos a partir de 1914[23], e o rodamoinho em que a vida russa estava prestes a se lançar.

É neste meio, igualmente, que se desenvolve o assim chamado Formalismo Russo. Apontou-se com razão, mais de uma vez, para o fato de que a problemática por ele discutida foi com freqüência a mesma que continua até hoje na ordem do dia. Elementos importantes da Teoria da Informação eram praticamente prenunciados por aqueles trabalhos. Já escrevi em mais de uma ocasião sobre a importância daqueles estudos para uma perspectiva mais correta e mais rica da própria história da literatura, sobretudo da história literária russa. Ao mesmo tempo, alguns dos seus principais representantes foram também escritores que trouxeram contribuição considerável para a literatura como tal. Livros de reminiscências de Víctor Chklóvski constituem com certeza obras marcantes da *litieratura facta*, a literatura do fato real, que se desenvolveu paralelamente ao construtivismo das artes plásticas. E Iúri Tinianov movia-se com a mesma proficiência e seriedade no campo dos estudos literários e da ficção.

Se de início alguns deles assumiram atitudes de desafio ao predomínio das preocupações, nos estudos literários, com a Psicologia, a Sociologia e a Filosofia e chegaram a afirmar a independência da literatura em relação aos fatos da vida social, todo o movimento tendeu para uma visão renovada da história da literatura: o panorama diacrônico se enriquecia com a fecundidade das abordagens sincrônicas. Aliás, uma compreensão dos

---

23. Tratei deles um pouco mais extensamente em *A Poética de Maiakóvski através de sua prosa*, pp. 33, 34, 56, 57, 62.

fatos da linguagem como fatos sociais é evidente em algumas obras mesmo da fase inicial, como é o caso dos primeiros escritos de Jakobson. Havia esta compreensão e, ao mesmo tempo, os trabalhos do Formalismo Russo valorizaram o estudo imanente do texto, e mesmo em 1928, quando Jakobson e Tinianov publicaram as suas famosas *Teses*, sublinhavam a relação da literatura com as demais séries históricas, mas afirmavam também que o estudo imanente devia vir em primeiro lugar.

Isto permite compreender melhor a oposição sempre demonstrada por M. Bakhtin em relação ao Formalismo Russo como movimento, embora reconhecesse o mérito de alguns estudos seus sobre temas restritos.

Às vezes, esta oposição, vista de relance, é bastante difícil de compreender. Quem estuda com atenção o livro *Problemas da Poética de Dostoiévski*[24], acompanha em linhas gerais justamente aquilo que é preconizado nas famosas teses. De início, Bakhtin faz o estudo imanente da obra de Dostoievski, em função da sua concepção de literatura, e só depois passa a tratar de Poética histórica. Esta concepção é muito pessoal e penetrante, mas à primeira vista não parece muito diferente do que preconizava o Formalismo Russo. Ao mesmo tempo, porém, são poucos os críticos desta corrente citados no livro, mesmo no caso de temas que são abordados pelo autor e já tinham sido estudados em profundidade pelos formalistas. É muito estranho, sobretudo, não haver ali nenhuma alusão a Iúri Tinianov, autor de um famoso ensaio sobre a paródia em Dostoievski[25], tema amplamente tratado no volume, onde há também uma colocação histórica das abordagens anteriores da obra do romancista, em relação à problemática estudada no livro. Esta omissão intencional parece ligar-se a posições polêmicas de momento e não condiz com a grandiosidade de concepção desta obra reveladora.

Passando-se ao livro sobre Rabelais[26], tem-se já uma perspectiva completamente diversa. Com sua riqueza de idéias, sua profunda erudição, seu mergulho nas raízes populares de Rabelais, o trabalho é sobretudo um tratado de Poética histó-

---

24. *Problêmi poétiki Dostoiévskovo*, 3. ed. Moscou, Editora "Khudójestvienaia litieratura" (Literatura), 1972.

25. "Dostoiévski i Gógol (k teórii paródii)" (Dostoievski e Gógol – para uma teoria da paródia), in *Arkhaísti i novátori* (Arcaizantes e inovadores), Leningrado, 1929 (primeira publicação: 1919).

26. *Tvórtchestvo François Rabelais i naródnaia cultura sriednieviekóvia i renessansa* (A obra de François Rabelais e a cultura popular da Idade Média e do Renascimento), Moscou, Editora "Khudójestvienaia litieratura" (Litieratura), 1965.

rica e uma contribuição à História da Cultura. O predomínio da visão histórica é proclamado a cada passo.

A primeira edição do livro sobre Dostoievski é de 1929 e a obra sobre Rabelais foi apresentada como tese de Doutoramento em 1940. Mas, nas condições russas da época, esta cronologia significa muito pouco, pois não se percebe em que época a tese teria sido elaborada (as referências bibliográficas são completamente contraditórias).

Maior ainda será a perplexidade do historiador que, depois de ler os livros sobre Dostoiévski e Rabelais, tomar conhecimento de um dos ensaios de Bakhtin publicados recentemente: "Para a estética da palavra"[27]. O trabalho é dirigido contra o que ele chama de "estética material", isto é, aquela que estabelece o "primado do material" na obra de arte e esforça-se por fundamentar um estudo das artes "independente da Estética filosófica geral", estudo esse que acaba aproximando-se das Ciências Naturais, da Matemática e da Lingüística. E o assim chamado Formalismo Russo não seria mais do que uma das variantes — "um tanto simplificada e tosca, diga-se de passagem" — da referida "estética material", não obstante algumas contribuições muito valiosas em campos limitados de estudo, que acompanhariam o fracasso de todas as tentativas, nesse movimento, de uma teorização mais geral a respeito da obra de arte.

Escrito num tom de polêmica mais violenta que certos trabalhos seus (ou de seus alunos) aparecidos na década de 1920, acaba por atribuir o "primado" na obra de arte ao "momento ético-cognitivo" que constituiria o conteúdo. E exemplificando a argumentação com trechos das *Memórias do subsolo* de Dostoiévski, afirma que o "acontecimento ético" não é indiferente à "profundidade, amplitude e veracidade" dos juízos. Segundo Bakhtin, "a linguagem em sua definibilidade lingüística não entra no objeto estético" e "o imenso trabalho do artista com a palavra tem por finalidade a superação desta".

Ora, para se compreender bem a oposição entre Bakhtin e os formalistas, é preciso estudar o conjunto de sua obra, o que não é fácil. Por exemplo, seus primeiros trabalhos teriam sido publicados com a assinatura de dois alunos (esta afirmação estranhíssima parte de Ivanov); eis os mais importantes, os

---

27. "K estétike slova", no anuário *Contekst 1973*, Moscou, 1974. Na realidade, este artigo é uma parte, ligeiramente refundida pelo autor, do ensaio "O problema do conteúdo, do material e da forma na obra artística vocabular", escrito em 1924, por encomenda da revista *Rúski sovriemiênik* (O Contemporâneo Russo), que pouco depois cessava de existir. O ensaio só foi publicado em 1975, no livro de Bakhtin, *Problemas de Literatura e Estética* (V. nota 30).

que saíram em livro: V. N. Volochinov, *Freudismo*; P. N. Miedviédiev, *O método formal nos estudos literários, Introdução crítica à Poética sociológica*; V. N. Volochinov, *Marxismo e filosofia da linguagem*[28]. Estes livros eram até há pouco sempre considerados como pertencentes à "escola de Bakhtin", isto é, escritos sob a sua influência direta. Mas, lendo-os, reconhece-se demais a presença do grande teórico. Nas minhas conversas com V. V. Ivanov em 1972, ele me assegurou que a parte fundamental do texto era do próprio Bakhtin. E a asserção me é confirmada por uma nota a seu trabalho sobre este (2, nota 101), onde se afirma que Miedviédiev e Volochinov só introduziram uns poucos acréscimos, ocorrendo também mudança do título da terceira dessas obras. Ora, Ivanov é testemunha valiosa, pois conviveu com Bakhtin antes da morte deste. Esta afirmação de Ivanov tem sido endossada, ultimamente, por estudiosos e editores. Assim, na edição francesa de *Marxismo e filosofia da linguagem*, a autoria do livro é atribuída a Bakhtin, vindo o nome de Volochinov entre parênteses[29]. A mesma autoria e afirmada por Jakobson, no prefácio ao volume e pela tradutora Marina Yaguello, em sua introdução.

Nos últimos anos de vida, Bakhtin preparou para publicação um livro de ensaios extensos, abrangendo trabalhos seus desde a década de 1920, e que saiu postumamente[30].

Lendo o conjunto, compreende-se melhor o porquê da oposição de Bakhtin aos formalistas. Sua noção de Poética sociológica é bem diferente das abordagens sociológicas da literatura com que estamos acostumados. A natureza social da linguagem reside no fato de que ela sempre se dirige a alguém e que o próprio monólogo pressupõe o *outro*. Este dialogismo fundamental é que tem de ser levado em conta em todas as aobrdagens da literatura. Em essência, a linguagem é sempre dialógica. O monologismo, isto é, a concentração da obra em torno da voz do autor, constitui um artifício de que este lança mão para centrar tudo em seu próprio núcleo ideológico. A tarefa do estudioso da literatura seria desvendar este dialogismo

---

28. V. N. Volochinov, *Freudism*, Moscou-Leningrado, 1927; P. N. Miedviédiev, *Formálni métod v litieraturoviédenii, Krititcheskoie vviediênie v sotziologuítcheskuiu poétiku*, Leningrado, 1928; V. N. Volochinov, *Marksism i filossófia iaziká*, Leningrado, 1929.

29. Mikhail Bakhtin (V. N. Volochinov), *Le marxisme et la philosophie du langage*, Paris, Les Éditions de Minuit, 1977.

30. Mikhail Bakhtin, *Vopróssi litieratúri i estétiki* (Problemas de Literatura e Estética), Moscou, Editora "Khudójestvienaia litieratura" (Literatura), 1975.

essencial. Com muita razão, V. V. Ivanov aponta para a importância que esta concepção apresenta para o estudo das ideologias. Sem dúvida, a grande contribuição de Bakhtin a esse estudo consiste sobretudo no livro sobre Dostoievski, que é apresentado como o verdadeiro fundador do "romance polifônico", onde o dialogismo é levado ao máximo, resultando em multiplicidade de vozes, cada uma expressando determinada ideologia, sendo a voz e a ideologia do autor expressas em contraposição a todas as demais, sem nenhum predomínio sobre estas, a não ser quase sempre no final do romance, como aparece muito claramente no desfecho de *Crime e castigo*. E o próprio monólogo é "dialogizado", isto é, contém em si a voz do outro.

Esta concepção é que constitui a chave da oposição Bakhtin/formalistas, e não as suas considerações sobre o "momento ético-cognitivo", que chegam a um regresso empobrecedor à distinção tradicional entre conteúdo e forma, esta considerada como algo que "envolve" aquele ("Para a estética da palavra", p. 270). Segundo a sua visão, expressa na década de 1920, não tem sentido apontar-se para a necessidade de um estudo imanente, seguido de um estudo da relação com as outras séries históricas. Pois, ao fazer-se aquele estudo (cuja importância é por ele sublinhada), só se alcançaria o cerne da questão considerando-se a linguagem em seu aspecto dialógico, na relação com o *outro*, isto é, um fato fundamentalmente social e histórico.

Segundo Jakobson escreveu em 1935, "o formalismo evoluia para o método dialético, permanecendo ao mesmo tempo fortemente marcado pela herança mecanicista"[31]. E esta situação, descrita por Jakobson, evidentemente não era de molde a satisfazer Bakhtin. Com o passar dos anos, porém, os formalistas foram se aproximando em certa medida das concepções bakhtinianas. Ao mesmo tempo, é preciso considerar que Bakhtin surgiu num meio que já estava trabalhado pelas discussões em torno das teses levantadas pelos formalistas. Não é por acaso que se sente a presença destes a cada passo na obra do teórico. Tem-se aí, pode-se dizer, uma curiosa manifestação de dialogismo, bem no sentido bakhtiniano: ele pode não citar Tinianov, mas um desenvolvimento das idéias deste, ora como aceitação, ora como debate velado, está presente em muitas páginas que escreveu.

---

31. Roman Jakobson, intervenção numa das sessões do Círculo Lingüístico de Praga, publicada em *Slovo a Slovesnost*, 1935, traduzida para o francês e incluída na publicação *Change* 3, Paris, 1969, p. 59.

A edição norte-americana do livro *Marxismo e filosofia da linguagem*[32] vem acompanhada de estudos de seus tradutores, que nos esclarecem sobre vários pontos, quanto à oposição Bakhtin/formalistas. Bakhtin não esconde que outros, antes dele, trataram do problema do dialogismo, tanto na Rússia como no Ocidente. Ladislav Matejka e I. R. Titunik explicam bem, no entanto, a que ponto o tema do dialogismo já havia adquirido grande importância nos trabalhos dos formalistas, fato que não se percebe pela mera leitura de Bakhtin. É preciso reconhecer, ninguém elaborou este tema com a mesma riqueza e profundidade, mas também é preciso render justiça aos compatriotas que ele omite ou aos quais se refere com evidente má vontade.

À distância, parece exagerada e absurda a reação violenta de Bakhtin, expressa na década de 1920, mas reassumida nos últimos anos. Sobretudo se lembrarmos que foram teóricos do que ele chama de "estética material" que chamaram tanto no Ocidente como na União Soviética atenção para a sua obra (ou de seus discípulos) em épocas quando ela estava completamente esquecida, cabendo a Jakobson lugar de destaque neste reviver das idéias de Bakhtin. Foram os teóricos da "estética material" que retomaram as suas teses e perceberam o que elas traziam de rico e inovador para os estudos literários e semióticos. Mas, nas condições ásperas em que se desenvolveu a vida literária russa, aquela reação abrupta se torna mais compreensível.

É curioso observar, também, que o início da reflexão bakhtiniana (ou de seu grupo) sobre o dialogismo é marcado pelo livro sobre a Psicanálise, o que torna completamente absurdas as afirmações de Julia Kristeva de que "Bakhtin e seus amigos"... "pressentiam a intervenção freudiana"[33]. V. V. Ivanov critica, e com toda razão, estas palavras, que só podem ser explicadas pelo desconhecimento do livro já referido sobre a Psicanálise. Na mesma nota 101 de seu estudo, ele cita outros trabalhos franceses que revelam igual desconhecimento e observa que eles "propõem a Bakhtin voltar àquilo que foi o seu ponto de partida na década de 1920".

Aliás, generalizou-se no Ocidente a noção de que a Psicanálise não teria exercido nenhuma influência na U.R.S.S. Catherine B. Clément chega a escrever sobre uma ausência quase

---

32. V. N. Vološinov, *Marxism and the Philosophy of Language*, tradução de Ladislav Matejka e I. R. Titunik, New York e Londres, Seminar Press, 1973.

33. "Une poétique ruinée", estudo introdutório a Mikhail Bakhtin, *La Poétique de Dostoïevski*, Paris, Seuil, 1970, p. 9.

total da Psicanálise nos países socialistas[34]. Ora, na década de 1920, na União Soviética houve toda uma corrente de psicólogos que procurava aliar Psicanálise e Marxismo e contra eles se volta o livro bakhtiniano sobre freudismo. Toda a reflexão de Eisenstein está marcada pela Psicanálise. V. V. Ivanov explica o seu "biologismo" por uma influência direta de Sandor Ferenczi (3, p. 96) e cita uma passagem de apontamentos inéditos do cineasta na qual este afirma que a coletânea de H. Sachs e Otto Rank, *Importância da Psicanálise para as ciências do espírito*, "foi um dos primeiros livros que me obrigaram a refletir, quase pela primeira vez, sobre alguns problemas da arte" (3, p. 96). Mas, na realidade, a posição de Eisenstein em relação a Freud foi bastante complexa, variando do fascínio à repulsa. Aliás, para convencer-nos de que a Psicanálise não é um fato de pouca monta para a cultura soviética, bastaria o artigo dedicado a Freud na *Enciclopédia literária sucinta*, da autoria de R. F. Dódeltzov[35], uma abordagem em certa medida negativa, mas extensa e com pleno conhecimento de causa.

A "consciência semiótica" tende sempre na União Soviética, como em outros países, para uma visão globalizadora da cultura, para a qual não tem sido pequena, por exemplo, a contribuição recente de estudiosos como Iúri Lotman e B. Uspênski. Participam desta visão globalizada pensadores que não têm sido considerados semioticistas, mas cuja reflexão sem dúvida encaminha-se no mesmo sentido. Foi o caso, entre outros, do orientalista soviético N. I. Konrad, recentemente falecido, que estudou a relação entre literaturas tão distantes entre si como as da Europa Ocidental e do Extremo Oriente, chegando à conclusão de que as eventuais semelhanças não podem ser atribuídas unicamente a influências e contatos culturais:

A fase de desenvolvimento histórico-social e cultural e a proximidade entre as formas em que este desenvolvimento se manifesta são condição essencial para o surgimento de literaturas do mesmo tipo[36].

Isto é, uma conclusão que não está muito longe da "teoria estadial" de Marr. A grande contribuição de Konrad consiste, porém, em sua concepção geral, globalizadora, que vê um período

34. "La Psychanalyse", in Catherine B. Clément, François Gantheret e Bernard Mérigot, *La Psychanalyse*, Paris, Larousse, 1976.
35. R. F. Dódeltzev, *Freud, Sigmund*, in *Krátkaia litieratúrnaia entziclopiédia*, Moscou, Editora "Soviétskaia entziclopiédia" (Enciclopédia Soviética), v. VIII, 1975, pp. 138-141.
36. N. I. Konrad, *Západ i Vostók* (Ocidente e Oriente), 2. ed., Moscou, Glávnaia Redáctzia Vostótchnoi Litieratúri (Editora Central de Literatura do Oriente), 1972, p. 318.

como o Renascimento, por exemplo, não apenas à luz do que sucedia na Europa Ocidental, mas do que ocorria no mundo como totalidade, constituindo para isto um passo muito importante o conhecimento do Extremo Oriente.

Procurei estabelecer aqui, sem tentar esgotar o assunto, o que me aparece como os marcos essenciais do desenvolvimento de uma "consciência semiótica" na Rússia, anterior ao aparecimento dos atuais semioticistas. Minha perspectiva se ampliou, embora não possa dizer que "superei" a visão anterior dos fatos. A publicação de novos materiais, o conhecimento de novos dados, poderá eventualmente alterar aqui ou ali esta perspectiva. Em todo caso, o que apontei me parece suficiente para mostrar a necessidade de se estudar seriamente a contribuição soviética.

*
* *

A presente antologia constitui uma amostragem do que têm realizado os herdeiros da riquíssima herança cujo panorama tentei esboçar. Suas atividades tiveram início em fins da década de 1950, o que mostra a desafagem entre os ricos inícios da atividade semiótica na U.R.S.S. e o tardio começo dos trabalhos de Semiótica, reconhecida e assumida como tal. Sem dúvida, este atraso se deve ao clima vigente no período do stalinismo.

Mas, iniciados os trabalhos do grupo de semioticistas soviéticos, logo se desenvolveram com grande intensidade. Com freqüência, fala-se no Ocidente de uma "Escola de Tártu", mas, na realidade, os que são englobados sob esta denominação residem em diferentes partes da União Soviética. Iúri Lotman, que é professor de Literatura Russa na Universidade de Tártu, Estônia, organizou ali uma série de encontros de semioticistas e passou a publicar os trabalhos destes numa coleção de brochuras, embora às vezes ensaios de Semiótica apareçam também em outras publicações, sobretudo da Academia de Ciências da U.R.S.S., secção de Moscou, na qual se constituiu um grupo muito importante de semioticistas.

No presente volume reuniram-se estudos com diferentes níveis de elaboração. Um leitor desprevenido talvez ache esquemático demais o trabalho de V. V. Ivanov, "O papel das oposições binárias na abordagem mitopoética do tempo", mas é preciso levar em conta que se trata de "teses" apresentadas num simpósio, isto é, resumo obrigatoriamente sucinto que se costuma distribuir aos participantes de tais encontros científicos. Para render justiça a seu autor, é preciso dizer que as mesmas idéias foram depois elaboradas por ele ricamente em vários ensaios. Pareceu-me, porém, interessante reunir justamente estes níveis diversos de elaboração, para se perceber melhor o tipo de trabalho realizado.

Uma ressalva semelhante poderia ser feita em relação a vários outros trabalhos incluídos.

O estudo de B. A. Uspênski, "Elementos estruturais comuns às diferentes formas de arte. Princípios gerais de organização da obra em pintura e literatura", constitui o capítulo final de seu livro *Poética da Composição*, porém, mesmo levando-se em conta o caráter unitário do conjunto, pareceu-me importante incluir o escrito nesta antologia; umas poucas notas informam o leitor sobre as referências que ali aparecem a outras partes da mesma obra.

Uma coletânea deste tipo, que abrange campos tão diferentes, naturalmente só pode ser uma amostragem do acervo existente sobre os temas abordados. Outras publicações em português certamente irão desempenhando o papel de fornecer ao leitor um quadro mais completo e consistente que o de uma simples amostragem.

BORIS SCHNAIDERMAN

Primeira Parte: ANTROPOLOGIA, ETNOGRAFIA,
　　　　　　　　FOLCLORE, ESTUDO DAS RELIGIÕES

1. SOBRE O PROBLEMA DA TIPOLOGIA DA CULTURA
I. M. Lotman

O estudo dos fenômenos culturais com a aplicação de recursos da Semiótica constitui uma das tarefas mais atuais e, ao mesmo tempo, mais complexas, em todo o conjunto de problemas contemporâneos do ciclo das Ciências Humanas[1]. Sem termos por objetivo uma descrição plena do conceito de cultura, podemos dar aqui, na qualidade de definição funcional e que nos será útil subseqüentemente, a seguinte definição de cultura:

> O conjunto de informações não-hereditárias, que as diversas coletividade da sociedade humana acumulam, conservam e transmitem.

1. O leitor encontrará um apanhado das definições do conceito de cultura nas obras: A. Kroeber, C. Kluckhohn, *Culture. A Critical Review of Concepts and Definitions*, Cambridge, Mass., Papers of the Peabody Museum, 1952; Antonina Kloskowska, *Kultura masowa, Krytyka i obrona*, Warszawa, 1964. Seção: "Rozumienie kultury".

Entre os inúmeros trabalhos referentes ao tema por nós estudado, cumpre destacar, particularmente, os C. Lévi-Strauss.

Assim, para nossos propósitos, é importante destacar o princípio de acordo com o qual a cultura é informação. De fato, mesmo quando tratamos com os assim chamados monumentos da cultura material, por exemplo, com os meios de produção, é preciso ter em mente que todos estes objetos desempenham, na sociedade que os crita e utiliza, uma dupla função. Por um lado eles servem a objetivos práticos e, por outro lado, concentrando em si a experiência da atividade de trabalho precedente, eles se constituem um meio de conservação e transmissão de informações. Para os contemporâneos, que têm possibilidade de receber estas informações através de inúmeros outros canais, freqüentemente mais diretos, a primeira função apresenta-se como primordial, mas para aqueles que vêm depois, por exemplo, para o arqueólogo ou o historiador, ela é inteiramente deslocada pela segunda. Com isto, porquanto a cultura representa uma estrutura, o pesquisador pode extrair dos instrumentos de trabalho não só informações sobre o processo de produção, mas também conhecimentos sobre a estrutura da família e de outras formas de organização social de uma coletividade humana há muito desaparecida. É claro que precisamente devido a esta sua segunda função, os instrumentos da cultura material (bem como o próprio processo de produção) pertencem à cultura.

A compreensão da cultura como informação determina alguns métodos de pesquisa. Ela permite examinar tanto etapas isoladas da cultura como todo o conjunto de fatos histórico-culturais na qualidade de uma espécie de texto aberto, e aplicar em seu estudo métodos gerais da Semiótica e da Lingüística Estrutural.

Ao mesmo tempo, é de fundamental importância a delimitação dos conceitos de código e mensagem, admitida na Lingüística após os trabalhos de R. O. Jakobson, mas que não teve, até agora, aplicação suficiente na literatura, nas artes plásticas, no pensamento social, etc.

Deve ser considerada condição indispensável para a construção da história tipológico-estrutural da cultura a separação do conteúdo destes ou aqueles textos culturais da estrutura de sua "língua". Simultaneamente, é preciso distinguir, em todo o conjunto dos fatos dados ao historiador da cultura, o sistema teoricamente reconstruído (a língua de determinada cultura) e a realização desta cultura na massa do material extra-sistêmico (sua fala).

Deste modo, todo o material da história da cultura pode ser examinado sob o ponto de vista de uma determinada informação de conteúdo e sob o ponto de vista do sistema de códigos sociais, os quais permitem expressar esta informação por meio de determinados signos e torná-la patrimônio destas ou aquelas coletividades humanas.

É precisamente este segundo aspecto, o da cultura como hierarquia de códigos historicamente formada, que antes de tudo interessa aos especialistas em tipologia das culturas, porquanto cada tipo de codificação da informação histórico-cultural está ligado às formas radicais da auto-consciência social, da organização das coletividades e da auto-organização da personalidade. O objeto da tipologia da cultura pode ser definido como a descrição dos principais tipos de códigos culturais, em cuja base se formam as "línguas" de culturas isoladas, a descrição de suas características comparativas, a determinação dos universais das culturas humanas e, como resultado, a construção de um único sistema das características tipológicas dos principais códigos culturais e das propriedades universais da estrutura geral da "cultura da humanidade".

Já neste ponto será possível expressar a pressuposição de que o número total dos principais tipos de códigos culturais será relativamente pequeno, e que a significativa diversificação das culturas surgirá à custa de complexas combinações de tipos relativamente simples e pouco numerosos.

Uma das particularidades distintivas e, ao mesmo tempo, uma das dificuldades principais no estudo dos códigos culturais é o fato de eles se apresentarem como estruturas de grande complexidade, relativamente às línguas naturais sobre as quais os sistemas de cultura se constroem (por isso é conveniente defini-los como "sistemas modelizantes secundários"). Tentemos determinar a que está relacionado, afinal, este brusco aumento de complexidade do código cultural quando ocorre passagem dos sistemas modelizantes primários (língua natural) aos secundários.

Antes de mais nada é preciso notar que qualquer texto cultural (no sentido de "tipo de cultura") pode ser examinado tanto como uma espécie de texto único, com um código único, quanto um conjunto de textos, com um determinado conjunto de códigos, a eles correspondente. Este pode ser mecânico — constituir-se de um determinado conjunto de textos os quais, em princípio, são decifráveis por meio do código geral —, ou incluir textos que exigem diversos códigos apenas num certo nível, mas que em outros níveis são decifráveis por meio de um único sistema de signos. Neste último caso, dois códigos culturais diferentes podem ser considerados variantes de um certo esquema invariante. Assim, por exemplo, as normas ideais de comportamento do cavaleiro e do monge, nos quadros da cultura medieval (para seu historiador, textos serão tanto monumentos reais, graficamente fixados, como normas ideais, reconstruídas; provavelmente aqui terá sentido falar em textos de diferentes níveis), serão diferentes. O comportamento deles parecerá ponderado (nós compreenderemos seu "significado") apenas mediante a utilização, para cada um deles, de estruturas de código especiais (qualquer tentativa de aplicar outro código faz com que este comportamento pareça "sem sentido", "absurdo", "destituído de lógica", isto é, não o decifra)[2]. Num determinado nível, estes códigos serão opostos. Esta é, entretanto, uma oposição não de sistemas desvinculados e, por isso, diferentes, mas sim uma oposição dentro de um sistema. Portanto, num outro nível, ela poderá ser reduzida ao sistema codificador invariante. Cumpre notar que a estrutura da hierarquia dos códigos culturais é um aspecto imporante de sua caracterização (são possíveis tipos de cultura diferentes quanto à estrutura de códigos isolados, mas invariantes sob o ponto de vista de sua subordinação).

É necessário indicar também outro tipo de complicação da estrutura do código estrutural: o exemplo citado acima for-

2. Um exemplo de como o comportamento do cavaleiro, extremamente ponderado nos limites do código que lhe é pertinente, parece "absurdo" sob o ponto de vista de outro tipo de cultura e de outro tipo de comportamento ligado a esta cultura, é dado pelo texto de *Dom Quixote*. É interessante notar que a percepção de outro sistema como "absurdo" pode ser de dois tipos:

no primeiro caso, o observador sabe qual o código de cultura com cujo auxílio é conveniente decifrar o comportamento observado por ele, mas não considera este código apropriado e recusa-se a utilizá-lo. Neste caso, conserva-se o sentimento de "sistematização" dos fatos observados. Mas esta "sistematização" pressupõe a existência de "significação". Por isso o comportamento cultural observado apresenta-se não como "sem sentido", mas como "demente" (cf. as observações de Polônio sobre o caráter "sistêmico" da loucura de Hamlet);

no segundo caso, o observador não pode imaginar um código cultural que decifre adequadamente o comportamento observado. Este se lhe apresenta como um aglomerado de atos isolados. Perde-se o sentimento de "sistema". Neste caso, o comportamento aparece como completamente carente de sentido. Visto que precisamente esta posição demonstra o maior grau de alienação com respeito ao sistema observado, a literatura do Renascimento a imita, ao descrever as condições "anti-naturais" da sociedade da época. Cf. as constantes descrições, por Tolstói, da vida mundana como um encadeamento sem sentido e inexplicável de fatos isolados do comportamento (por exemplo, a descrição do teatro).

nece variantes de um sistema monotípico — mais exatamente, ético — dentro de um tipo cultural[3]. É possível, entretanto, imaginar o seguinte caso: as normas de comportamento do santo ou do cavaleiro são descritas em textos funcionalmente diferentes, por exemplo, jurídico e literário. Em certo sentido também estes textos serão invariantes, mas, ao mesmo tempo, os modos de formação dos significados serão neles profundamente diferentes. Assim, cada tipo de cultura representa uma hierarquia de códigos extremamente complexa. É preciso indicar ainda um ponto importante: peculiaridade substancial dos textos culturais é a sua mobilidade semântica: um mesmo texto pode fornecer a seus diferentes "consumidores" informações diferentes. Sem penetrar na análise da natureza deste interessante fenômeno, que torna os textos culturais profundamente diferentes dos textos nas linguagens naturais e, mais ainda, nas linguagens científicas, apontemos uma de suas causas: toda a hierarquia de códigos que compõe este ou aquele tipo de cultura pode ser decifrada por meio de uma estrutura de código idêntica, ou por meio de uma estrutura de código de outro tipo, apenas em parte interferindo com a que foi utilizada pelos criadores do texto, ou ainda, por meio de uma estrutura completamente alheia a ela. Assim, o leitor contemporâneo de um texto sagrado medieval, naturalmente, decifra sua semântica utilizando outros códigos estruturais que não os do criador do texto. Com isto muda também o tipo de texto: no sistema de seu criador ele pertencia aos textos sagrados, enquanto, no sistema do leitor, pertence aos textos literários.

Finalmente, cumpre notar que todo texto cultural no nível da fala (da realidade empírica), pelo visto constitui, inevitavelmente, não a encarnação de um código qualquer, mas a unificação de diversos sistemas. Conseqüentemente, nenhum código, por mais hierarquicamente complexo que tenha sido ele construído, pode decifrar, de modo adequado, tudo o que foi realmente dado no nível da fala do texto cultural. Deste modo, o código da época não é a cifra única, mas a predominante. Ele domina e, decifrando alguns textos principais, somente até certo ponto organiza outros. Disso se depreende que os códigos complementares podem diferir profundamente do dominante pelos princípios estruturais, mas devem ser compatíveis com ele, devem submeter-se a pré-regulação semelhante.

3. É preciso distinguir dois casos: o comportamento do santo e o comportamento do pecador são semanticamente distintos, mas encontram-se nos limites de uma única "linguagem" ética; o comportamento do santo, em um texto eclesiástico, e o do cavaleiro, em um texto profano, exigem, em determinados níveis, diferentes linguagens para a sua descrição.

Característica básica de cada código cultural será a determinação de seu papel dominante ou subordinado e a enumeração de outros códigos culturais compatíveis com ele.

Ao que parece, por analogia com as línguas crioulizadas, é necessário ter em mente que, se durante os contatos culturais ocorre a unificação de duas hierarquias compatíveis de códigos, obtém-se um novo tipo cultural. Se, porém, chocam-se dois códigos incompatíveis, ocorre a sua mútua destruição: a cultura perde a sua língua.

A diversidade infinita e a extrema complexidade dos textos culturais no nível da fala não devem desencorajar o pesquisador, uma vez que, conforme foi postulado acima, eles têm, no outro pólo, a relativa simplicidade de outros tipos estruturais.

A descrição dos universais da cultura e a criação da gramática da língua da cultura, o que, como se pode esperar, criará as bases para a passagem à construção de sua história estrutural, constituem tarefas do futuro. No presente artigo, ater-nos-emos somente a um aspecto essencial do problema.

A cultura edifica-se sobre a língua natural e sua relação com ela constitui um de seus parâmetros essenciais. Sob este aspecto, uma das possíveis classificações da cultura é sua divisão segundo os tipos de vinculação com o problema do signo. Analisemos, na qualidade de exemplo, dois tipos de estruturas histórico-culturais manifestadas em material russo. De acordo com as épocas, quando cada uma delas desempenhava o papel de dominante de código, chamá-la-emos, por convenção, de estrutura "medieval" e "renascentista", lembrando que sistemas iguais ou semelhantes a eles, em posição não-dominante, ou em outras combinações estruturais, são encontrados também em outras épocas.

O tipo "medieval" distingue-se por um alto grau de semioticidade. Ele não somente tem tendência para emprestar um caráter de signo cultural a tudo que possui significado na língua natural, mas baseia-se no princípio de que tudo é significativo. Sob o ponto de vista do código deste tipo, o significado torna-se propriedade da existência. O não-significativo inexiste, culturalmente. Também a isto está relacionado o conceito de valor social. O objeto que representa a si mesmo (que serve a finalidades práticas), ocupa na estrutura do código social o lugar de valor inferior, à diferença do objeto que é signo de algo mais (poder, santidade, generosidade, força, riqueza, sabedoria, etc.).

Visto que o problema do significado acha-se vinculado ao problema do valor, surge a questão da gradação das correlações entre a expressão e o conteúdo nestes ou aqueles signos culturais. Ao mesmo tempo, influi sobre a agiologia do signo não só a significação daquilo que ele substitui no sistema geral do código da cultura, mas também certa característica quantitativa da relação entre o conteúdo e a expressão — usando as palavras do poeta Jukóvski[4] — "da presença do criador na criação". Neste sentido, o caso ideal é aquele em que o conteúdo é tão grande que não é suscetível de ser medido, enquanto a expressão tem uma característica acentuadamente quantitativa (acentuam-se seus limites, sua materialidade, sua extensão). Isto se manifesta de modo particularmente claro nos signos culturais ligados a representações religiosas. Assim, por exemplo, o escritor do início da Idade Média tcheca Tomáš ze Stitného definiu a relação de Deus, como conteúdo infinito, com parte da hóstia na comunhão, como a expressão finita e material, através da comparação com o ente que se reflete tanto no espelho inteiro como em cada pedaço do mesmo. Esta comparação com o espelho é, em geral, muito interessante para a análise do conceito medieval de linguagem. Ela revela, em particular, a compreensão de qualquer sinal como icônico: a expressão é a imagem do conteúdo, pelo menos em um determinado sentido. Daí o empenho de interpretar qualquer texto como alegórico e simbólico, bem como o próprio princípio da busca da verdade através do caminho da interpretação do texto.

Objeto de reflexões especiais do pensador medieval era a relação entre o material (expressão) e o ideal (conteúdo) no signo. Para ter valor social, uma coisa devia ser signo, isto é, substituir algo mais significativo que ela própria, ser sua parte. Assim, os objetos sagrados possuíam valor pela sua participação com a divindade, namesma medida em que o homem era participante de qualquer corporação social.

O valor das coisas é semiótico, uma vez que ele é determinado não pelo próprio valor destas, mas pela significação daquilo que ele representa. Esta ligação não é convencional: por força da iconicidade das relações, sob o ponto de vista da moral ou da religião, um conteúdo valioso exige expressão valiosa (a ornamentação dos ícones). A própria materialidade do signo torna-se objeto de adoração. Mas se lhe confere não uma força mágica independente — santidade ou qualquer outra forma de valor (isso seria considerado idolatria), e sim reflexa. Não é

---

4. 1783-1852. (N. do O.)

por acaso que surge constantemente com referência ao signo a figura do espelho. Nós a vimos em Stitného e a encontramos também na "Alocução ao apreciador da arte dos ícones", atribuído a Simón Uchákov[5]. Feofán Prokopóvitch[6] falava já em 1717 sobre a necessidade de discernir o ícone, como signo merecedor de adoração de segundo grau, da própria divindade, à qual se deve adoração de primeiro grau[7]. Mantendo-se nas posições ortodoxas, ele se opunha tanto àqueles que, como Stefan Iavórski[8], atribuíam santidade ao próprio ícone, sua expressão material, quanto aos "heréticos" que negavam o caráter condicional do elo entre o conteúdo e a expressão do sgino e que, conseqüentemente, afirmavam o caráter externo, "não-santo", do lado material do ícone.

Esta compreensão do signo aproxima tão diferentes conceitos medievais como "palavra", "honra", "santidade" e outros. O homem é signo de Deus, porquanto Deus o criou segundo o princípio icônico e "refletiu-se" nele. O Deus "da pintura de ícones é artista"[9]. É com isto que se relaciona o problema da criação "não feita pela mão do homem". A tomada de consciência da contradição entre a expressão e o conteúdo gerou o problema da comunicação extra-signo (por exemplo, nas discussões sobre as formas das orações da comunicação com Deus), como a mais alta forma de comunicação.

O código cultural que denominamos, com um grau considerável de convencional, de Renascença constrói-se sobre princípios diametralmente opostos[10].

As idéias da Renascença, colocando no fundamento de toda a organização da cultura a oposição "natural" — "não natural", referem-se de modo extremamente negativo ao próprio princípio do sígnico. O mundo das coisas é real, o mundo dos signos, das relações sociais, é criação da civilização mentirosa. Existe apenas aquilo que é ele mesmo; tudo que "representa" algo

---

5. V. Anais da Sociedade de Arte Russa Antiga junto ao Museu Público de Moscou, *Matieriáli* (Materiais), 1874, pp. 22, 23. [Simón Uchakóv foi um grande pintor russo (1626-1686) — N. do O.]

6. Escritor e retórico russo e ucraniano (1681-1736). (N. do O.)

7. Feofan Prokopóvitch, "Slovo o potchitânii sviatikh ikón", *in* Slová i rétchi (Alocução sobre a adoração dos ícones sagrados, in Alocuções e discursos), v. I, São Petersburgo, 1760, pp. 30-48.

8. Escritor e teólogo russo e ucraniano (1658-1722). (N. do O.)

9. Anais da Sociedade de Arte Russa Antiga..., p. 23.

10. Nós não damos qualquer relação completa dos tipos de cultura. Os exemplos de códigos culturais citados por nós são escolhidos arbitrariamente e poderiam ser substituídos por outros.

mais é ficção. Por isso, apresentam-se como valiosas e verdadeiras as *realia* imediatas: o homem e sua essência antropológica, a felicidade física, o trabalho, o alimento, a vida, encarada como determinado processo biológico. Destituídas de valor e falsas são as coisas que adquirem sentido somente em determinadas situações de signo: dinheiro, honrarias, tradições de castas e camadas sociais. Os signos tornam-se símbolos de mentiras, e o mais alto critério de valor é a sinceridade, a libertação do sígnico. Ao mesmo tempo, o principal tipo de signo — a "palavra" — considerada no sistema anterior como o primeiro ato da criação divina, torna-se protótipo da mentira. A antítese "natural" — "não natural" é sinônimo da oposição: "coisa", "feito", "realia" — "palavras". Todos os signos culturais e sociais são declarados "palavras". Chamar alguma coisa de "palavra" significa acusá-la de falsidade e inutilidade. "O reino terrível da palavra em lugar dos feitos" — tal é a civilização contemporânea, segundo caracterização de Gogol[11].

O homem, embaraçado nas palavras, perde a sensação da realidade. Por isso a verdade é um ponto de vista não só elevado à esfera extra-signo (extra-social) das relações reais, mas posto também em oposição às p a l a v r a s. Portadores da verdade não são apenas a criança, o selvagem — seres que se encontram fora da sociedade, mas também o animal, colocado, além disso, fora da língua. Na novela de L. N. Tolstoi "Kholstomer"[12], o mundo social hipócrita é um mundo de conceitos expressos na língua. A ele se contrapõe o mundo sem palavras do cavalo. A relação de propriedade é apenas p a l a v r a. O cavalo-narrador diz:

Naquele tempo eu não podia de nenhum modo compreender o que significava o me chamarem propriedade do homem. As palavras: meu cavalo, relativas a mim, um cavalo vivo, pareciam-me tão estranhas quanto as palavras: minha terra, meu ar, minha água.
Mas estas palavras tinham uma enorme influência sobre mim. Eu não deixava de pensar nisto, e só muito tempo depois dos mais variados relacionamentos com as pessoas compreendi, afinal, o significado atribuído por elas a essas estranhas palavras. Tais palavras, consideradas muito importantes entre os homens, são: meu, minha (...). Com referência a uma mesma coisa eles se põem de acordo para que apenas um possa dizer: m e u. E aqueles que, segundo as regras desse jogo combinado, diz m e u com referência a um maior número de coisas, este é considerado entre eles o mais feliz. Para que isto é assim, eu não sei;

---

11. N. V. Gógol, *Pólnoie sobrânie sotchiniênii* (Obras completas), v. III, Edição da Academia de Ciências da URSS, 1938, p. 227.

12. Traduzido geralmente como "História de um cavalo". (N. do O.)

mas é assim. Antes, durante longo tempo, eu tentei explicar-me isto como alguma vantagem direta[13], mas estava errado.

Muitas das pessoas que, por exemplo, me chamavam de seu cavalo não montavam em mim, mas montavam-me pessoas completamente diferentes. Tampouco me alimentavam eles, e sim outros (...). E as pessoas se empenham na vida não em fazer o que consideram bom, mas sim em chamar s u a s o maior número de coisas possível. Estou convencido agora de que exatamente nisto está a diferença fundamental entre as pessoas e nós. A atividade das pessoas (...) é orientada pelas palavras, enquanto que a nossa o é pelos feitos[14].

A incompreensão das palavras torna-se signo cultural da verdadeira compreensão (cf. Akim, em "O poder das trevas", de Tolstói). A palavra é instrumento da mentira, condensação do social. Surge, assim, o problema da comunicação não-verbal, da superação das palavras, que desunem as pessoas. Neste sentido é notório o aparecimento, em Rousseau, do interesse pela entonação e pela paralingüística (por vezes o princípio entonacional se identifica com o emocional e popular, enquanto o verbal se identifica com o racional e aristocrático).

Toutes nos langues sont ouvrages de l'art. On a longtemps cherché s'il y avait une langue naturelle et commune a tous les hommes: sans doute il y en a une, et c'est celle que les enfans parlent avant de savoir parler (...) ce n'est point le sens du mot qu'ils entendent, mais l'accent dont il est accompagné. Au langage de la voix se joint celui du geste, non moins énergique. Ce geste n'est pas dans les faibles mains des enfans, il est sur leurs visages. "L'accent est l'âme du discours; il lui donne le sentiment et la verité. L'accent ment moins que la parole"[15].

A citação do "Kholstomer" de Tolstoi é interessante ainda sob um aspecto: nela acentua-se o caráter condicional e convencional dos signos culturais, desde as instituições sociais até a semântica das palavras. Enquanto para o homem medieval o sistema de significados tinha um caráter preestabelecido, e toda a pirâmide de subordinações refletia a hierarquia da ordem divina, na época da Renascença o signo, percebido como a quintessência de uma civilização artificial, contrapõe-se ao mundo natural dos não-signos. Exatamente nessa época foi descoberto o caráter condicional e imotivado da relação entre o significante e o significado. O sentimento da relatividade do signo penetra muito profundamente na estrutura do código

---

13. Lembremos que, do ponto de vista do sistema cultural "medieval", a "vantagem direta" extra-signo era menos que tudo digna de atenção.

14. L. N. Tolstói, *Sobrânie sotchiniênii* (Obras reunidas), v. III, Moscou, Editora Estal de Obras Literárias, 1951, pp. 382, 383.

15. J. J. Rousseau. *Oeuvres completes*, v. X, 1791, pp. 108-109 e 132.

cultural. No sistema medieval, a palavra é compreendida como ícone, imagem do conteúdo, na época da Renascença as imagens pictóricas parecem convencionais.

Do que foi referido acima depreende-se uma peculiaridade essencial do código cultural da Renascença: contrapondo o natural ao social, como o existente ao ilusório, ele introduziu o conceito de norma e sua infração em inúmeras realizações casuais. Para a Idade Média, a cultura possuía sua língua, mas não possuía a fala; para a Renascença estes dois conceitos contrapõem-se bruscamente no código cultural. Esta oposição adquire ainda maior sentido em alguns códigos culturais posteriores.

Analisamos a oposição dos códigos culturais "Idade Média" e "Renascença". Esta oposição, entretanto, não esgota o acervo dos possíveis códigos culturais e, neste sentido, a história da cultura pode ser apresentada como uma série paradigmática. Ao mesmo tempo, é evidente que cada tipo estrutural de cultura dará sua relação com o signo, a semioticidade e outros problemas da organização lingüística. É possível supor que o aparecimento da Semiótica seja resultado não só de determinado movimento científico, mas também da expressão das peculiaridades do código cultural de nossa época.

2. TIPOLOGIA ESTRUTURAL E FOLCLORE
E. M. Mieletínski

Quando se consideram alguns pontos-chave referentes à aplicação da metódica estrutural às formas tradicionais e antes de tudo folclóricas da arte vocabular, é indispensável formular algumas observações preliminares. Tratar-se-á de metódica estrutural como instrumento da pesquisa científica, que permite uma análise mais exata e profunda de alguns aspectos da arte vocabular do que a análise que se faz através de outros procedimentos metodológicos.

Não se pode nem cogitar de tratar o estruturalismo como se fosse alguma nova filosofia ou, pior, como se fosse uma nova metodologia que ab-roga ou simplesmente substitui a filosofia. Como toda metodologia científica, a análise estrutural se abre para determinadas direções e é limitada por outras: certos objetos lhe são mais apreensíveis que outros. Entre seus objetos mais pertinentes, parece-nos, está o folclore. Um dos problemas mais delicados é o da correlação existente entre os métodos estruturais e a abordagem histórica.

A nítida contraposição da sincronia e da diacronia como meios complementares da descrição científica resultou, freqüentemente, em contrapor um como sendo um método de descrição mais objetivo, mais "sistêmico", a outro, menos específico, que confundiria o estudo sistêmico com o empirismo histórico, apoiando-se em teorias evolutivas ultrapassadas, etc. Tal gênero de contraposição valorativa é injusto, tanto quanto negar-se a metódica estrutural com base no fato de que ela é mais eficaz justamente para a descrição sincrônica. Quero sublinhar que nas tradições científicas russa e soviética nunca houve uma contraposição marcada entre a tipologia histórica e a estrutural, embora precisamente na Rússia tenham sido feitas algumas descobertas extremamente importantes no domínio do estudo estrutural da arte vocabular e particularmente do folclore. V. I. Propp, em seu conhecido *Morfologia do conto maravilhoso*, mostrou que as invariantes do conto não são aqueles "átomos" e "moléculas" da narrativa como o motivo e o enredo, mas um conjunto finito de "funções" (ações típicas dos protagonistas) e sua própria ordem, assim como o conjunto dos papéis entre os quais se distribuem, de modo determinado, as personagens concretas do conto com seus atributos.

V. I. Propp, entretanto, não contrapôs semelhante descrição sincrônica à tipologia histórica, mas à assim chamada escola "finlandesa", que representou uma variante nova do migracionismo. Ele considerava sua descrição sincrônica do conto maravilhoso apenas como uma introdução ao estudo genético ou histórico-cultural deste, que foi realizado num outro livro — *Raízes históricas do conto maravilhoso* (Leningrado, 1946). Os trabalhos de V. I. Propp, das décadas de 1950 e 60, podem perfeitamente ser enquadrados na tipologia histórico-comparativa. Algumas tentativas discutíveis, mas ricas de idéias interessantes, de estudo tipológico do folclore e dos estágios arcaicos da literatura foram realizadas nos anos 30 por alguns discípulos de N. I. Marr (I. G. Frank-Kameniétski, O. M. Freidenberg). Se V. I. Propp forneceu uma análise clara da estrutura da narrativa, O. M. Freidenberg, por sua vez, em sua *Poética do enredo e do gênero* (Leningrado, 1936), embora ainda de maneira incompleta (e com orientação para a "paleontologia" fantástica de Marr) analisou os gêneros folclóricos arcaicos no que se refere à semântica mitológica e descobriu a natureza metafórica dos enredos folclóricos arcaicos, descreveu a relação interna entre as diferentes tramas e os diferentes gêneros e o processo da formação como a hipótese, em planos diferentes, daquele mesmo conteúdo, daquelas mesmas bases de concepção do mundo.

Da mesma forma que V. I. Propp, os "marristas" não opuseram sua metódica ao estudo histórico, mas consideraram sua pesquisa como a realização dos princípios da abordagem histórico-comparativa do folclore e da literatura. M. Bakhtin também não rompe com o historicismo, ao descrever brilhantemente, em seu livro sobre Rabelais, pronto já nos anos 30, a estrutura da percepção folclórica e "carnavalesca" do mundo e da obra.

É indispensável dizer que as pretensões dos ideólogos burgueses de transformar o estruturalismo num sistema filosófico independente não têm fundamento. Pode-se falar apenas da solução concreta de problemas científicos concretos.

A expansão dos métodos estruturais para outras ciências humanas, a partir da Lingüística, deixa sua marca na terminologia e implica, primeiramente, no transporte direto das representações que foram adotadas. Por meio do enxerto da Lingüística estrutural na escola sociológica francesa tradicional (e em parte na escola americana de Antropologia cultural), Claude Lévi-Strauss criou nos anos 50 a Antropologia (*Etnologia, Etnografia*) estrutural.

Embora Lévi-Strauss tenha-se orientado conscientemente para os modelos "fonológicos" e outros, elaborados por lingüistas, o estruturalismo enraizou-se de tal modo na Etnografia francesa, que toda esta área passou a ser considerada como a esfera privilegiada para a aplicação dos métodos estruturais. A questão da especificidade dos métodos estruturais para a Etnografia é uma questão de princípio e tem relação direta com o problema dos limites e das formas de aplicação destes métodos para outras ciências humanas. Lévi-Strauss explica o caráter "privilegiado" dos objetos etnográficos para os métodos estruturais (que são identificados por ele com os rigorosamente objetivos, científicos), por meio de uma disposição particular das pequenas tribos exóticas e atrasadas, em relação ao pesquisador (distância "astronômica", outro ritmo de tempo), por sua maior proximidade da natureza e naturalidade de suas formas de pensamento, adequadas ao fundamento universal inconsciente-estrutural deste e também pela evidência e pelo caráter global de sua estrutura social, sua estabilidade (devida à resistência diante de qualquer mudança), de onde decorre a "semioticidade" de princípio da Etnologia. As culturas arcaicas (e a Etnologia costuma tratar delas) são de fato mais apreensíveis pelo estruturalismo devido à estabilidade de suas estruturas e por serem englobadas por sistemas de signos relativamente simples e homogêneos. O aspecto histórico, como objeto da ciência, não desaparece por causa disso, nem tem sua importância diminuída (pois ele existe também na Etnografia) e deve ser estudado por aqueles métodos pelos quais ele é apreensível (e isso o próprio Lévi-Strauss não nega, ao contrário de alguns outros estruturalistas). Mas também não quer dizer que as descrições sincrônicas e diacrônicas devam ser misturadas ecleticamente. Para sua combinação orgânica é necessária a elaboração da metateoria correspondente, o que ainda não foi feito e representa uma das tarefas mais importantes, cuja solução facilitará em muitos aspectos a síntese científica. Pode-se acrescentar ao que foi dito que, embora as culturas arcaicas sejam as que mais se prestam a serem estudadas por uma metódica estrutural, as possibilidades de sua aplicação não se limitam a estas culturas. O esclarecimento da gênese das obras de arte as decompõe, ou decompõe aspectos destas obras, numa série de níveis, de modo a descobrir a heterogeneidade de elementos isolados. Entretanto, tal "decomposição em partes" não pode levar à consideração das obras de arte vocabular como sistemas atuantes. A análise estrutural realiza a "decomposição" de modo completamente diferente (em blocos funcionais, em níveis semânticos, em códigos). O "histórico" e o "lógico" nem sempre e nem de todo coincidem.

Sem dúvida, o estudo do Folclore é o campo "privilegiado" de aplicação dos métodos estruturais, da mesma forma que o é a Etnografia. A folclorística é tratada freqüentemente como parte da Etnografia ou da Etnologia. Numa medida considerável, a folclorística e particularmente o estudo literário são "complementares" uma em relação ao outro, tal como a Etnologia e a História. Esta situação particular da folclorística, entre a Etnografia e o estudo literário, torna-a um elo importantíssimo para o desenvolvimento das pesquisas estruturais.

O Folclore, e não apenas o "primitivo", é apreensível para a análise estrutural em função de seu caráter coletivo, da composição em camadas e de seu caráter declaradamente semiótico.

O caráter coletivo e oral do Folclore torna mais fácil a possibilidade de prescindir das peculiaridades da personalidade criadora do contador popular, embora entre os contadores encontrem-se verdadeiros talentos. Em princípio, a norma estética folclórica, da qual os portadores da tradição folclórica têm consciência, é a repetição de uma canção ou de um conto, sua reprodução sendo igual àquela que se transmitia pelos lábios de avôs e bisavôs, ao passo que o poeta medieval livresco vacilava entre a fidelidade à tradição e a tendência a recriá-la "à sua maneira".

A reprodução folclórica, entretanto, como é conhecida, só tem caráter de transposição decorada entre os maus bardos ou contadores. O verdadeiro contador orienta-se para os modelos de estilo que lhe são conhecidos, para o conhecimento da trama, do léxico poético, das "fórmulas" isoladas e, antes de mais nada, reproduz estruturas poéticas definidas (em todos os planos), mantendo-se rigidamente nos limites do sistema modelizante simbólico correspondente. Mesmo as "fórmulas" não são repetidas literalmente, mas são variadas dentro dos limites de uma determinada idéia, estrutura e complexo léxico. A pesquisa é extremamente simplificada pelo fato de que a produção folclórica vive apenas sob o aspecto de múltiplas variantes. Isso abre o caminho também para a aplicação de uma análise estatística das estruturas poéticas, mais exata do que ocorre nos estudos literários.

O folclore é formado por múltiplas camadas, no sentido de que cada canção ou conto conserva diferentes "estratos", sendo estes estratos "somados" pela própria tradição folclórica, incluindo todas as inovações em determinadas estruturas suficientemente estáveis[1].

Não deve surpreender que o folclore dos índios estivesse no centro dos interesses científicos de Lévi-Strauss, fosse o seu "material" básico. Os folcloristas soviéticos P. G. Bogatirév e sobretudo V. I. Propp, trabalhando sobre o fundo da crítica literária formalista dos anos 20, chegaram bem perto do estruturalismo, adiantando-se neste sentido a seus colegas bastante dotados, os teóricos da literatura.

Na folclorística[2] têm-se tentativas numerosas e bastante interessantes de estudo estrutural de pequenos gêneros (provér-

1. Os americanos M. Parry e A. Lord, ao procurar a chave do estilo do epos homérico na técnica da realização oral, que estudaram no material do epos sérvio-croata, praticamente confirmaram a gênese folclórica da epopéia pela presença de clichês e, em parte, pela "estruturalidade". (Vide: A. Lord, *The Singer of Tales*, Harvard, Mass., 1960.) O autor do presente artigo demonstra (Vide: E. Mieletínski, *A "Edda" e as formas primitivas do epos*, Moscou, 1968) a arcaicidade e as raízes folclóricas do antigo epos escandinavo pelo fato de que seu estilo constitui um vasto sistema e que os "lugares-comuns" apresentam nele estruturas configuradas por uma série de oposições binárias (do tipo: fora – dentro, um – todo, chorar – rir, etc.). Observações análogas encontram-se nos trabalhos de B. L. Riftin sobre o folclorismo da literatura chinesa (vide: B. L. Riftin, *A epopéia histórica e a tradição folclórica na China*, Moscou, 1970). Sobre a especificidade do folclore, cf. o artigo do conhecido folclorista romeno M. Pop: *Der formelhafte Character der Volksdichtung*, Fabula, 1969, e de B. Nathlorst, *Genre, Form and Structure in Oral Tradition*, Temenos, v. 3, Turku, 1968, pp. 128-135).

2. Alguma observação limitada sobre a bibliografia pode ser encontrada nos trabalhos de Gêza de Rohan–Csermak, *Structuralisme et fol-*

bios, ditos, adivinhas, encantamentos, etc.), nos quais o peso específico dos elementos lingüísticos é excepcionalmente grande. Entre a série de tentativas, feitas por folcloristas de talento como T. A. Sebeok, A. Dundes, M. Kuusi, B. Holback, A. M. Cirese, E. S. Köngäs Maranda[3], convém assinalar como uma das mais felizes a pesquisa de G. Permiakóv (Moscou)[4], que destacou um conjunto finito de oposições ao qual podem ser reduzidos todos os provérbios e demonstrou que nestes pode-se encontrar a confirmação de todos os tipos lógicos relativos às oposições dadas. Os provérbios são por ele tratados como signos de determinadas situações invariantes.

Semelhante passagem gradual da análise estrutural do discurso para a análise da arte, sem quebra da "continuidade", é sem dúvida fecunda, na medida em que fornece a possibilidade de uma utilização direta das conquistas da Lingüística; entretanto, é indispensável, ao mesmo tempo, seguir por um outro caminho, afastar-se claramente da língua e dirigir-se imediatamente para os níveis supralingüísticos que são específicos da arte[5]. Ao falar-se da arte da narrativa vocabular deve-se

klore, IV International Congress for Folksnarrative research in Athens, Atenas, 1965, pp. 399-407; V. Voigt, *Toward Balancing of Folklore Structuralism, Acta Ethnographica Academiae Scientiarum Hungaricae*, t. 18, Budapest, 1969, pp. 247-255; B. Nathlorst, *Formal or Structural Studies of the Traditional Tales, Acta Universitatis Stockholmiensis, Stockholm Studies in Comparative Religion*, Estocolmo, 1969; E. Mieletínskii, "Estudo tipológico-estrutural do conto maravilhoso". No livro de V. I. Propp *Morfologia do conto maravilhoso*, Moscou, 1969 (Existem traduções inglesa, alemã, francesa e eslovaca)*. Cf. o artigo de E. Mieletínski, "Structural Typological Study of Folklore", *Social Sciences* n. 3, Moscou, 1971.

3. "Structural Typological Study of Folklore", *Social Sciences* n. 3, Moscou, 1971. 3.** E. O. Arewa and A. Dundes: "Proverbs and the Etnography of Speaking Folklore", *American Antropologist*, v. 66, 1974, pp. 70-85; A. Cierese, *Prime Annotazioni per una analisi strutturale dei proverbi*, Università di Cagliari, 1969; B. A. Georges and Alan Dundes: "Toward Structural Definition of the Riddles", *Journal of American Folklore*, v. 16, 1963, pp. 111-118; Elli Kongas Maranda, "Structure des énigmes", *L'homme*, v. IX, Paris, 1969, pp. 5-48.

* Outras saíram posteriormente ou não eram conhecidas pelo autor. (N. do O.)

** Esta repetição numérica aparece no original. (N. do O.)

4. G. Permiakóv, *Do provérbio ao conto popular*, Moscou, 1971; *Provérbios e ditos sentenciosos escolhidos dos povos do Oriente*, Moscou, 1969 ("Introdução"); cf. I. A. Tchernóv: "Sobre a estrutura dos encantamentos amorosos russos", *Estudos sobre os sistemas de signos*, fasc. II, Tártu, 1965, pp. 159-172.

5. O estudioso italiano Gillo Dorfles, por exemplo, escreveu a respeito da necessidade de estudar em maior medida o específico da

colocar, em primeiro lugar, naturalmente, o estudo da estrutura do enredo e do sistema das personagens. Precisamente aqui, percebe-se a "simplicidade" relativa, mas assim mesmo de princípio, do folclore como objeto da pesquisa estrutural, ao compará-lo com a literatura, especificamente com a literatura contemporânea. Não foi por acaso que o estudo estrutural da narrativa literária fundamentou-se em material do conto popular de feitiçaria.

Se o primeiro trabalho de Lévi-Strauss sobre o mito (1955) orientou-se diretamente para modelos lingüísticos (o mito era considerado como um fenômeno da língua, mas no nível da frase, não como fonema ou semantema) e a língua, instrumento universal da informação, servira de "ideal" para o mito, já no primeiro tomo das *Mitológicas* (1964) o mito aproxima-se cada vez mais da música, misteriosa, intraduzível (segundo Lévi-Strauss ela é apenas metáfora do discurso), mas, ao mesmo tempo, a expressão mais alta da estrutura artística. Esta orientação da língua para a música apresenta um aspecto positivo e outro negativo. Por um lado manifesta-se o fantasma do formalismo, contra o qual o próprio Lévi-Strauss lutou ativamente; por outro, descobrem-se na mitologia aspectos mais profundos, que a irmanam à literatura e à arte. Deve-se sublinhar que Lévi-Strauss não tende absolutamente a identificar os mitos dos índios (com sua profunda "semioticidade") à literatura contemporânea, como fazem os representantes da escola mitológica dos estudos literários orientada para Jung (Fry, Chase, etc.) e, entre os estruturalistas, Barthes.

Tanto menos propenso a isso está o autor do presente artigo. Entretanto, não se deve esquecer que o mito tem feito parte, sem dúvida, da série de fontes da arte vocabular e, com efeito, a análise lévi-straussiana da lógica metafórica dos mitos dos índios pode ser aplicada incondicionalmente, em certa medida, à análise do pensamento artístico e do fenômeno estético. A abordagem estruturalista do fenômeno estético permite esclarecer aquele mecanismo racional que assegura imensas possibilidades informativas da arte, sem apelar com isso nem para o intuitivismo nem para o didatismo banal. Naturalmente, a aplicação da teoria de Lévi-Strauss à análise da arte vocabular só pode ser feita com o máximo cuidado e deve ser acompanhada por uma série de limitações severas. Entretanto, mesmo

---

arte pela aplicação de métodos estruturais à esfera estética, "Pour ou contre l'esthétique structuraliste", *Révue internationale de philosophie*, t. XIX, n. 73-74, f. 3-4, pp. 409-441.

permanecendo nos limites do estudo do folclore dos índios americanos, é possível notar alguns momentos discutíveis na metódica de Lévi-Strauss.

Na minha opinião, ele, por exemplo, não distingue suficientemente as oposições que estão na base das antinomias mitológicas fundamentais (do tipo vida — morte), das oposições que levam à diferenciação das variantes, das formas, dos aspectos (espaço — tempo; em cima — embaixo, masculino — feminino, etc.); está claro que as mesmas oposições podem mudar sua modalidade. Além disso, Lévi-Strauss subestima a importância da diferenciação entre as descrições "a partir de fora", pelos olhos do pesquisador, e "a partir de dentro", na base da terminologia dos próprios portadores do folclore (subestimação essa devida, pelo visto, à esperança de se aproximar, através do estudo da mitologia, do conhecimento das estruturas mentais comuns a toda a humanidade). Neste plano Lévi-Strauss abusa um tanto de algumas oposições entre natureza e cultura, sendo que esta última, na "filosofia" dos próprios índios, dificilmente desempenharia papel tão importante. Isto se evidencia nos mitos dos heróis culturais, para os quais a obtenção dos elementos da natureza e da cultura apresenta-se entrelaçada e muitas vezes identificada. É possível estudar pelos métodos estruturais a língua e o folclore dos índios, sobretudo levando-se em conta a peculiaridade dos meios de expressão de culturas, no espírito da hipótese de Sapir-Whorf. A tendência para uma paradigmática semântica não é uma propriedade indispensável ao estruturalismo, visto que V. I. Propp nos propõe outra variante do estudo estrutural e, precisamente, a análise da própria narrativa.

Existe, é verdade, um momento na análise dos mitos em Lévi-Strauss o qual se liga ao máximo aos aspectos essenciais da metodologia estrutural. Isso porque a narratividade não é apenas um dos aspectos do mito, mas sim uma expressão profunda de sua especificidade, que consiste no fato de que o modelo de mundo do mito é descrito como o relato da gênese de seus elementos. Os acontecimentos do tempo mítico revelam-se como os "tijolos" a partir dos quais se constrói o mundo. O "código" dos acontecimentos aparece como a linguagem privilegiada do mito e, deste modo, surge novamente o problema da correlação entre estrutura e evento, ligado à questão do historicismo. Além disso, parece-nos, uma traduzibilidade absoluta das informações da linguagem de um código para a linguagem de outro é também, em certa medida, abstração, embora igualmente indispensável, como pressuposto para a pesquisa. (Na realidade, provavelmente, ocorre certa perda ou enriquecimento de informação com mudança do código). Diante da precisão cada vez maior da metodologia, este aspecto também deve ser levado em conta.

As bases do estudo estrutural da narrativa do folclore foram estabelecidas (fato que apresenta enorme importância para a arte vocabular como um todo) por V. I. Propp e por Claude Lévi-Strauss, que partiram das extremidades opostas do "sintagmático" e do "paradigmático", do narrativo e do semântico. O desenvolvimento ulterior do estudo estrutural deve obrigatoriamente incluir a síntese destes caminhos (mais o problema da união da descrição estrutural com o aspecto histórico). Isso agora é amplamente percebido na ciência em diferentes níveis e de maneiras diferentes. Têm-se trabalhos, baseados fundamentalmente em V. I. Propp (em particular, a tentativa de descrição dos contos dos índios americanos feita por Dundes[6]) ou em Lévi-Strauss[7]. Uma destas tentativas de síntese pertence a A. J. Greimas[8], que trabalhou no sentido da criação de uma gramática da narrativa. Existe também outra tentativa, parece-nos, mais "espontânea" (o autor mal conhece Propp e em relação a Lévi-Strauss expressa-se criticamente) do etnógrafo australiano Stonner[9], o qual, baseando-se no material concreto dos mitos dos Murinbat, não apenas confrontou a sintagmática do enredo dos mitos com sua paradigmática semântica, porém mostrou igualmente a identidade estrutural dos mitos e dos rituais (não ligados geneticamente) entre os aborígenes australianos. Entre outras coisas, Stonner aponta que a lógica das oposições binárias não é tão universal. Um papel destacado é desempenhado pelas "zonas" neutras. Estas observações, contudo, não desmentem os princípios básicos

---

6. A. Dundes, "The Morphology of North American Indian Folktales", *F. F. Communications*, n. 195, Helsinki, 1964. Apoiam-se basicamente em Propp os trabalhos sobre a estrutura da narrativa, cf., por exemplo, o livro de C. Bremond *Poétique du récit*, Paris, 1973, e os artigos de Barthes, Bremond, Todorov, Genette (*Communications* VIII, Paris, 1966).

7. Por exemplo: E. Leach: "Lévi-Strauss in the Garden of Eden", *Transactions of the New York Academy of Science*, série III, v. 23, n. 4, 1964 e muitos outros trabalhos. Convém notar que no mais recente estudo de Leach, consagrado justamente a Lévi-Strauss (*Lévi-Strauss*, Fontana/Collins, 1970), sua atitude torna-se mais crítica. Lévi-Strauss exerceu a mais séria influência nos estudos estruturais soviéticos sobre a semântica mítica; cf. o livro de V. V. Ivanov e V. N. Toporov *Sistemas semióticos modelantes lingüísticos eslavos* (Moscou, 1965) e a série numerosa dos artigos destes autores.

8. A. J. Greimas, *La Sémantique Structurale*, Paris, 1970.

9. E. W. Stonner, *On aboriginal religion*, Sidnaey, 1966 (*Oceania Monographs*, n. 11).

de Lévi-Strauss (embora os precisem) e talvez até reforcem sua teoria dos mediadores[10].

Nos trabalhos dos Maranda, de Cuisenier, Buchler e Selby, efetuam-se interessantes tentativas de "análise automática" dos textos de narrativa folclórica com a ajuda de computadores e também pela aplicação da teoria lógico-matemática dos grafos, da gramática gerativa de Chomsky, da teoria lingüística de Ingve, das pesquisas psicológicas mais recentes de Miller, etc. Até agora, contudo, estas tentativas não mudam a situação metodológica no estudo tipológico-estrutural do folclore.

O futuro estudo do folclore narrativo continuará inevitavelmente, ainda por algum tempo, a desenvolver-se no sentido de uma aproximação do aspecto "sintagmático" (Propp) com o aspecto "paradigmático" (Lévi-Strauss), mas, como acredito, já nesta etapa de pesquisa, existirá a oportuna preocupação de incluir na síntese científica também o aspecto histórico. A coordenação da poética histórica e da poética estrutural, parece-me, será fecunda com o estudo da morfologia do folclore narrativo. Nos estudos estruturais sobre o Folclore e a Mitologia, o interesse dos estudiosos soviéticos pela combinação historicismo — estrutura manifestou-se desde o começo: V. V. Ivanov e V. N. Toporóv e em parte B. L. Oguibênin fazem largo uso do arsenal do estruturalismo com a finalidade de reconstruir historicamente o sistema dos mitos indo-europeus, ligado com o estudo da semântica das línguas e das culturas indo-européias. O autor do presente artigo, no já citado livro *A "Edda" e as formas primitivas de epos*, vale-se dos métodos estruturais

---

10. O presente artigo não é uma resenha das tentativas de estudo estrutural do Folclore e eu não me demoro em muitos trabalhos interessantes, como, por exemplo: Th. A. Sebeok, *Statistical Contingency Method in Folklore*, Indiana University Publications, *Folklore Series* n. 9, Bloomington, 1957, pp. 130-140; B. P. Armstrong: "Content Analysis in Folkloristics", *Trends in Content Analysis*, Urbana, 1959, pp. 442-446; I. L. Fischer. *The sociopsychological analysis in Folklore, Current Anthropology*, 1963, v. 4, pp. 235-295; E. Waughn: "Structural Analysis in Literature and Folklore", *Western Folklore*, v. 25, pp. 151-164; M. Pop, "Aspects actuels des recherches sur la structure des contes", *Fabula*, Bd. 9, H. 1-3; P. Maranda, "Computers in the bush: Tools for the Automatic Analysis of Myth"; *Essays on the verbal and visual Arts*, Seattle and London, 1967, pp. 77-83; P. Maranda, "Analyse quantitative et qualitative des mythes sur ordinateur", *Calcul et formalization dans les sciences de l'homme*, Paris, 1968, pp. 79-86; P. Maranda, "Formal Analysis and Inter-Cultural Studies", *Social Science Information*, v. VI, 4, 1967; P. Maranda: "Cendrillon: théories des graphes et des ensembles", *Sémiotique narrative et textuelle presentée par Cl. Chabrol*, Paris, 1973, pp. 122-130; Ira R. Buchler and Henry A. Selby, *A Formal Study of Myth*, Austin, 1968; e outros.

para a solução dos problemas da poética histórica. B. N. Putilov explica a não-motivação, nas canções épicas eslavas, pela conservação de estruturas de enredo aracaicas. Entretanto, em alguns casos, pelo contrário, as próprias incursões no domínio da tipologia histórica tradicional podem auxiliar a descrição das estruturas no folclore.

Mesmo uma rápida comparação entre as descrições sincrônicas do conto de feitiçaria russo, feitas por V. I. Propp, e as dos antigos contos dos índios norte-americanos, por A. Dundes, que se basearam no mesmo método, chama a atenção para a vantagem de se confrontarem diferentes "cortes" sincrônicos, para a reconstituição da evolução morfológica, o estudo da gênese e a formação de algumas estruturas morfológicas, bem como para uma escolha mais acertada dos meios adequados de descrição sincrônica. A evolução do conto clássico de feitiçaria a partir dos mitológicos do tipo dos contos índios (estudados por Lévi-Strauss "paradigmaticamente" e por Dundes "sintagmaticamente") é hipotética, mas plenamente verossímil e, de qualquer modo, pode ser empregada com êxito como hipótese de trabalho.

O problema acima referido da síntese das "tradições" científicas de V. I. Propp e de Claude Lévi-Strauss exige uma explicação bastante clara das diferenças entre seus objetos e, num nível um pouco mais elevado de abstração, das diferenças entre mito e conto maravilhoso. Entre mito e conto maravilhoso, nos limites de uma única zona de difusão de cultura arcaica, descobrem-se diferenças notáveis, que podem ser descritas por meio das oposições (sagrado − profano; autenticidade rigorosa − não rigorosa; destino cósmico − coletivo − familiar, individual; tempo pré-histórico − indeterminado; etiologismo substancial − ornamental). Contudo, estas diferenças refletem-se pouco na estrutura do enredo. Existem, todavia, diferenças estruturais nítidas entre o conto maravilhoso mitológico arcaico e o conto de feitiçaria desenvolvido. O conto mitológico apresenta-se com uma metaestrutura original em relação ao conto de feitiçaria, no nível do enredo, e este último põe à mostra a presença de limitações estruturais bastante rígidas, desconhecidas no folclore primitivo. Justamente por isso não podemos aceitar plenamente a tentativa interessante de Greimas de estender aos mitos o modelo por ele preparado do conto de feitiçaria clássico de V. I. Propp.

Os mitos primordiais e os contos de feitiçaria, tal como alguns outros aspectos do folclore narrativo, são unidos pelo ritmo das perdas e das aquisições, ligadas entre si pelas ações dos heróis. Os atos dos demiurgos nos mitos, os feitos dos embusteiros zoomorfos nos contos de animais e as provações dos heróis nos contos de feitiçaria, são igualados distributivamente. Nos mitos-contos primitivos, o membro final da sintagmática do enredo pode ser tanto positivo (aquisição) quanto negativo (perda), o último sendo mais raro, enquanto nos contos maravilhosos clássicos ele é sempre positivo (final típico: casamento com a princesa). Nos contos-mitos primitivos, todos os elos sintagmáticos encontram-se particularmente isolados e, em maior parte, equiparados estruturalmente, de modo que não há hierarquia entre eles; no conto clássico de feitiçaria, os elos de enredo isolados são obrigatoriamente inseridos numa estrutura hierárquica gradativa, em que alguns valores do conto são um meio para a obtenção de outros. A estrutura gradual hierárquica consiste em dois ou três elos e apóia-se, antes de mais nada, na oposição, não relevante nos mitos (que, parece-nos, não foi considerada por Greimas), da provação básica e da preliminar. É justamente esta a oposição-chave do conto de feitiçaria, na medida em que a provação preliminar proporciona ao herói a ajuda de forças mágicas, as quais, no processo da provação básica, agem de fato em favor do herói. A categoria do enfeitiçado, embora geneticamente possa estar ligada ao "sagrado" e ao "mágico", não é igual a estes, sendo específica para o conto maravilhoso e não para o mito. A premissa indispensável desta especificidade é a manifestação de uma invenção poética consciente, a transformação da imaginação "etnográfico-concreta" numa imaginação poética generalizada (em certa medida, até mesmo convencional), e isto, por sua vez, é conseqüência de importantes deslocamentos histórico-sociais. A oposição da provação preliminar e da básica é dupla, pelo resultado (meio milagroso e finalidade fantástica) e pela natureza da própria provação: no segundo caso trata-se de uma aventura, embora seja quase totalmente garantida pela ajuda mágica, enquanto no primeiro é uma verificação original do conhecimento das regras de conduta, por parte do herói. São estes dois níveis que se distinguem no conto maravilhoso. Finalmente, com muita freqüência (mas não obrigatoriamente), manifesta-se no conto maravilhoso um terceiro grande bloco sintagmático — as provas complementares da identificação: o herói deve demonstrar ter sido justamente ele, e não os antagonistas-impostores (irmãos mais velhos, companheiros de viagem, etc.), quem realizou a aventura (novamente a "comprovação", o "estabelecimento da individualidade" do herói). Depois disso, o herói recebe como recompensa a princesa e a metade do reino. Este é o objetivo final do conto e a apoteose. Nos mitos-contos primitivos, o que estava em primeiro lugar era a obtenção de objetos míticos (cósmicos) e ritualísticos, a aquisição de espíritos-protetores (precursores dos adjuvantes mágicos), a provação com caráter de iniciação, mas o tema do casamento era periférico; as relações familiares ou amorosas intervinham, às vezes, como meio da obtenção de sucessos financeiros, de objetivos mágicos, de elixires milagrosos, etc.; a esposa milagrosa (totêmica) sempre garantia ao herói uma caça bem sucedida, uma boa colheita, etc. O papel sócio-econômico da troca matrimonial como fonte de "doação" para os "parentes" foi mostrado claramente por Lévi-Strauss. Na passagem do mito para o conto de feitiçaria clássico, o meio e o objetivo como que trocam de lugar. Mesmo nos contos sobre a obtenção de "raridades" (argumentos 550-551 pelo sistema internacional de Aarne — Thompson), pelo visto, originários geneticamente dos mitos dos heróis culturais, as buscas da pena do pássaro de fogo, da água vivente, etc., são apenas prelúdios do casamento com a princesa, sem falar dos outros contos onde os objetos mágicos intervêm sempre como instrumentos que levam, no cômputo final, ao feliz enlace. O casamento do herói é o momento-chave da semântica, na sintagmática e na axiologia do conto maravilhoso. As contradições fundamentais que foram salientadas no nível familiar do conto são superadas pelo herói por meio do matrimônio, que traz consigo a mudança de seu status social. Desta maneira, o casamento realiza a função de mediador. A semântica característica do mito do "próprio" e do "alheio" completa-se no conto maravilhoso por meio da oposição muito importante "inferior—superior", em relação à qual é justamente o casamento que realiza a mediação. E no que se refere ao caráter da mediação em si, o conto maravilhoso clássico é essencialmente distinto do mito.

O mito, de acordo com Lévi-Strauss, pode ser um instrumento lógico para a solução das contradições fundamentais com as quais se choca a "consciência coletiva" das sociedades aracaicas. Tais contradições não são apenas resolvidas, mas também eliminadas por meio de uma mediação progressiva (substituição de pólos mais afastados por elos intermediários). O herói do mito, pelos traços que possui, que o ligam a ambos os pólos, intervém como mediador benfazejo. No conto clássico de feitiçaria, as contradições fundamentais do tipo "vida — morte" cedem freqüentemente lugar a intensos conflitos sociais, habitualmente no nível familiar; e a mediação consiste no fato de que o herói como que escapa do conflito graças à sua boa estrela, mais ou menos prestativa, que o leva ao enlace com a princesa e à mudança de status social. O fenômeno descrito integra a sintagmática do conto com mudanças semânticas profundas (de caráter paradigmático). Deste modo, esclarece-se, pela explicação histórico-genética, a gênese das próprias estruturas e os desvios diacrônicos se apresentam como uma série de mudanças entrelaçadas das partes de uma determinada estrutura.

Agora voltemos novamente ao plano puramente sincrônico, ao problema da síntese da sintagmática e da semântica do conto maravilhoso.

As funções de Propp podem ser reunidas em grandes blocos sintagmáticos, cada um dos quais consiste numa "provação" e num "valor" maravilhoso adquirido como resultado. Como já foi visto, podem existir duas ou três provações e dois tipos básicos de "valor": os objetos milagrosos e a noiva-princesa. Algumas funções proppianas podem ser apresentadas como alomorfos da provação, por exemplo luta—vitória; tarefa—solução; deslocamento milagroso para junto da meta e fuga mágica após a provação básica (proeza).

As regras de conduta lembradas acima, controladas pelo "doador" no decurso da provação preliminar, constituem um sistema semântico autônomo que não depende do desenvolvimento do enredo (sintagmático), e estas regras de conduta são seguidas pelo herói (e nunca pelo falso herói — o impostor) no decorrer de toda a narrativa. O comportamento de acordo com regras (por trás das quais, naturalmente, estão normas jurídico-morais fortemente generalizadas) define a estrutura da manifestação do conto maravilhoso e como que se apóia num princípio básico — a obrigatoriedade de uma resposta positiva a qualquer desafio, que geralmente leva à ação: cada prescrição deve ser preenchida e cada proibição, destruída, assim como o segundo membro do "par" implicado deve ser positivo. Se distinguirmos o "positivo" e o "negativo", e igualmente, a "ação material" e a "informação", surgirá um sistema estruturado, constituído a partir das funções proppianas, inseridas por ele no entrecho.

Ação	prescrição/execução (AB)	perg./resp. (AB) informação
Material	ardil/cumplicidade (AB)	sondagem/entrega AB

Além disso, se a prescrição/execução (da mesma forma que a escolha/assentimento; a proposta (escolha acertada) é designada por AB, então a proibição/destruição será vista como $\overline{AB}$ (sendo que a reação é assim mesmo uma ação positiva), mas a prescrição/não-execução (aquilo que caracteriza o falso herói) será expressa por $A\overline{B}$.

Todo este sistema de comportamento, abstraído de normas legais concretas habituais, é específico do conto maravilhoso.

Isso não interfere no fato de que as ações do herói possam ter ao mesmo tempo uma característica moral (gentileza, generosidade, bondade, etc.) que também é típica do conto maravilhoso.

A análise revela a unidade da sintagmática e da paradigmática também ao se estudar a dinâmica das substituições e das transformações ligadas ao modelo espaço-temporal do conto maravilhoso[11].

No que se refere à semântica geral do conto maravilhoso (no sentido de Lévi-Strauss), conforme já foi apontado, conserva-se nele a importantíssima oposição mitológica "próprio" — "alheio" (que caracteriza o comportamento do herói e do antagonista) que se projeta sobre diferentes planos: casa — floresta (menino — bruxa), nosso reino — outro reino (jovem — dragão), família de sangue — família adotiva (enteada — madrasta), etc. Com isto é mudado o caráter da "sabotagem" do antagonista: a madrasta expulsa a enteada para fazê-la morrer; a bruxa atrai as crianças para comê-las, o dragão rapta a princesa para que seja sua concubina, etc. Tanto V. I. Propp quanto Claude Lévi-Strauss mostraram a unidade profunda de seus objetos — respectivamente, o conto maravilhoso russo e os mitos dos índios da América do Sul, mas V. I. Propp, à diferença de Lévi-Strauss, limitou-se a demonstrar a identidade das "funções" sintagmáticas. Todavia, ao utilizar-se a metodologia de Lévi-Strauss, deve-se apresentar esta unidade a partir da semântica, apresentar os contos maravilhosos como cadeias de transformações; eles conservam uma armadura definida (mais freqüentemente sob o aspecto de relações familiares-matrimoniais), nos limites da qual se processam os desvios semântico-estruturais e as transformações do enredo. Assim, por exemplo, o argumento arcaico das esposas milagrosas (AT 400, 313) vale-se de uma linguagem profundamente "mitológica": as relações matrimoniais são dadas literalmente nos termos de uma mitologia totêmica (o cônjuge como representante de um outro totem). O laço matrimonial é aqui normalmente exogâmico e como tal une o "próprio" e o "alheio" sob o aspecto do "humano" e do "animal". Em algumas variantes (do tipo "princesa-sapo") ainda se acrescenta a oposição de "superior" e "inferior". Nos contos sobre lutas com dragões (AT 301-303) é visível a "armadura" geral do tipo precedente: o herói passa por uma provação junto

---

11. Cf. a análise da *bilina**, neste nível, nos trabalhos de S. I. Nekliudov ("Sobre o problema da ligação das atitudes espaço-temporais com a estrutura do enredo da *bilina*", *Curso de verão sobre os sistemas de signos*, Tártu, 1966, pp. 41-45).

* As *bilinas* são contos heróicos russos. (N. da T.)

a algum "senhor" demoníaco, num mundo diferente, sendo que o herói socorre a donzela que se encontra sob o poder do "demônio" e que mais tarde irá casar-se com o herói. Tudo isso é precedido pelo deslocamento da heroína e do herói que a segue, para um "outro reino". A chave da transformação do enredo é a passagem de um matrimônio "normal", remoto (no sentido da conservação da exogamia-endogamia), para outro por demais "remoto" (com a destruição da endogamia). Por meio do dragão (seria ele este "noivo" por demais remoto) a mitologia totêmica se transforma em ctônica. Com isso surge uma série de transformações: a heroína provém não de um "outro" mundo, mas do nosso e não é filha do demônio, mas sim sua prisioneira; em lugar da volta da esposa a seu reino, ocorrerá o rapto da princesa (noiva) para um reino estranho; a provação no outro reino não será a realização das tarefas para o sogro, mas a luta. Ao casamento "duplo" da mulher milagrosa com o herói (antes da partida dela e após as provações matrimoniais que o sogro impõe) corresponderão sintagmaticamente dois "matrimônios" — o injusto com o dragão e o justo com o herói.

Voltemos aos típicos contos de feitiçaria, os de Cinderela, Pele-de-asno, etc. (AT 510-511). Nestes contos alteram-se nitidamente normas familiares-matrimoniais: desde a exogamia até o incesto (o pai persegue a filha), ou a endogamia (casamento do pai com uma esposa por demais distante, às vezes uma bruxa — a futura madrasta). No primeiro caso (AT 510 B) o enredo é comparável com o do conto sobre a esposa milagrosa (AT 400), com a diferença de que uma ligeira quebra de tabus matrimoniais (não chamar pelo nome, não xingar a esposa, etc.) é substituída por uma quebra extremamente grave — o incesto. Em ambos os casos à transgressão do tabu segue-se a saída da heroína do poder do destruidor — em AT 400, para junto de sua família de seu pai, novamente revestida de uma pele de animal, enquanto em 510 B ela foge de sua família, de seu próprio pai, sob máscara de animal. Em 510 A (contos de enteadas), a esposa zoomórfica, a doadora, cede lugar à mãe zoomórfica — a coadjuvante (uma vaca milagrosa, ou então uma cabra). Nestes contos o código "mitológico" cede lugar, basicamente, ao familiar-habitual; enquanto, por exemplo, num outro grupo de contos sobre crianças e donzelas oprimidas (AT 427 com a baba-iagá[12], etc.). O fundo mitológico permanece, mas de macrocósmico faz-se microcósmico (não há "outro" reino, mas os horrores

---

12. Espécie de bruxa dos contos russos. (N. da T.)

da floresta). Com isso, as transformações salientadas não se encontram ligadas por uma identidade de motivos, no sentido habitual. Esta análise reforça nossa idéia da unidade dos contos maravilhosos e da semântica do maravilhoso, tão somente desmembrada em níveis, códigos, etc. Contudo, dentro do conto maravilhoso existem também tipos de enredos sintagmáticos distintos que conservam sua determinação mesmo sobre o fundo de transformações generalizadas. Estes tipos devem ser desmembrados igualmente em função de determinados traços diferenciais, como sistemas destes traços, e não apenas por constarem de uma relação, como índices correntes dos enredos maravilhosos, que se originam nas profundezas da escola histórico-geográfica (forma contemporânea de migracionismo). Pelo emprego de quatro oposições (presença ou ausência do objeto da disputa, independente do herói, individualidade – coletividade do objetivo da atuação do herói, caráter familiar – não-familiar do conflito básico, esfera mítica – não-mítica da privação básica) e pela diferenciação dos objetos principais das buscas (mulher – objeto milagroso), foi-nos possível separar grosseiramente dez grupos de enredos básicos. Uma ulterior diferenciação deverá ser acompanhada pela volta à análise dos motivos, mas já a partir das posições obtidas com a ajuda dos métodos estruturais, não esquecendo que os motivos se unem no enredo por meio da estrutura.

Limitamo-nos[13] a estas considerações sobre os caminhos da aplicação da metodologia estrutural na pesquisa do conto maravilhoso.

De tudo o que foi exposto acima, vê-se que a metodologia estrutural apresenta sérias perspectivas para o estudo do folclore, mas que ela continua a ser trabalhada e aperfeiçoada e que, finalmente, está ingressando no caminho dos contatos e da síntese entre o estudo histórico, o tradicional e o estrutural.

13. Vide maiores detalhes no trabalho de E. M. Mieletínski, S. I. Nekliudov, E. S. Nóvikov, D. M. Segal: "Problemas da descrição estrutural do conto de feitiçaria", *Estudos sobre os sistemas de signos*, IV-V, Tártu, 1969-1971; vide igualmente de E. M. Mieletínski, "Mito e conto maravilhoso", na coletânea *Folclore e Etnografia*, Leningrado, 1970; Die Ehe im Zaubermarchen, *Festschrift-Ortutay*, Budapest, 1970; "Le problème de la morphologie historique du conte", *Semiotica*, Mouton, 1970, n. 2; "Structural and typological study of floklore", *Social Sciences*, 1971, n. 3; "Lévi-Strauss e a tipologia estrutural do mito", *Vopróssi filossófii*, 1970, n. 7; "Lévi-Strauss. Apenas etnologia, *Vopróssi litieratúri*, 1971, n. 4; "Sobre a semiótica dos enredos mitológicos na poesia escandinava antiga", *Manual Escandinavo*, XVIII, Tallin, 1970.

3. CONCEPÇÕES MITOLÓGICAS SOBRE OS COGUMELOS, RELACIONADAS COM A HIPÓTESE DO CARÁTER PRIMITIVO DO SOMA*

T. I. Ielizárenkova, V. N. Toporóv

Até o presente se tem dedicado pouca atenção ao papel dos cogumelos nas concepções mitológicas. Embora os materiais referentes ao assunto não sejam escassos, eles se encontram dispersos e mais freqüentemente fora da mitologia oficial; é necessário recolhê-los nas concepções sobre cogumelos refletidas em provérbios, ditados, preâmbulos de contos, presságios, interpretações de sonhos, proibições, costumes, na fraseologia e no simbolismo, existente em coletividades fechadas (esfera do "indecente"), etc., sem falar nos dados propriamente lingüísticos. Somente nas tradições em que o culto dos cogu-

---

* A palavra está empregada no seguinte sentido (definição do *Novo Dicionário Aurélio*, Editora Nova Fronteira, Rio de Janeiro, 1975): "Preparação alcoólica que os hindus védicos derramavam sobre o fogo dos sacrifícios." (N. do O.)

melos obteve reconhecimento oficial o círculo das fontes é expressivamente mais amplo. Atitude extremamente diversa (e às vezes diametralmente oposta), referente aos cogumelos como elemento das concepções mitológicas, pode-se vincular a pontos de vista referentes aos cogumelos como elemento do sistema culinário. Geralmente, atitude mais negativa com respeito aos cogumelos observa-se nos regimes culinários e alimentares que pendem para as ramificações da direita, no conhecido esquema de Lévi-Strauss:

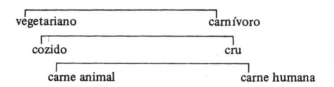

Tais regimes se caracterizam por considerar os cogumelos "anti-alimento", do que é testemunho a lenda de que em certa época (antes do início da "cultura") os antepassados de determinada coletividade c o m i a m   c o g u m e l o s (cf. os mitos mundurucu ou tucuna); a recusa de empregar cogumelos na alimentação equipara-se à transição da "natureza" à "cultura" e vincula-se, não raro, a um dos principais feitos do herói cultural de uma determinada tradição. Os cogumelos se identificam como sendo vegetal, cru (não fermentado), pútrido (não cozido), o que, em suma, determina a proibição de empregá-los na alimentação e sua incorporação aos objetos ctônicos. É curioso que nas tradições pendentes às ramificações da esquerda do esquema, as proibições do uso de cogumelos na alimentação encontram-se muito mais raramente. Em compensação, conserva-se com bastante freqüência o culto dos cogumelos ou indica-se a sua vinculação à esfera celestial (cf., por exemplo, as recriminações de Sto. Agostinho endereçadas aos maniqueus por sua atitude com respeito aos cogumelos).

Um dos mais difundidos motivos relacionados aos cogumelos pressupõe sua divisão em m a s c u l i n o s e f e m i n i n o s, a qual se baseia, de um modo geral, na oposição dos cogumelos por seu aspecto exterior; cf., por um lado, os cogumelos com o pedúnculo claramente manifestado em forma de gorrinho ou com o pedúnculo inseparável do chapeuzinho, em forma de concavidade (cf. *gribi* e *gúbi* *). Em algumas tradições estas duas séries de identificação de cogumelos são tão estáveis, que o cogumelo considerado masculino e o *membrum virile* são designados pela mesma palavra, e o cogumelo reconhecido como feminino tem o mesmo nome que *vagina*. Cf. hind. ant. *gabha* "vulva" (*gambha* e outros) de *gmbh-*/ *gambh-* e o eslavo *goba*, designando tanto a classe dos cogumelos "femininos" quanto a "vagina" (ou suas partes); cf. o rus. *pupir* — "cogumelo" e "membrum virile" ou as formas literárias arcaicas *bude* e *ossielók*, sem falar nas tradições onde semelhantes identificações são regulares. As mesmas relações podem refletir-se na oposição entre denominações masculinas e femininas de cogumelos (cf. *matriona, okúlia, arina, dúnia* ** e *vassiukha, ivântchik*, etc.***) ou de símbolos animais correspondentes (cf. *bik, bytchók, vólui, koziól* e *korovka, ovetchka*****, etc.; em identificações de caráter mais complexo, as quais se manifestam, em particular, nas crenças populares (por ex.: quando nascem muitos m e n i- n o s haverá guerra, quando há abundante colheita de c o g u- m e l o s também haverá guerra, etc.); nas respectivas proibições ou permissões, diferentes para as partes masculina e feminina da coletividade, de colher, comer ou mesmo olhar cogumelos; nos mitos, nas lendas etiológicas, nos contos onde a diferenciação dos dois tipos citados de cogumelos correlacionam-se, pelo argumento, com a oposição dos homens às mulheres (correspondentemente, de seus atributos) — cf. a lenda dos hititas (e alguns povos do Norte) sobre os cogumelos com referência à *vagina dentata* (é curioso que o último motivo com bastante freqüência serve de motivação às lendas sobre a origem dos cogumelos); nos exemplos do cômico e do simbolismo obscenos, de "partes baixas"; na interpretação dos símbolos de ornamento, quando sinais masculinos e femininos de um mesmo nível são interpretados como símbolos de dois tipos de cogumelos em outro nível; funalmente, no argumento da guerra de cogumelos masculinos e femininos entre si (mediante a acentuação do tema da vinculação com atributos humanos), refletido em contos, canções e diversos braquilogismos (na tradição russa conservaram-se, parece-nos, apenas variantes deformadas, como por

---

* Russo: "cogumelos" e "lábios" (N. da T.).

** Russo: nomes próprios femininos (N. da T.).

*** Russo: diminutivos de nomes próprios masculinos (N. da T.).

**** Russo: respectivamente — touro, bezerro, nome derivado de *vol* (boi) e que designa um cogumelo de cheiro forte, bode, vaquinha, ovelhinha (N. da T.).

exemplo, contos do tipo Afanássiev n? 90 (Andréiev N? 297)*
e canções e trechos do tipo: *Isto se passou no tempo do czar Ervilha, quando os cogumelos guerreavam*, etc.). Considerando-se enredos, ornamentos e jogos infantis desse tipo, que pressupõem a diferenciação dos cogumelos segundo o princípio masculino — feminino, impõe-se uma analogia com jogos tipo dama ou xadrez, em que, numa série de tradições, realiza-se de modo claro a mesma diferenciação e, desta forma, modela-se a conhecida divisão da coletividade (cf. também a imagem do *czar dos cogumelos*, nos contos).

Uma outra série de motivos mitológicos vincula os cogumelos ao raio, ao trovão, à tempestade (por vezes em sua encarnação divina). Há inúmeros testemunhos disto em antigas tradições culturais. Cf. em Plínio: *De tuberibus haec traduntur peculiariter: cum fuerint imbres autummales, ac tonitrua crebra, tunc nasci, et maxime e tonitribus.* Hist. Nat. XIX, 37 ou em Juvenal: *Post hunc tradentur tubera, si ver tunc erit et facient optata tonitrua cenas maiores.* Sat. V, 116-118; cf. em Kalidasa a alocução à nuvem, cujo trovão fertilizador é capaz de cobrir a terra de cogumelos — *Maghaduta*, 11; ou referências sobre semelhantes ligações dos cogumelos com o trovão e o raio na antiga tradição mexicana. R. G. Wasson reuniu um rico material sobre a ligação dos cogumelos com o trovão e o raio também em tradições ulteriores, inclusive contemporâneas. São particularmente notáveis os casos em que a denominação do trovão está incluída na denominação do cogumelo (cf. em chinês: *Lei-chiang T'an*, "cogumelo crescido por efeito do trovão", *Lei-chêng-Chün*, "cogumelo do fragor do trovão", *Lei-chün*, "cogumelo do trovão"; em pampang: *payungrayungan kulog*, denominação de cogumelo onde *kulog* significa "trovão"; maori: *whatitiri*, "trovão" e "cogumelo" (cf. *Whaitiri*, antepassado mitológico dos maoris); cp. *gromovik* **, como denominação típica de cogumelo em várias tradições e também *dojdevik* ***, *gribnói dojd* **** e outros.

A este motivo freqüentemente vinculam-se os de v e r m e s, p i o l h o s, m o s c a s, s a p o s, etc. Exemplo típico é a representação anotada no vale de Iagnob de que o nascimento de uma divindade causa o trovão. Ela sacode os piolhos das roupas, os quais caem na terra e produzem colheita de cogumelos (cf. também denominações do tipo *mukhomór* *****, alemão *Flie-*

* Referência a famosas coletâneas de contos russos (N. do O.).

** Russo: nome de cogumelo derivado de *grom*, trovão (N. da T.).

*** Russo: nome de cogumelo proveniente de *dojd*, chuva (N. da T.).

**** Russo: "chuva com sol", lit. "chuva de cogumelos" (N. da T.).

***** Russo: "mata-moscas" (N. da T.).

genpilz, Fliegenschwamm ou ingl. *toadstool* como designações de cogumelos venenosos, etc.). A confrontação desses motivos permite, em primeiro lugar, classificar os cogumelos como elementos do nível ctônico (assim como os vermes, sapos, etc.) e em segundo lugar vincular seu aparecimento na terra à atividade do trovão e do raio em sua hipóstase divina ou material. Neste caso surge a analogia com a reconstituição, proposta alhures, do mito sobre o Deus Trovão que arrojou seus filhos do céu e transformou-os em seres ctônicos do tipo de vermes, serpentes, sapos (a tempestade é considerada como o momento da altercação e punição). Por vezes o Deus Trovão atinge seus filhos com suas "flechas" de pedra ou os transforma nelas (cf. os belemnites). Com referência a isto é oportuno lembrar a denominação de cogumelos *dedos do diabo*, que coincide com a denominação para os belemnites e, particularmente, a denominação em grego antigo de uma das espécies de cogumelos terrestres — κεραυνιον (lit. "golpe do raio"), a qual revela parentesco etimológico com os nomes indo-europeus do Deus Trovão (cf. *Perun, Perkunas* e similares). Pode-se supor que os filhos do Deus Trovão foram arrojados do céu por terem violado alguma proibição, provavelmente vinculada às regras reguladoras das relações entre os sexos. Parece que tema semelhante em outros níveis é importante também para as concepções mitológicas sobre os cogumelos. A aceitação do argumento sobre o Deus Trovão e os cogumelos permite explicar também tais fatos como a alocução do xamã zapoteca a diversas divindades q u a t r o dias após a colheita de cogumelos com um pedido de nova colheita, sendo que a q u a r t a divindade era o "Grande Golpe do Raio", cultivador de cogumelos (a quinta divindiade era "O Grande Golpe do Raio", fornecedor de sangue aos cogumelos). O q u a r t o dia, como se sabe, pertence ao Deus Trovão, (cf. *Donnerstag*) o qual, além do mais, é q u a t r o vezes hipostático. Dependendo da avaliação do motivo que provocou a desunião entre os cogumelos e o Deus Trovão, eles recebem duas séries de denominações. Comparem-se, por um lado, as denominações "divinas" (lat. *cibus deorum*, grego ant. $\vartheta\epsilon\tilde{\omega}\nu\ \rho\tilde{\omega}\mu\alpha$, etc.) e, por outro, as "diabólicas" (flam. ant. *dyvelsbrood*). Às últimas, pelo visto, pertencem também as denominações do tipo *mukhomór*, cuja semântica foi tergiversada pela etimologia "popular" (cf. *múkhi** como encarnação do espírito maligno, obsessão, condição especial; cf. *on pod múkhoi*** ou o francês *la mouche lui monte à la tête* etc.); comparem-se também os maus agouros, relacionados com os cogumelos.

* Russo: moscas (N. da T.)
** "Ele está alto" (N. do O.).

A ligação dos cogumelos com o raio explica motivos constantes que unem os cogumelos ao fogo, à pederneira, ao sílex, tanto nas lendas como nos dados da cultura material (cf. os achados arqueológicos em Maglemose, Dinamarca, de aproximadamente 6000 a.C.), o que novamente nos conduz à temática da cópula e do nascimento, ligada tanto ao fogo como aos cogumelos.

Visto que as filiações esotéricas dentro de uma determinada tradição cultural geralmente melhor conservam os traços arcaicos, apresenta interesse a utilização extremamente ampla de alguns tipos de cogumelos (antes de mais nada os *mukhomor*) para a obtenção de bebidas alucinógenas (o fermentado) nas culturas xamânicas (a maior parte da coletividade pode impor-se quaisquer proibições ligadas à utilização de cogumelos). É interessante observar que na maior parte da área européia existe, parece, uma denominação única para a espécie correspondente de cogumelos. Com a ajuda dessas beberagens o xamã estabelece vínculos com o céu. Neste sentido, as bebidas feitas de *mukhomor* servem ao mesmo objetivo que a árvore universal (ou xamânica) ou suas diversas encarnações. Em particular, essa idéia de identidade pode ser demonstrada mais diretamente — cf. a figura de dois pássaros nos lados do cogumelo trimembre no tecido noinulino de um sepulcro mongol (Museu do Ermitaj).

Para concluir, propomos a exposição e discussão da inesperada mas interessante e promissora hipótese de R. G. Wasson, cuja contribuição essencial está na determinação da origem do hind. ant. *soma* (cf. o iran. ant. *haoma*) como sendo uma das espécies do *mukhomor*. Com referência a isto, são analisados os pontos correspondentes do Rigveda em que se descrevem o aspecto exterior do soma, os métodos de sua preparação, a influência do soma no ser humano, etc. Analisando a hipótese de Wasson, propomo-nos concentrar a atenção numa série de momentos não referidos por ele ou referidos apenas em parte. Entre eles está um fato de fundamental importância: o soma é *filho* de P a r d j a n i a (RV IX, 82, 3), ele é criado por P a r d j a n i a (IX, 113, 3) (o nome Pardjania reflete a denominação indo-européia do Deus Trovão), sendo que Pardjania dá origem ao gado e às sementes das plantas e isto se vincula à ação do raio. É interessante que a mulher de Pardjania (e, conseqüentemente, como é possível pressupor, a mãe de Soma) é a Terra (cf. RV. V, 83, 4 ou VII. 101, 3 e outros). Em outra passagem (IX, 82, 4) informa-se que a mãe de Soma é *Pajrā* (a terra?); cf. *Parj-:Pajr-*. Neste caso Soma é o filho, surgido como resultado da fecundação da Terra pelo Deus Trovão, pelo Raio, é o intermediário entre a Terra eo Céu, o que corresponde a inúmeras descrições védicas do Soma (cf. *O formoso filho do céu*. RV. IV, 15,6) e ao papel desempenhado pelos cogumelos no culto, numa série de tradições (chinesa, mexicana antiga). Cf. também a relação de Soma com o fogo (*Agni*) e com o simbolismo sexual (tipologicamente observa-se um simbolismo semelhante numa série de tradições do Sul, concernentes ao coco, cf. as extremidades masculina e feminina). O princípio *masculino* de Soma é ressaltado amiúde (cf. sua a s c e n- s ã o ao céu, o seu r e g r e s s o, o seu c r e s c i m e n t o em volume, equiparável, aliás, às sensações do indivíduo que provou bebida alucinógena; há referência ao fato de que Soma é o n o i v o, o a m a n t e, tanto no Rig Veda como em outras fontes — cf. *Soma é o masculino, Sura é o feminino, os dois formam um par*. Tait.-Brakhm. 1.3.3.2; o par m a t r i m o n i a l deve preparar soma — cf. RV. VIII, 31,5, etc.) e de modo mais completo se manifesta em sua capacidade fertilizante (Soma é Touro). Alguns outros motivos não deixam também de ter significado na solução da questão sobre a solidez da hipótese de Wasson. Entre eles: Soma é variante da árvore universal, indicação do centro (cf. Soma como e s t e i o, p i l a r — RV. IX, 72,2, como m e d i a s t i n o, como u m b i g o, no motivo do cogumelo e s t e i o, do cogumelo u m b i g o, etc.); Soma como p e n e i r a (cf. o *mukhomor* em forma de peneira com orifícios, com pintas brancas; cf. as denominações de cogumelos como *sitovik, sitnik, situkha, riechótnik*, etc.)*; Soma e a m o s c a (RV. 1,119,9); Soma e a á g u a (a relação com os dois fenômenos opostos — o fogo e a água — reflete-se também nas concepções mitológicas sobre os cogumelos; cf. também o motivo da u r i n a com relação a Soma e aos cogumelos) e outros.

---

* *Sito* e *riechetó* são palavras russas que significam "peneira" (N. do O.)

4. O MUNDO DOS SÍMBOLOS DA ANTIGA CULTURA BUDISTA
A. M. Piatigórski

1. O budismo é uma doutrina filosófico-religiosa que desde a remota antigüidade já popendia para a criação de seu próprio "aparelho simbólico" (este termo é especialmente usado aqui entre aspas, como termo da *metalinguagem da budologia*, introduzido). Neste caso, penso eu, trata-se exatamente de "aparelho" e não de "linguagem", visto que na simbólica budista ocupamo-nos não tanto com determinado sistema semiótico, quanto com determinado modo de semiotização. Este último inclui: a) uma terminologia técnica especial, constituída, por exemplo, de termos iogas como *kacina*, "objeto de concentração", *ayatana*, "esfera de concentração", *samadhi*, "concentração", *sammasamadhi*, "concentração certa", etc.; b) uma nomenclatura especial, composta principalmente de palavras que designam pessoas, as quais atingiram um ou outro grau, ou variedade de ioga, como por exemplo, *bodhisatva, shravaka,*

pratyekabudda, arhat, siddha, rishi, etc.; c) um inventário especial, compreendendo diferentes objetos "físicos", não somente empregados na prática da ioga budista *como tais*, mas que figuram também na qualidade de "representações especiais" da simbologia ioga, por exemplo, *mandalea, mantra, tantra, yantra, stupa, tanka* ("ícone"), etc. São estas as três partes, pode-se dizer, do "corpo" desse aparelho simbólico.

Na proporção em que permitem julgar textos narrativos e de comentários relativamente antigos, este "corpus" tem um caráter *objetivo*. Este último fato significa que ele tem *existência* reconhecida dentro de determinados limites estabelecidos pela tradição e fora da dependência do sujeito que o percebe (isto é, que ele existe como *texto*, sobre o qual se sabe que ele é *texto*, e que como tal pode ser percebido de um modo ou de outro, ou simplesmente não ser percebido).

2. Ao corpus do aparelho simbólico se contrapõe todo o *mundo perceptível* (tanto exterior, quanto interior) *do sujeito, do indivíduo* (porém exatamente porque algo *realmente* é percebido). Qualquer fenômeno do mundo perceptível é considerado pelo sujeito um "signo" de um estado (ou nível) de sua vida espiritual (isto é, de seu psiquismo e consciência), desde que este estado seja *denominado, designado* pelo termo especial correspondente do "corpus" do aparelho simbólico.

Mas em qualquer indivíduo, de acordo com a psicologia budista, o *mundo perceptível* tem um caráter *subjetivo, individual*, pelo "corpus" dos fenômenos que fazem parte dele. Além do mais, este "corpus fenomênico" não tem limites determinados (isto é, ele *pode* tê-los, mas o estabelecimento dos mesmos constitui um problema especial, em princípio incapaz de ser resolvido por esse mesmo indivíduo). O próprio conhecimento, pelo indivíduo, de seu psiquismo (na acepção mais ampla do termo) ocorre através da determinação da *semioticidade* de um dado fenômeno, em primeiro lugar; da determinação do *significado* concreto deste fenômeno, no sentido de um determinado estado psíquico, em segundo; e do retorno ao "corpus" do aparelho simbólico, em terceiro. Deste modo, todo fenômeno percebido pode ser considerado "signo" de um estado psíquico somente porque existe tal gênero de aparelho simbólico que permite considerar o fenômeno dado não signo de outro fenômeno, mas signo de um estado psíquico do indivíduo que percebe este fenômeno *através* do simbolismo psicológico. E, deste modo, o conhecimento do psiquismo pode começar também com o conhecimento dos símbolos psicológicos como *substitutos* dos fenômenos (e não com os fenômenos como *substitutos* dos estados psíquicos). Neste caso, a etapa final do ato de conhecimento será o "retorno" do indivíduo ao próprio psquismo como ao *não-próprio* psiquismo, ou como ao *não-psiquismo*.

A faculdade para "simbolizações" deste tipo atingia-se, em geral, no processo de propedêutica dkhânica, por meio da assimilação dos seguintes pontos: 1) um fenômeno é um fenômeno (e não signo de outro fenômeno); 2) um fenômeno é signo de um estado psíquico subjetivo; 3) "simbolismo" é simbolismo de estados psíquicos em seu aspecto objetivo; 4) os próprios estados psíquicos deixam de ser "subjetivos", sendo interpretados no sentido de "símbolos".

3. A análise do conteúdo psicológico dos termos mostra que eles se referem ao psiquismo (aos estados psíquicos na acepção própria da palavra e à "força psíquica") e que o conceito de *consciência* estava *implícito* em uma série de termos relativos ao psiquismo.

5. ALGUMAS QUESTÕES GERAIS NO ESTUDO DO RITO MATRIMONIAL
G. A. Levinton

1. Um caso particular da noção do rito matrimonial como "texto" é a concepção do rito como certa ação "dramática", como "drama", independente dos atores que o interpretam[1]. No presente caso, interessa-nos a possibilidade de aplicar o conceito de "enredo"[2] com relação ao rito e a concepção do texto como um sistema de representações de determinado modelo do mundo (da mesma forma como isto se entende, por exemplo, para um texto verbal).

---

1. Comunicação de V. N. Vsiebolódski-Guergross sobre a expedição de estudos de arte para o Norte, empreendida pela Seção de Teatro do Instituto Estatal de História da Arte, no livro: *A arte camponesa do Norte. Sobre uma expedição de estudos de arte, para o Norte*, Leningrado, Editora Academia, 1926.

2. No original, o termo *siujét* (N. do O.)

2. É conveniente dividir o texto do ritual do matrimônio em dois textos / e figurar o próprio ritual como ação recíproca destes, como diálogo. Estes textos serão denominados "texto do noivo" e "texto da noiva" (M-texto e F-texto)/. Os demais participantes do rito podem ser distribuídos por estes dois textos e apresentados como personagens secundárias.

3. Este procedimento permite, de imediato, explicar muito no rito matrimonial. Examinemos os enredos.

3.1. O noivo parte de casa, atravessa a fronteira "povoado-bosque", percorre determinado caminho, chega ao povoado alheio, após uma série de ações (muitas das quais podem ser repesentadas como provações), leva consigo a noiva e regressa com ela ao seu povoado, realizando no caminho de volta uma série de ações e atravessando a mesma fronteira em direção contrária.

3.2. (Texto da noiva). De um povoado alheio, atravessando a fronteira "bosque-povoado", aparece o noivo, que leva consigo a noiva. Esta atravessa a fronteira "povoado-bosque" e dirige-se ao povoado do noivo, onde permanece para sempre.

4. Daí se depreendem, de imediato, algumas conclusões.

4.1. Se se considerar que o limite entre o bosque e o povoado é o limite entre os mundos humano e não-humano, entre os seus e os estranhos, torna-se imediatamente compreensível o ponto essencial do rito do matrimônio, de que todas as canções relativas à noiva são lamentações e contêm o motivo do noivo-portador-da-ruína, do "forasteiro". Acontece que para a noiva, o noivo é representante de outro mundo, e a partida do povoado é a partida para outro mundo, isto é, para a morte. Nisto consiste o fundamento da analogia entre os ritos do matrimônio e do sepultamento e, em geral, da comparação entre o casamento e a morte, conhecida desde os textos folclóricos até a literatura do século XX. Também no fato de a noiva chegar de outro mundo está o fundamento da conhecida idéia sobre o perigo que a noiva representa para o noivo, idéia sobre a vinculação da mulher com forças demoníacas. Cf. T. I. Ielizárenkova, A. I. Spírkin: "A principal oposição significativa, neste caso para a noiva /"portadora do bem — portadora do mal"/ realiza-se no presente hino em ambas as partes da oposição; em outras palavras, a orientação do noivo com relação à recém-casada tem aqui um caráter de ambivalência evidente[3]; cf.

---

3. T. I. Ielizárenkova, A. I. Spírkin, "Para a análise do hino matrimonial indiano", Programa e Teses das Comunicações ao Curso de Verão sobre Sistemas Modelizantes Secundários, 19-29 agosto 1964, Tártu, p. 72.

também os primeiros capítulos do livro de V. I. Propp sobre concepções semelhantes na épica arcaica[4] — estes textos devem simplesmente ser interpretados como M-orientados / isto é, determinados pelo ponto de vista do noivo/. Cf. a definição de um hino do Rig Veda como "confissão masculina", à diferença da "confissão feminina"[5] da lamentação matrimonial da noiva /texto F-orientado/ com seus motivos de "portador da ruína", "raptor", etc., os quais são geralmente explicados pelo destino penoso da camponesa russa. A base desta diferença está na F-orientação e M-orientação dos textos correspondentes.

4.2. Se se considerar o esquema destacado (o nível mais abstrato do enredo), de imediato descobre-se um análogo: a estrutura do conto de feitiçaria. Notemos os seguintes momentos: a) obrigatoriedade do casamento no final do conto de feitiçaria, ficando as bodas reduzidas ao banquete, o que pode ser explicado pelo fato de os demais elementos do ritual terem entrado no próprio enredo do conto; b) nos contos "masculinos", em um suficiente número de casos, ocorrem a partida e o regresso; nos contos "femininos", naqueles que terminam em casamento, via de regra não há regresso.

4.3. O motivo do "noivo do outro mundo" encontra um duplo análogo no conto de feitiçaria e na poesia épica arcaica. São eles: a) o movito do rapto, que, em essência, é um casamento comum e, particularmente, o noivo vindo de outro mundo pode não ser obrigatoriamente um opressor — cf. os contos em que o corvo, ou qualquer outro ente, chega e desposa a irmã do herói com o consentimento desta. Com referência a isto, talvez convenha reexaminar a questão sobre o motivo do rapto no casamento (já N. S. Dierjávin duvidava que ele refletisse a instituição real do casamento)[6]; um dos argumentos pode ser seu enorme "peso específico" e sua difusão para muito além dos limites da ritualidade matrimonial, fatos inexplicáveis se esse motivo reflete apenas uma das formas de casamento, e inteiramente compreensíveis, se ele representa uma das oposições fundamentais do modelo folclórico-mitológico do mundo.

---

4. V. I. Propp, *O epos heróico russo*, Leningrado, 1955, 2. ed., 1957.

5. T. I. Ielizárenkova, A. I. Spírkin, Ob. cit., p. 73.

6. V.: N. S. Dierjávin, *O costume do "rapto" das noivas na épica primitiva e seus resquícios nos rituais do matrimônio nos povos contemporâneos*, Edição da Seção de Língua e Literatura Russas das *Notícias* da Academia de Ciências e da Faculdade de História e Filologia da Universidade de São Petersburgo, Parte I, São Petersburgo, 1907.

b) O motivo do "esposo encantado". Se o explicarmos do ponto de vista de nossa interpretação, o esposo "encantado" é qualquer esposo. Citemos um exemplo que confirma isto: o motivo do "tabu do nome" está diretamente ligado à natureza "encantada" do esposo. Não obstante, nos ritos matrimoniais da Ásia Central, por exemplo, existe a proibição de um dos esposos chamar o outro pelo nome, enquanto entre alguns povos é proibido até mesmo pronunciar palavras homônimas a esse nome (cf. a "Lenda de Muirkhertarkh" irlandesa, onde a violação do tabu ocorre exatamente da seguinte forma: Muirkhertarkh diz: "Que vento está soprando hoje!" — e a palavra "vento" é homônima do nome de sua esposa "encantada" Sing).

5. O perigo da intromissão em "seu" mundo de um agente do mundo "alheio" é observado numa série de textos M-orientados. Sob este aspecto apresenta interesse a *bilina*[7] sobre Poták (na forma em que está anotada, por exemplo, na coletânea de Kircha Danilov). A natureza encantada da noiva se evidencia pelo menos no fato de ela se tranformar de mulher em pássaro. O enredo da *bilina* se resume no seguinte: Poták segue a esposa ao túmulo e luta com a serpente que veio buscá-la, após o que seu sangue ressuscita a esposa. Este motivo pode ser encarado como uma espécie de iniciação — incorporação no coletivo humano por meio de morte temporária. É curioso que a variante na coletânea de Hilferding substitui inteiramente este motivo pelo batismo, e isto nos leva a pensar que nossa interpretação é correta, já que a oposição "humano — não-humano" muito freqüentemente é substituída pela oposição "cristão — não-cristão".

O rito matrimonial em comparação com outros

A comparação das núpcias com o conto maravilhoso parece-nos muito promissora. As núpcias, consideradas desta forma, incluem-se no conjunto geral de rituais isomorfos entre si (iniciação, sepultamento, "sepultamentos" rituais, etc.) que, por sua vez, são isomorfos a muitas estruturas narrativas. Deste modo, parece-nos possível tentar, ao nível das estruturas, buscar correlações que em níveis inferiores são determinadas por V. N. Propp (*Raízes históricas do conto de feitiçaria*), V. N. Toporóv, V. V. Ivanov (*Sistemas modelizantes semióticos lingüísticos eslavos*).

1. É possível porpor uma hipótese sobre a origem de alguns momentos nas funções Perseguição — Salvamento (na ter-

---

7. As *bilinas* (*bilíni*) são antigas canções heróicas russas (N. do O.).

minologia da *Morfologia do conto maravilhoso*[8]; assim, a transformação dos fugitivos em poço pode ser vinculada a seu significado vaginal e sua transformação em igreja explica-se pelo fato de que na cerimônia de matrimônio a bênção nupcial ocorre exatamente no caminho entre a casa da noiva e a casa do noivo. Particularmente interessante a este respeito é o motivo seguinte: ao fugir, o herói joga uma toalha e esta se transforma em rio, o qual resulta num obstáculo intransponível para o perseguidor. Pode-se confrontar isto com a observação de Potiebniá[9] de que a passagem através da água por si simboliza o casamento (no artigo "Travessia de água como representação do casamento"). Potiebniá reduz todos os tipos de passagem à ponte, e esta é considerada a ponte entre o céu e a terra (o que o autor argumenta com paralelos do sânscrito a pons, πουτ, ҡхҭϭ, que têm realmente este significado), na qual se encontram o noivo e a noiva celestes, encarnados em seres terrestres. Sem concordar com esta explicação, podemos interpretar a passagem "terra — céu" como um caso particular da fronteira entre dois mundos, e o papel delimitativo do rio ou do mar, neste caso, é conhecido (cf., fora do campo do ritual de matrimônio, o "Êxodo", no Antigo Testamento).

A representação da travessia pela água como símbolo matrimonial permite explicar muitos motivos como, por exemplo, o rapto da noiva no barco ("Os Sete Simeões"), a chegada da noiva ao barco (nas canções nupciais), ou do noivo (cf. a *bilina* sobre Soloviéi Budimírovitch), ou ainda o casamento, realizado no barco (Tristão e Isolda). O próprio motivo "travessia — casamento" como relação ao referido acima interpreta-se facilmente pelo nosso modelo.

Notemos, a respeito, que no intróito de canção amplamente difundido:

"Não permitem a Macha ir além do rio,
"Não permitem a Macha amar o seu moço",

o primeiro e o segundo versos são idênticos quanto ao sentido, no caso de se adotar nossa versão.

2. Notemos que as correlações entre o conto maravilhoso e o casamento podem ser de outro tipo. Assim, a transformação do pássaro em noivo ou noiva pode ser interpretada como correlato do argumento da metáfora, na qual o noivo é comparado com o falcão, a noiva com a pata, etc. Correspondentemente, a metáfora, a comparação, o paralelismo psicológico

---

8. A obra fundamental de V. N. Propp — N. do O.

9. O filólogo russo e ucraniano A. A. Potiebniá (1835-1891) (N. do O.).

de tipo semelhante podem ser examinados como a "contração" de tal argumento.

Se se reconhecer a similaridade entre o papel do irmão nas canções nupciais e o do herói, cuja irmã foi raptada no conto, o enredo, neste caso, pode ser interpretado como "correlato indicativo" (como "realização") daquilo que em forma imperativo lhe é imputado pela canção (nas canções em que a irmã pede ao irmão defendê-la do raptor). De modo mais evidente isto se encontra nos enredos do tipo de "Barba Azul".

3. O perigo que a noiva representa para o noivo não se limita aos momentos a que nos referimos acima, mas nos restringiremos aqui a esses motivos.

4. É interessante notar que uma orientação diferente é possível também nos brinquedos de roda que modelizam o rito matrimonial, e expressa-se na colocação da personagem correspondente dentro ou fora do círculo. Assim, no brinquedo de roda, de casamento[10], o noivo fica dentro da roda e escolhe a noiva entre as que formam a roda, mas no brinquedo registrado por Dobrovólski[11], ele anda em volta da roda, enquanto a moça encontra-se dentro dela. É evidente que a parte interna do círculo interpreta-se como "o seu", e a parte externa como "alheio" (cf. a observação de I. M. Lotman, de que o limite entre "este" e "aquele" mundos deve constituir um círculo, mais exatamente, "ser uma curva fechada, homeomorfa a uma circunferência")[12].

4. É possível figurar o espaço dos contos dividido em três partes: o próprio povoado (palácio, etc.) a cidade alheia (povoado, etc.) e uma zona intermediária. Ao mesmo tempo, a própria zona é sempre "positiva", com penetração ocasional do "negativo" (alheio, inimigo) − cf. a irmã do herói que, em conluio com "forças alheias", tenta exterminar o irmão, etc. O alheio é sempre negativo, com penetração ocasional do bom (cf. a noiva-protetor, cf. também a ambivalência da noiva-malfeitor; ela é o malfeitor e o "objeto buscado". Com ela lutam, mas tratam de obtê-la. Esta ambivalência, equiparável ao hino do

---

10. V., por ex., A. M. Astákhova, "Uma das variantes mais antigas do brinquedo de roda, de casamento", na coletânea *A literatura e o pensamento social da Rússia antiga*, em homenagem ao 80º aniversário de V. P. Adriânova-Peretz, Leningrado, 1966.

11. V. N. Dobrovólski, "Canções de Natal", n. 107, 108, *Coletânea etnográfica de Smolensk*, Parte IV, Moscou, 1903, pp. 65, 66.

12. I. M. Lotman, "Sobre a metalinguagem das descrições culturais", *Estudos sobre sistemas de signos*, IV, Tártu, 1969, p. 464.

Rig Veda já mencionado, explica-se facilmente por nosso modelo). Quanto à zona neutra, ela é também neutra "quanto ao signo". Nela é possível encontrar tanto o protetor quanto o malfeitor, e, freqüentemente, a diferença entre eles é muito pequena (assim, quando os gigantes lutam por objetos mágicos e o herói manda-os correr à porfia com uma flecha lançada por ele, enquanto ele próprio recolhe os objetos, os gigantes desempenham, naturalmente, o papel de doadores, mas o herói trata-os como malfeitores). Deste modo: Pr. +/−/ Interm. ∓ alheio −/+/, sendo que o Pr. e o alheio podem ser descritos detalhadamente, mas a parte intermediária não se descreve em absoluto. De modo semelhante é possível figurar-se o espaço do rito, no qual existem apenas pontos funcionalmente significativos; tudo que está em volta praticamente inexiste de todo. Isto não contradiz o fato de o mundo inteiro, no modelo mitológico, ser considerado como campo de representação da oposição "sacro − profano" (Vide: Ivanov e Toporóv), uma vez que o modelo reconstrói-se a partir de (e existe em forma de) um conjunto de textos entre os quais é possível a ocorrência de uns, de cujo ponto de vista esta oposição não tem sentido para alguns participantes do espaço. Deparamos, no conto maravilhoso, com um quadro aproximadamente idêntico. Compare-se a observação de D. S. Likhatchóv, de que a paisagem no conto pode ser funcional[13].

No rito matrimonial, a existência da zona neutra pode explicar-se pela interação de dois textos, de dois pontos de vista, para cada um dos quais seu "lado" é "seu" (esta explicação nos foi proposta por I. M. Lotman); já no conto maravilhoso, isto pode explicar-se pela "simetria", pela representação do "alheio" como o "seu" invertido (tudo da mesma forma, mas com o sinal trocado), isto é, o "alheio" hipotético funciona exatamente do mesmo modo que o alheio real, como texto "que vem ao encontro", como orientação inversa. É interessante que uma reorientação, não só do texto, como também do "herói", é possível; isto ocorre no conto em que ao casamento não se segue o regresso, isto é, o "alheio" torna-se "seu".

5. No que diz respeito ao tempo ritual, é interessante notar seu caráter discreto − cada personagem do rito não existe o tempo todo na qualidade de tal: isto é justo, em todo caso, para as núpcias que duram alguns dias, mas pode ser estendido ao ritual do sepultamento, se se considerar com ele, como sua parte, os rituais de rememoração, situados bem longe, quanto

13. D. S. Likhatchóv, *Poética da Literatura russa antiga*, Leningrado, 1968.

ao tempo, do próprio sepultamento, e aos rituais de calendário, se se considerar todo o ciclo anual como um texto. Isto é, o noivo, no momento do aperto de mão, representa tanto o "herói" quanto o "executor", mas, de regresso a casa, até a ação ritual seguinte ele existe apenas como indivíduo; este é um tempo não-ritual. Isto pode ser comparado com os intervalos temporários no conto maravilhoso[14] e na *bilina* (e também na literatura narrativa ulterior), quando o herói encontra-se fora do "campo visual" da narração.

6. Em que consiste, afinal, a semelhança entre o conto maravilhoso e as núpcias, de que falamos? Nós propomos a seguinte hipótese. Sabe-se que a estrutura do conto pode ser considerada como registro do ritual de iniciação; mostramos, por outro lado, que ela pode ser considerada registro do matrimônio. Segundo a concepção literal, "biológica", das relações genéticas, este fenômeno é inexplicável, mas é possível propor outra explicação: pode-se denominar gênese o fato de que a um dado texto em seus estágios precedentes, ou até no mesmo estágio (cf. "Estrutura e dialética" de Lévi-Strauss), são comparados certos textos (gêneros, etc.), podendo as relações entre eles ser definidas como relações de designação. É então natural que tais textos podem ser mais de um, eles se apresentarão como diferentes planos semânticos de um mesmo texto (cf. os "códigos" de Lévi-Strauss; cf. as "etapas", na concepção folclórica de N. I. Marr, em que estas relações apresentam-se diacrônicas, o que não nos parece indispensável). Isto não exclui o fato de que determinados elementos possam ter significados apenas para um certo plano (só para o matrimônio ou só para a iniciação), mas explica a possibilidade, para muitos elementos, de terem "muitos" significados (isto é, a possibilidade de terem significados em uma série de planos semânticos).

---

14. D. S. Likhatchóv, *ob. cit.*

6. SOBRE A POSSIBILIDADE DE UM ESTUDO TIPOLÓGICO-ESTRUTURAL DE ALGUNS SISTEMAS SEMIÓTICOS MODELIZANTES
A. A. Zalizniák, V. V. Ivanov, V. N. Toporóv

Estudando todo o conjunto dos sistemas de signos que constituem o objeto da Semiótica, é possível estabelecer que os vários sistemas de signos modelizam o mundo de diferentes maneiras (isso no sentido da Cibernética; cf. a formulação de Von Neuman, pela qual o mundo pode ser considerado como a memória passiva da máquina). Esta gradação é definida progressivamente pelo grau de abstração do sistema de signos S em relação ao conjunto de objetos W, o qual se apresenta como a interpretação mais natural de S. Como exemplo de nível máximo de abstração podem servir alguns sistemas matemáticos (do tipo da teoria abstrata dos conjuntos), que possuem uma capacidade mínima de modelização. Como exemplo contrário podem tomar-se os sistemas sígnicos da religião, os quais têm um nível mínimo de abstração e uma capacidade máxima de modelização. Aqui a estrutura do todo modelado *W* depende, principalmente, das propriedades semióticas internas do sistema modelizante *S*. Uma posição intermediária entre os sistemas de signos matemáticos e os da religião é ocupada pelos sistemas de signos das línguas naturais. É essencial para a finalidade do presente trabalho que os sistemas lingüísticos precedam os sistemas da religião nesta gradação; em particular, graças a isso torna-se válida a tentativa de aplicar alguns dos métodos da Lingüística e da Semiótica contemporâneas ao estudo dos sistemas sígnicos da religião. Isto é importante sobretudo porque nos encontramos diante de um caso-limite que nos permite investigar, do modo mais preciso, determinadas propriedades que são essenciais também para os sistemas lingüísticos. Em outras palavras, além dos traços claros que a linguagem e a religião têm em comum com todos os outros sistemas semióticos (a possibilidade de decompor certa seqüência nos elementos que fazem parte do sistema, a presença de pelo menos dois planos em cada um desses elementos, a existência de relações sintáticas e paradigmáticas), elas possuem algumas outras propriedades específicas comuns. Da presença dessas propriedades comuns, ligadas à capacidade modelizadora relativamente mais alta, derivam também determinadas analogias no emprego dos sistemas de um e de outro gênero, como programas formais automatizáveis, que podem ser impostos a todos os membros de uma coletividade (em particular este emprego específico diferencia tais sistemas dos outros sistemas sígnicos modelizantes como os das linguagens de algumas ciências ou artes). Para o estudo de tais programas automatizados e portanto inconscientes, a Lingüística contemporânea elaborou métodos especiais cuja aplicação parece ser proveitosa para a análise de outros sistemas de signos de tipo semelhante.

O recurso a métodos da análise semiótica, orientados pela experiência da Lingüística contemporânea, deve-se também ao fato de que as formas tradicionais, vastamente difundidas, de abordar os fenômenos religiosos e mitológicos revelaram-se inconsistentes para a descrição do funcionamento do sistema correspondente. De modo particular, os métodos histórico e comparativo, que têm contribuído para a solução de uma série de problemas diacrônicos, não conseguem, hoje em dia, satisfazer as exigências de uma análise sincrônica. Em conseqüência disso, a própria análise diacrônica revela-se incompleta, na medida em que não desvenda a relação histórica entre os sistemas que se permutam. Deste modo, as falhas e as limitações desses métodos, quando aplicados ao estudo da religião, são análogas àquelas já há muito constatadas, quanto à aplicação destes mesmos métodos à Lingüística, aos estudos literários, etc. Infelizmente, também a maioria dos trabalhos descritivos disponíveis não pode ser considerada completamente satisfatória para a análise semiótica, visto que eles descrevem fatos e não as relações de cujas intersecções se originam os fatos semióticos, e também porque eles não se baseiam num sistema único de avaliação e de termos utilizáveis para a descrição.

Ao estudar a religião, deparamos com um fato que, à primeira vista, é percebido como uma contradição. Uma vez que nas diferentes religiões e mitologias encontram-se numerosas situações que, do ponto de vista do observador externo, se apresentam indiscutivelmente como falsas, pareceria natural supor que, nesses domínios, quaisquer situações poderiam ser tomadas por verdadeiras, sem restrição alguma. Na realidade, a análise científica dos sistemas correspondentes demonstra que o número e a natureza das situações que intervêm como verdadeiras, tanto em cada um desses sistemas tomado isoladamente quanto em seu conjunto, são claramente limitados. Daí a surpreendente semelhança de situações que se observam nas religiões mais diferentes, mesmo em caso de total ausência de nexos históricos entre as culturas correspondentes (cf. a semelhança análoga de situações utilizadas como enredos nas várias literaturas). A existência de limitações probabilísticas impostas à escolha dos elementos e à sua combinação em situações, permite-nos falar num código ou numa linguagem das respectivas religiões ou mitologias e aplicar em sua análise os métodos da Teoria da Informação, da Lingüística e da Semiótica. De modo especial apresenta-se fecunda a aplicação da técnica da tipologia lingüística à análise dessas linguagens. Diante de tal abordagem é indispensável, antes de mais nada, construir um único sistema, o mais completo possível, que preveja todas as possibilidades que se realizam em cada mitologia e religião. Esta é a premissa indispensável para o destaque do conjunto dos traços distintivos que vão comparecer como unidades estandardizadas na descrição de cada sistema separado e, por isso mesmo, na descrição do sistema completo. Como exemplo de construção de tal sistema universal de amostras estandardizadas, pode servir o conjunto dos traços distintivos fonológicos, com a ajuda dos quais descrevem-se hoje os sistemas fonológicos das várias línguas do mundo.

A analogia com a Lingüística permite supor que o sistema mais completo, que servirá futuramente para a descrição de sistemas isolados, poderá ser construído, ele também, após uma descrição preliminar uniforme de um número suficientemente grande de sistemas particulares. Tal como na Lingüística, tais descrições preliminares terão o caráter de primeiras aproximações aos sistemas que correspondem a um protótipo universal. Tudo isso está ligado ao fato de que qualquer sistema semiótico não é dado imediatamente ao pesquisador, mas é construído como resultado da interação entre o observador e os fatos observados. Em particular, em Lingüística, um sistema de língua é construído pelo pesquisador na base de um texto realmente dado; de modo idêntico, os sistemas religiosos e mitológicos podem ser construídos baseados em fatos observados diretamente, que podem ser chamados de texto, no sentido lato da palavra.

Os textos que servem como material primário para a pesquisa, podem ser distinguidos de acordo com a substância dos signos que os constituem. Em particular, podem funcionar como substância o discurso escrito ou oral, seqüências de representações gráficas, pictóricas ou plásticas, complexos arquitetônicos, frases vocais ou musicais, gestos, certas formas típicas de comportamento humano (por exemplo, o estado de sono, de hipnose, de êxtase, etc.) e formas de comportamento notadamente comuns (por exemplo, comer), bem como objetos de uso cotidiano incorporados na esfera do culto. Quanto à substância, um texto pode ser homogêneo (por exemplo, o texto escrito do Alcorão) ou heterogêneo, ou seja, constituído pela combinação dos elementos indicados (por exemplo, canto religioso = discurso oral + melodia; pintura mural dos templos = = discurso escrito + representações pictóricas + elementos do complexo arquitetônico; o serviço religioso, que em seus exemplos mais completos reúne quase todos os elementos acima enumerados).

Mesmo em caso de homogeneidade da substância, cada texto é heterogêneo na medida em que nele podem distinguir-se os elementos de, ao menos, dois diferentes sistemas de signos. No caso mais simples, trata-se da codificação dos signos de um sistema (religioso ou mitológico) por meio dos signos de um outro sistema, por exemplo a linguagem escrita ou oral. Neste caso, o segundo sistema funciona como código de categoria inferior em relação ao primeiro. Em casos mais complexos, o sistema de signos S_a que serve à codificação dos dignos do sistema religioso S_r conserva a autonomia, pois a orientação dos signos S_a^1 sobre si próprios apresenta-se como a particularidade mais importante do sistema S_a^1, que é aquela específica das várias formas de arte. Isto se observa, por exemplo, na literatura, na pintura e na música religiosas.

Em qualquer caso em que o pesquisador tenha que lidar com um texto de várias camadas, ele deverá antes de tudo estratificá-lo, separando os elementos que contêm a informação religiosa. Com isso, uma parte dos elementos do texto resulta inessencial, enquanto uma outra parte (incluindo os elementos que trazem a informação religiosa) pode ser considerada sob outro ponto de vista (por exemplo, o estético), que não apresenta, porém, interesse no que se refere a uma análise da religião. A forma de estratificar um texto consiste na construção de uma linguagem informacional para um dado campo de estudo. A construção de tal linguagem supõe a distinção das unidades básicas e das regras segundo as quais elas se combinam, graças ao que, seria possível transcrever o conteúdo religioso do texto, omitindo todas as suas partes restantes (cf. a construção das linguagens informacionais para a ciência).

Em princípio, as unidades da linguagem informacional poderiam ser codificáveis também com palavras das linguagens comuns, mas isso poderia acarretar a plurivocidade dos modos de expressão; é portanto desejável elaborar uma transcrição simbólica convencional. Além disso, pode resultar cômoda a representação de um texto, não sob o aspecto de seqüência linear, mas sob a forma de matriz bidimensional (cf. a representação do mito em Lévi-Strauss), ou de imagens pluridimensionais, para o que se torna indispensável a parametrização do texto. A transcrição pluridimensional na linguagem informacional pode refletir o caráter pluridimensional dos vários sistemas semióticos e só por isso já pode ser considerada como o modelo aproximado de um sistema construído de acordo com um texto.

A condição indispensável para a construção do sistema é o comprimento do texto ser suficiente. Por texto compreende-se o todo dos dados disponíveis (ou, seja, o conjunto inteiro dos textos de uma dada língua). O comprimento de um texto depende de sua diversidade, uma vez que um texto que consiste em repetições estereotipadas não pode ser considerado suficientemente longo no sentido indicado (ou seja, trata-se aqui do mesmo caso da decifração; em princípio pode-se colocar a questão da definição quantitativa do comprimento do texto suficiente para a decifração, como foi feito por Shannon para os sistemas secretos americanos).

Um texto de comprimento suficiente permite a comparação de diferentes combinações de elementos e fornece bases estatisticamente seguras para a delimitação daquilo que é essencial ou não, no sistema dado. Tais elementos essenciais se opõem quanto aos traços distintivos.

A correlação entre os elementos essenciais e os não-essenciais no sistema a ser construído depende do comprimento do texto: num texto de comprimento máximo, o essencial poderia ser separado do não-essencial da maneira mais unívoca, mas diminuindo-se o comprimento do texto, cresce correspondentemente a indeterminação do limite entre o essencial e o não--essencial. Em escala reduzida, isto pode ser acompanhado tomando-se como exemplo a correlação entre a quantidade dos textos nos quais comparece uma divindade e o número de seus traços diferenciais.

A análise evidencia que, mesmo após ter livrado um texto dos elementos que não trazem informação religiosa (em outras palavras, após ter apresentado o texto em forma de uma transcrição na linguagem informacional da religião), em muitos casos vemo-nos privados da possibilidade de construir, baseado nele, um sistema simples (de uma só camada). Em particular, analisando-se um texto, é possível construir, de acordo com ele, a transcrição informacional de um mito (cujos signos, no texto dado inicialmente, são codificados por meio de unidades de um código de nível inferior, como exemplo temos a língua escrita); mas o próprio mito (ou fragmentos isolados dele) serve como meio de codificação das unidades do sistema religioso de nível superior, em relação ao qual ele já funciona como um código imediatamente inferior.

Se para a tradução na linguagem informacional é indispensável a redução dos elementos do texto inicial dado, para a passagem do mito aos elementos de um código de nível superior pode ser indispensável a redução das unidades da transcrição informacional. Tal pluralidade de camadas encontra analogias em muitos outros sistemas semióticos modelizantes, cf. a sucessiva sobreedificação, já notada por Wittgenstein, das linguagens que servem para a descrição (metalinguagens) das línguas descritas (línguas-objeto). Essa pluralidade observa-se não somente nos sistemas sígnicos das ciências isoladas (bem como no sistema de signos da ciência; onde os sistemas das ciências isoladas desempenham o papel de camadas), mas também nos sistemas semióticos da arte, quando o sistema de signos (imagens ou enredos) de uma ordem mais alta constrói-se sobre um outro. Um exemplo sobremaneira evidente é dado pelos sistemas em camadas, das línguas naturais.

A analogia não se esgota na pluralidade de estratificação: é reveladora a existência de casos de degeneração, como as línguas naturais sem níveis morfológicos e os sistemas religiosos sem mitologia (sistemas amíticos).

A construção de diferentes sistemas semióticos, um sobre o outro, em que o superior modeliza o inferior, torna-se possível porque a semântica de cada um desses sistemas artificiais (por exemplo, das metalinguagens lógicas) pode ser discutida não só através de sua relação com os sistemas superiores, mas também pelo recurso à língua natural que, em última análise, lhes serve de fonte. Finalmente, isso pode ser entendido da seguinte maneira: a semântica de uma língua natural é descrita, através de uma grande quantidade de sistemas artificiais intermediários, nos termos daquela própria língua, dirigida para si mesma. Por isso é possível a omissão de alguns desses sistemas artificiais ou mesmo sua ausência total, como, por exemplo, na análise transformacional dos significados nos limites de um dado sistema, quando o sistema é relacionado com uma parte sua.

Pode-se comparar o papel da linguagem dos acontecimentos em relação aos sistemas da religião, com o papel da língua natural enquanto fonte de linguagens artificiais e do meio para sua interpretação, e com o papel das indicações da linguagem dos instrumentos para os sistemas científicos de alto poder modelizante. Como exemplo da maneira pela qual se retira, da língua não ritualizada dos eventos, o material para a construção dos signos de um sistema religioso (sem considerar uma série de etapas intermediárias, quais a ritualização, a aderência ao mito, etc.), podem ser citadas as parábolas. O aparecimento, num texto religioso, de um elemento da língua dos eventos que entre numa parábola é, via de regra, inesperado e, como tal, carrega uma informação muito grande. Justamente porque tais elementos não entram no alfabeto do código (em outras palavras, não são ritualizados), seu aparecimento numa mensagem codificada pelas unidades de um dado sistema religioso sublinha a necessidade da compreensão simbólica desses elementos, cuja seqüência constitui a prábola. Convém notar que a parábola, constituída por uma série de elementos no nível da língua dos eventos, pode ser considerada como uma unidade no nível da transcrição informacional do texto religioso. Contudo, isso não exclui a possibilidade de se estudar a estrutura da parábola como símbolo separável em suas componentes imediatas, no caso em que a análise da parábola seja fim em si mesma.

Nas reflexões expostas acima teve-se em vista a utilização primitiva da parábola e não seu uso mais tardio, de signo ritualizado (de citação estandardizada), quando a parábola (ou um fragmento seu) é transformada em seu oposto e inserida no alfabeto do código religioso (o que se prende a uma diminuição da informação nela contida). A construção de alguns textos no Novo Testamento pode ser descrita, num grau considerável, por meio da análise da alternância de citações estandardizadas e de parábolas em seu sentido originário, a abundância das quais pode ser relacionada com a possibilidade da interpretação do texto em seu conjunto, como parábola.

Uma alternância semelhante de elementos que não entram no alfabeto do código e de unidades estandardizadas, descobre-se também na seqüência de signos de outros sistemas semióticos modelizantes, em particular nos das artes verbal e figurativa; cf., por exemplo, por um lado a estilização de quadros documentários no cinema de arte, a transferência desse procedimento na narrativa literária de Dos Passos e a aplicação semelhante de objetos concretos na pintura e na escultura contemporâneas e, por outro lado, o emprego de citações estandardizadas (inclusive as que diferem pela língua e pela cronologia) em escritores como Joyce e Eliot, e as variações análogas sobre os temas oferecidos por uma longa tradição cultural, em outras formas de arte.

Como critério para a avaliação da complexidade de um texto, pode servir a quantidade de sistemas de níveis diversos empregados em sua construção. A inclusão no texto de elementos que não entram no alfabeto do código de cujas unidades este é construído, leva nesse sentido a uma complexidade maior do texto, o que pode ser utilizado para certos fins semióticos, estéticos em particular.

Após a execução das operações graças às quais o texto pode ser descrito nos termos de um sistema, e os níveis mais baixos do sistema, nos termos de um sistema superior, surge a necessidade de se levar em consideração o problema da interpretação do sistema. Trata-se de esclarecer sua semântica. Por analogia com a Lingüística, pode-se concluir que algumas deduções poderiam ser feitas baseando-se numa análise transformacional no interior do sistema. Entretanto, uma descrição semântica completa exige a correlação do sistema religioso dado, com sistemas que estão fora de seus limites. Com isso não se deve pensar que seria possível encontrar uma solução recorrendo a sistemas com os quais o sistema dado esteja ligado geneticamente. Pelas causas já indicadas, a descrição semântico-sincrônica de um dado sistema, derivado da descrição de outro sistema religioso que o precede, não pode ser considerada satisfatória. Da mesma forma, não se resolvem todos os problemas semânticos graças à correlação do sistema S_r com os sistemas de outro gênero que condicionaram seu desenvolvimento, tais como a organização social do meio, o sistema arcaico de percepção das forças cósmicas, o sistema simbólico do inconsciente. Na solução dos problemas diacrônicos, tanto na filogênese quanto na ontogênese, correlações semelhantes resultam preciosas, embora elas possam revelar somente os fatores que influíram na origem dos signos do sistema S_r, e não as funções dos signos deste sistema.

Uma situação análoga explica também o desenvolvimento extremamente fraco dos métodos de descrição sincrônica da semântica, na Lingüística e na teoria da linguagem poética. A exclusão do significado do âmbito da pesquisa, devida à ausência de métodos exatos para sua análise, não pode entretanto contribuir para a transformação das ciências dos sistemas de signos em ciências exatas, uma vez que o signo, por definição, possui um significado, isto é, uma correlação com algum objeto fora do alcance do sistema sígnico dado. Tal abordagem conduziria à construção de sistemas de pequena capacidade modelizante, os quais, devido a esta sua particularidade, pouco se prestam para a modelização de sistemas com grande capacidade.

O caminho para a eliminação de certas idéias preconcebidas que impedem a solução dos problemas semânticos é, em grande parte, sugerido pela experiência do desenvolvimento das ciências exatas contemporâneas, em particular, da Física. Trata-se, antes de mais nada, da necessidade de se considerar seriamente a ligação entre instrumento e objeto de estudo (em particular, podem funcionar como instrumento um pesquisador ou um informante, cujas indicações possam ser usadas pelo estudioso). Conseqüência da incompreensão de tal princípio foi o fato de não se ter tomado em consideração, por um lado, o papel perturbador do pesquisador, e por outro, o valor único das indicações do informante (diretas ou refletidas em documentos de diferentes tipos e em outros testemunhos semióticos), que constituem o material básico das ciências dos sistemas semióticos modelizantes (conforme N. Bohr indicou com precisão). Em outras palavras, as dificuldades fundamentais, na análise da semântica, estavam possivelmente ligadas ao fato de que o pesquisador impunha aos signos do sistema um significado que, naquele dado sistema, não lhes pertencia e que aparecia neles somente no sistema da descrição e, ao mesmo tempo, recusava as indicações semânticas exatas que se podem receber de um membro da coletividade que utilizou, ou utiliza, o sistema sígnico dado.

No que diz respeito à religião e à linguagem, essas indicações podem ser de dois tipos: inconscientes e conscientes. Em relação a esses programas automatizados, adquirem um valor especial as indicações inconscientes. Já o fato de que estas indicações não dependam da vontade consciente do informante serve de garantia considerável de sua autenticidade. Para revelar tais reações inconscientes, não controladas pelo informante, é necessário elaborar uma técnica correspondente (cf. as experiências semelhantes na Psicánalise). Um dos meios indiretos de se estudar o inconsciente é a análise das indicações conscientes que, ao mesmo tempo, apresentam um interesse autônomo. A união da obediência inconsciente a um programa de comportamento, condicionado por um dado sistema de signos, e a compreensão consciente desse comportamento, podem revelar-se um método bastante eficiente para o estudo de sistemas do tipo S_r (conforme mostrou Bohr, a união foi realizada, em particular, por aqueles membros da coletividade que se tornaram, eles próprios, signos do sistema S_r). Idéias semelhantes foram expressas recentemente também em relação a alguns outros sistemas (cf. as idéias de J. Moreno).

No registro das indicações de um informante, referentes ao sistema S_r, é preciso ter em vista que, geralmente, este sistema é por ele, inconscientemente (mas às vezes também conscientemente), interpretado nos limites daquele mesmo sistema de signos. Em outras palavras, surge aqui com clareza especial a dependência das possibilidades de modelização para com as propriedades semióticas do sistema modelizante, conforme B. L. Whorf demonstrou em relação à língua. Na medida em que esse traço dos sistemas de signos com alto grau de modelização se manifesta ainda mais nitidamente nos sistemas religiosos da classe S_r do que nos sistemas lingüísticos da classe S_l, a língua pode ser considerada como uma religião fortemente formalizada (no sentido lógico-matemático). A necessidade forçada da descrição do sistema S_r nos seus próprios limites, é comparável às limitações semelhantes que a linguagem da descrição impõe ao pesquisador no campo da Física, da Lógica semântica e de outras ciências (cf. também alguns paralelos no campo da literatura).

Se o estudioso passar dos limites do sistema descrito, torna-se observador em qualquer outro sistema L, o que redunda num efeito de perturbação. Por isso é oportuno descrever um mesmo sistema S_r do ponto de vista de observadores de vários sistemas de cálculo, L_1, L_2, L_3... L_n, e estabelecer as regras das correspondências, que traduzem a descrição do ponto de vista do observador de um sistema, para as descrições do ponto de vista de observadores de outros sistemas. Essas regras das correspondências podem ser consideradas como um ponto de vista científico sobre a Semântica, o qual se diferencia da atitude mística, que pressupõe a escolha de um único sistema do grupo, devido à ligação pragmática entre o observador e este sistema. Cf. a distinção entre a compreensão de uma obra literária como uma invariante que se conserva, apesar de todas as suas traduções e reincarnações lingüísticas, e que só existe sob o aspecto de correspondências entre elas, de acordo com a crítica literária comparada; e, por outro lado, o estabelecimento de um nexo pragmático particular entre o texto literário e seu estudioso (por exemplo, nos trabalhos de Heidegger sobre Hölderlin).

Após terem-se efetuado as operações acima expostas, sobre diferentes sistemas, pode ser construída uma tipologia estrutural dos vários sistemas religiosos. Tal tipologia estaria para as experiências tradicionais das classificações tipológicas com tendência histórica (por exemplo, aquelas em que se delimitavam os sistemas politeístas e os sistemas monoteístas) na mesma relação em que a tipologia estrutural contemporânea, em Lingüística, está para a classificação morfológica tradicional (com suas tendências históricas manifestas, não apenas no tempo de Schleicher, mas também muito mais tarde, por exemplo em Jespersen). A tipologia estrutural das religiões é imaginada como uma teoria das relações entre os sistemas religiosos. Nessa teoria, os traços distintivos que servem para diferenciar os signos no interior de cada sistema isolado passam, ao mesmo tempo, a funcionar como traços que diferenciam sistemas inteiros. Graças a isto, a abordagem estrutural propaga-se, não somente na descrição de sistemas isolados, mas também na descrição do conjunto de todos os sistemas. As correspondências entre os sistemas servem para a construção de um novo sistema –- de um repertório universal dos traços distintivos (cf. os métodos de construção de línguas intermediárias). Este novo sistema pode ser considerado como o destinado à descrição de todos os outros.

Pode-se considerar cada traço distintivo como uma nova dimensão e, neste sentido, pode-se falar de um espaço religioso pluridimensional, com tantas dimensões quantos forem os traços distintivos escolhidos. Desse modo, o número e a correspondência recíproca dos traços distintivos definem a métrica do espaço religioso. Cada sistema isolado possui sua métrica, que pode sempre ser representada como resultado de uma determinada redução da métrica universal.

Visto que todos são sistemas constituídos de várias camadas, pareceria mais simples representá-los como degenerescência de um sistema universal, isto se começarmos por comparar os níveis correspondentes dos diferentes sistemas e se construirmos, dessa maneira, tipologias particulares. Assim pode-se construir uma tipologia dos códigos de nível inferior, cujos elementos apareçam como unidades do plano de expressão da religião.

Graças às pesquisas de Etnografia comparada, reuniu-se um material significativo que pode ser empregado na construção de uma tipologia dos rituais, dos ritos mágicos, etc. É igualmente possível uma tipologia das unidades do plano do conteúdo, isto é, uma tipologia da semântica religiosa. Tal tipologia pressupõe a construção de um sistema de unidades semânticas elementares (de multiplicadores semânticos), por exemplo "bem" – "mal", "morte" – "ressurreição", "mundo superior" ("céu") – "mundo inferior" ("inferno"). A construção de um sistema de multiplicadores permite efetuar a tradução representável sob forma de algoritmo, de um sistema religioso a outro. Ainda outra espécie de tipologia pode ser construída sobre as relações entre as camadas dos sistemas comparáveis. Neste último caso, a própria presença ou ausência de uma ou outra camada já é critério para uma classificação tipológica (cf. as observações acima sobre os sistemas religiosos sem mitologia). A esse respeito é indicativa a comparação entre os sistemas religiosos que não cultuam as imagens, nos quais o código de nível inferior é eliminado por princípio, e aqueles em que se observa uma hipertrofia das formas exteriores, juntamente com uma relativa pobreza do vocabulário semântico. Finalmente pode ser proposta uma classificação "flutuante" que empregue simultaneamente as características dos vários níveis; cf. a tipologia das línguas naturais dada por Sapir; recentemente, a classificação de Sapir foi desenvolvida por Greenberg pela introdução de avaliações qualitativas, o que, parece, pode ser feito também no que se refere à classificação dos sistemas religiosos. A premissa para isto deve ser a individualização de unidades análogas às palavras, aos morfemas, à sílaba, em Lingüística. O caminho para se chegar a essas unidades está na construção de todas as combinações possíveis entre os traços distintivos de diferentes tipos. Neste sentido, seria interessante a comparação das funções dos símbolos religiosos personificados (deuses, semideuses, heróis), das metáforas e das idéias religiosas materializadas com as denominações de tais idéias codificadas diretamente.

As comparações tipológicas que se apóiam sobre a combinação das características das várias camadas, são especialmente indicativas quando faltam relações de implicação entre as camadas, em outras palavras, quando das características de uma camada não derivam automaticamente características de uma outra. Nos casos em que ocorre semelhante implicação entre as camadas, pode-se falar em motivação do signo religioso. É claro que nesses casos também é possível uma comparação tipológica, entretanto isso leva a outros resultados, isto é, serve para a demonstração indutiva da existência da motivação. Este último tipo de comparação encontra-se mais freqüentemente nos sistemas da classe S_r do que nos sistemas da classe S_l, onde ele é limitado por formações onomatopoéticas e outras formações simbólicas.

Nos casos em que a motivação é completamente excluída, mesmo diante da existência de um isomorfismo profundo entre as camadas que se correspondem nos vários sistemas religiosos, o caráter isomórfico das relações entre essas camadas permite deduzir a existência de alguma ligação entre elas. Tal como em Lingüística comparada, a dedução de semelhante nexo reveste-se de um caráter formal e ainda não pressupõe nenhuma interpretação conteudística no tempo. Em outras palavras, a possibilidade que tem um sistema de signos de refletir-se em outro pode ser elucidada de vários modos, por exemplo: pela origem comum dos sistemas S_r^1 e S_r^2 a partir de S_r, que pode ser reconstruído na base dos dois primeiros, do mesmo modo que uma protolíngua em Lingüística comparada; pela substituição do sistema S_r^1 pelo sistema S_r^2 cronologicamente posterior; pelo caráter híbrido do sistema S_r^2, que se originou graças à interação dos sistemas S_r^1 com S_r^3, sendo que os sistemas S_r^1, S_r^2 e S_r^3 podem coexistir, e assim por diante.

Uma unificação mais direta dos métodos da Lingüística comparada e do estudo comparativo da religião é obrigatória naquele caso extremamente simples em que os elementos comparados da camada inferior são palavras ou uniões de palavras das línguas naturais. Neste domínio, conhecido pela denominação um pouco restritiva de mitologia histórico-comparativa, registraram-se já resultados excelentes, obtidos a partir do século XIX. Contudo, mesmo diante desses dados iniciais, a possibilidade de comparação e de reconstrução parcial de textos mínimos, ou de fragmentos seus, não exclui a necessidade de uma comparação tipológica dos sistemas. Ao mesmo tempo é preciso lembrar que a Mitologia comparada tradicional exagerava o alcance das conclusões históricas, que muitas vezes não se originavam da aplicação do aparato formal dessa disciplina. A introdução de uma relação no tempo apóia-se o mais freqüentemente em dados extraídos fora dos limites dos sistemas religiosos; já no âmbito destes sistemas é possível introduzir uma relação no tempo, de modo bastante válido, não mediante a reconstrução externa, o que se usa de preferência nas pesquisas tradicionais histórico-comparativas, mas graças à reconstrução interna — cujo valor é claramente demonstrado pelos êxitos da Lingüística diacrônica contemporânea. A reconstrução interna nos sistemas da classe S_r, tal como naqueles da classe S_l, torna-se possível porque as diferenças cronológicas entre os elementos dos sistemas revelaram manifestações de caráter estatístico. Por isto, é válido falar em possibilidade de uma definição probabilística da direção do tempo nos sistemas religiosos (cf. as conhecidas analogias físicas, generalizadas por H. Reichenbach).

Um aspecto particular da análise tipológica é representado pelo estudo das relações dos sistemas da classe S_r com os diferentes sistemas de outras classes. Dessa faixa de questões pode-se destacar o problema de uma classificação dos sistemas semióticos por grau de capacidade modelizante. Em tal classificação, encontrar-se-iam reunidos, por um lado, os mais abstratos setores da matemática (por exemplo, em seus aspectos refletidos nos trabalhos de Bourbaki), a arte abstrata e os sistemas religiosos fortemente formalizados; por outro lado, seria necessário reunir as línguas naturais aos sistemas semióticos da ciência, orientados para o número como tal (cf. o pitagorismo ou o sistema de A. Eddington).

Após ter estabelecido a métrica de um dado sistema religioso, é possível colocar-se o problema de sua interpretação, graças a uma correlação com a métrica do espaço social (cf. as interessantes experiências de G. Dumézil e a crítica de J. Brough, instrutiva de um ponto de vista tipológico). Certos problemas específicos surgem porque os sistemas da classe S_r conduzem ao aparecimento de canais especiais de comunicação. Na medida em que, do ponto de vista da Cibrnética, a sociedade pode ser considerada uma rede de canais de comunicação, cuja intersecção seria um membro da coletividade dada, como resultado da introdução de novos canais surgiriam novos pontos de intersecção que funcionariam no sentido já referido. A esse respeito são significativos os dados de numerosos textos antigos, nos quais os deuses intervêm em igualdade de direitos com os outros membros da coletividade e estabelecem com eles variadas relações. O modelo bilateral habitual do ato da comunicação nos sistemas S_r apresenta-se freqüentemente numa forma complicada da comunicação da massa de todo um coletivo com um ponto de intersecção fictício dos canais de comunicação ou com uma hierarquia de tais pontos; esse ponto fictício pode servir para a unificação de todos os outros canais de comunicação deste coletivo (i.e. para uma retransmissão). Ao mesmo tempo, é possível uma forma reduzida do ato comunicativo, quando este se fecha sobre um membro da coletividade que transmite uma dada mensagem (caso da autodeificação).

Comparando-se as relações do espaço religioso com as do espaço social, elas podem vir a ser consideradas, reciprocamente, como plano da expressão e plano do conteúdo, sendo possíveis coincidências substanciais ao lado de diferenças funcionais.

Se incluímos o sistema S_r no sistema social dos canais de comunicação e se perdemos o primeiro sistema de alta capacidade modelizante, efetiva-se uma tecnicização da linguagem religiosa que leva à construção de sistemas semióticos, cujos elementos veiculam uma quantidade mínima de informação. Se ordenarmos os problemas semióticos, resolvidos por uma coletividade ou por seus membros, pelo grau de sua complexidade, ver-se-á que os problemas mais elementares são resolvidos naqueles sistemas semióticos. Soluções estandardizadas de tais problemas são propostas em textos estereotipados, cuja circularidade de movimento no sistema de transmissão e cuja conservação da informação podem conduzir a resultados semelhantes aos descritos por N. Wiener no que se refere ao esquema cibernético do cérebro.

Como salientou J. R. Fith baseando-se na experiência da Lingüística contemporânea, um membro da coletividade pode ser considerado como um feixe de traços distintivos. Ao conjunto desses traços pertencem também os que caracterizam sua ligação pragmática com os sistemas da classe S_r. Do mesmo modo que nas afasias são alterados os traços distintivos dos sistemas da classe S_l, a alteração dos traços distintivos dos sistemas da classe S_r pode ser usada para a descrição do comportamento (cf., por exemplo, a recusa do culto como característica do comportamento de Kierkegaard). Eliminando as limitações probabilísticas que caracterizam códigos mais complexos, torna-se possível a comparação entre o desenvolvimento inverso na ontogênese e os fatos filogenéticos correspondentes (cf. a análise profunda de fenômenos semelhantes nos trabalhos de L. S. Vigótski).

7. SOBRE A RELAÇÃO DA SEMÂNTICA DO TEXTO COM SUA ESTRUTURA FORMAL
D. M. Segal

São objeto de nossa pesquisa três variantes de um mesmo conto mítico, recentemente publicadas pelo etnógrafo canadense M. Barbeau[1]. Todos os três mitos foram registrados no noroeste do Canadá, no litoral do Oceano Pacífico próximo à fronteira com o Alasca. Os mitos A e B foram anotados por S. Baynon em 1952 e 1954, em Metlakatla e Hartly Bay, e o mito C foi "recentemente" (segundo M. Barbeau) registrado também por S. Baynon em Port Simpson. Estas localidades encontram-se próximas uma da outra e são habitadas por índios

---

1. M. Barbeau, *Tsimsyan Myths*. Nesse livro encontramos o mito "O homem forte que segura o mundo" (a que nós nos referiremos como mito A) e o mito "Amalkh, o homem forte que segura o mundo" (que designaremos mito B). M. Barbeau, *Haida Myths Illustrated in Argillite Carvings*. Nessa obra encontramos o mito B, que tem o mesmo título do mito A.

tsimshian (tsimsyan), aos quais, segundo M. Barbeau, pertencem os mitos. Os textos dos mitos A e B contêm indicações precisas de que eles pertencem à mesma tribo tsimsyana Gitzarhlaehl.

As três narrações tratam do tema, amplamente difundido no folclore indígena da América do Norte, de "Cinderela" ou "herói réprobo" (*unpromising hero*, L. — pela classificação de enredos folclóricos de S. Thompson)[2], e foram selecionadas em um grupo especial, uma vez que contêm o motivo etiológico da sustentação da Terra. Nos mitos em questão este motivo se expressa na figura de um atleta que mantém a Terra equilibrada sobre uma vara. É interessante notar que, segundo testemunho do próprio S. Thompson, este motivo aparece no território da América do Norte unicamente entre os índios tlingit (vizinhos mais próximos dos tsimsyan ao norte, sendo possível, portanto, falar aqui em penetração geográfica) e, fora da América do Norte, apenas no folclore ugro-fínico.

Deste modo as três variantes mencionadas constituem um grupo isolado e podem, conseqüentemente, ser examinadas à parte, sem suscitar críticas quanto à sua separação arbitrária de todo o conjunto de mitos que enfocam o motivo do "herói réprobo".

Queremos salientar de passagem que, ao lado da indiscutível utilidade de pesquisas gerais da estrutura e interpretação de qualquer grande grupo de mitos, não menos frutíferas são as tentativas de dividir os grandes grupos em outros mais uniformes e similares quanto ao enredo e ao tema. Trabalho do primeiro tipo é o artigo de B. Randall "The Cinderella Theme in Northwest Coast Folklore"[3], a que nos reportaremos daqui em diante. Entre os trabalhos do segundo tipo citaremos o de K. Spenser "Mitologia e sistema de valores"[4], que fornece uma análise minuciosa de mitos rituais dos índios navajo com a temática do "herói réprobo", segundo a reconstrução do sistema de valores éticos navajos. É claro, os exemplos podem ser multiplicados. Estas duas obras parecem-nos interessantes por focalizarem diretamente o tema do "herói réprobo". É verdade que o trabalho de K. Spenser se refere à mitologia das tribos navajo, territorial e culturalmente afastadas do litoral canadense. Não temos conhecimento de obras que analisem

---

2. S. Thompson, *Motif-indez of Folk-lore Literature*.
3. B. U. Randall, "The Cinderella Theme in Northwest Coast Folklore", *in Indians of the Urban Northwest*.
4. K. Spenser, *Mythology and Values*.

mais diferenciadamente mitos, com tal temática, dos tsimsyan, tlingit ou haida. Entretanto, mesmo um rápido exame do resumo dos mitos citados no artigo de B. Randall, sobre o tema "Cinderela", mostra que entre eles há os mais diversos. Um descreve como o herói réprobo traz à sua tribo este ou aquele ritual, freqüentemente ligado a um totem; outros são mitos de caráter etiológico (explicação da origem do arco-íris); há um grupo bastante numeroso das assim chamadas "narrativas" (narratives), sempre ligadas a uma tribo ou clã concretos e que, à diferença de outros mitos, situam-se no tempo histórico e não-mitológico.

Une todos estes mitos a presença do "herói réprobo", o que, naturalmente, deve ser levado em conta nas tentativas de interpretação; contudo, parece óbvio que o significado do texto, determinado pela interpretação, será diferente em dependência, por exemplo, de descrever ele a viagem do herói em busca do ritual ou de constituir um relato dos fracassos e êxitos deste ou aquele caçador.

A finalidade do presente artigo é demonstrar como um tema geral, "o herói réprobo", se transforma e como varia o significado do texto em relação à sua estrutura.

Trataremos de mostrar a relação entre a estrutura formal enredo-tema do mito e sua interpretação (semantização, i.é, correlação dos elementos estruturais do mito com determinados elementos extramíticos). Desde o início é necessário ressalvar que, ao efetuar a análise formal da estrutura do mito, partimos do princípio de que seu conteúdo pode ser compreendido e que podemos identificar os trechos do enredo que têm o mesmo significado. No decorrer da interpretação, isto será demonstrado claramente. Para facilitar e abreviar a transcrição do enredo, introduzimos letras do alfabeto latino — símbolos de predicados (relações do enredo às quais se atribuiu um determinado significado). O predicado aparece em forma de um símbolo sem indicação dos elementos aos quais se atribuem as relações, uma vez que nos mitos examinados as personagens são pouco numerosas e as funções são distribuídas de modo unívoco.

O tema do "herói réprobo" no folclore dos índios do noroeste canadense pode ser representado no seguinte esquema de enredo e tema (o esquema foi elaborado pelo autor com base na interpretação proposta no artigo de B. Randall):

A C D E A C,

onde:

A — símbolo do predicado "o herói encontra-se na condição de réprobo". Segundo o artigo de B. Randall, este predicado assume as seguintes formas concretas: p o b r e z a (Kakhaci, herói do mito tlingita "Kakhaci, o atleta"[5]), o r f a n d a d e (órfão é o herói do mito dos Bella Cula[6]), d e s a s s e i o (o mesmo Kakhaci, o que aliás foi omitido por B. Randall; na verdade o desasseio revelado pelo herói, a incontinência da urina, não constitui apenas uma característica negativa, mas é também uma insinuação original sobre a possibilidade de outra interpretação); i n s u f i- c i ê n c i a s f í s i c a s (deformidades, doenças, etc.); a m o r n ã o - c o r r e s p o n d i d o; s t a t u s d e i r- m ã o m a i s n o v o; v í c i o s (dissipação, paixão por jogos de azar, etc.);

C — símbolo do predicado "o grupo social de que faz parte o herói o exprobra". Na realidade este predicado está ligado a A, e do ponto de vista do enredo poderia não ser levado em conta, porquanto aparece condicionado a A: A → C. Contudo, motivos que visam tornar mais cômoda a interpretação e sobre os quais falaremos oportunamente impõem-nos a necessidade de considerar C;

D — símbolo do predicado "o herói age a fim de superar a condição de réprobo";

E — símbolo do predicado "o herói recebe auxílio de forças mágicas";

Ā — negação de A, ou seja, anulamento da condição de réprobo (obtenção de riquezas, vitória sobre o adversário em luta ou em competição, casamento com a mulher amada, cura de deformidades, iniciação nos segredos rituais ou comunicação com força mágica totêmica);

C̄ — negação de C, isto é, conquista do respeito do grupo social, geralmente completada com o status de chefe ou reconhecimento dos poderes do herói como xamã.

O esquema A C D E Ā C̄ é interpretado por muitos autores como a realização, em forma simbólica, das representações indígenas quanto ao lugar do jovem membro da tribo na vida social da comunidade. Neste sentido, B. Randall, em particular, considera C̄ o elemento indicador de que o conflito inicial de renegação tem um caráter puramente social e de que todos

---

5. J. Swanton, "Tlingit Myths and Texts".
6. F. Boas, *Mythology of the Bella Coola.*

os A são variantes tribais. Mas a ocorrência de C̄ mostra que tão logo o herói se livra de A, desaparece o conflito e tem lugar a sua reintegração no grupo social.

Nesta interpretação o esquema de enredo A C D E Ā C̄ constitui não só uma invariante, presente nas transformações temáticas (desasseio em um mito, pobreza em outro, como variantes de um mesmo predicado), mas também uma invariante do significado dos mitos. A lógica de conexão dos fragmentos do enredo vincula-se aqui a uma lógica de outra ordem, não textual — à lógica do desenvolvimento social da personalidade nas condições de grupo tribal.

B. Randall, muito corretamente, a nosso ver, estabelece a correspondência entre a história de como o herói réprobo resulta vencedor e as circunstâncias reais da vida social das tribos indígenas no litoral canadense do Oceano Pacífico. É conveniente, em geral, a contraposição do conto europeu sobre a Cinderela e dos mitos indígenas sobre o herói réprobo. Esta contraposição é vista pela autora no caráter mais dinâmico e pessoal do conflito e sua superação nos mitos indígenas, à diferença dos contos europeus. B. Randall mostra que na variante européia o herói não se reintegra em seu grupo no final do conto, mas o abandona (compare-se o casamento de Cinderela com o príncipe no conto dos irmãos Grimm).

Vê-se do exposto que na interpretação proposta por B. Randall os conceitos de "renegação" e "reintegração" desempenham papel básico.

Daí se depreende que na transcrição esquemática do enredo, que de modo geral poderia (conservando-se o caráter pessoal e dinâmico da oposição de sentido) ter a forma A D Ā, os predicados C e C̄ têm o principal papel.

Nesta altura parece-nos oportuno sublinhar a fundamental importância, ao se analisar um mito, de correlacionar o esquema de enredo com a seqüência de certas relações que se encontram fora do texto. No artigo de B. Randall esta correlação efetua-se de modo incompleto, o que não permitiu à autora trazer à luz algumas particularidades do significado de uma série de mitos. Foram interpretados apenas momentos básicos do enredo em sua forma esquemática mais geral. Por outro lado, nos trabalhos de V. Propp *Morfologia do conto maravilhoso*[7] e *As raízes históricas do conto de feitiçaria*[8], todo o meca-

---

7. V. Propp, 1928.

8. V. Propp, 1946. [No original está "1916", o que é um evidente erro de imprensa — N. do O.]

nismo de enredo com todos os seus detalhes é comparado com o ritual de iniciação das sociedades primitivas e as mínimas peculiaridades do enredo são compreendidas em termos de iniciação. Parece que V. Propp conseguiu descobrir o mecanismo da construção do conto justamente porque atrás deste mecanismo ele viu o sentido, que se expressava através do ritual de iniciação. Por outro lado, o esquema de construção do conto de feitiçaria permitiu, com maior exatidão, correlacionar os elementos do conto e do ritual.

Entre as interpretações de V. Propp e B. Randall há uma diferença básica: a interpretação de V. Propp é histórica, ao passo que a de B. Randall é sincrônica.

A correlação entre o esquema de enredo do conto de fadas russo e o ritual de iniciação é uma reconstrução. Já a interpretação dos mitos do litoral noroeste do Canadá, em termos de adaptação social dos membros da comunidade, não surgiu como resultado de reconstrução, porquanto foi possível registrar em trabalho de campo os fatos da vida social dos tsimsyan e outras tribos vizinhas[9]. Não obstante, ambas as interpretações, em princípio, recorrem ao mesmo: aos elementos da organização social das tribos primitivas, ao enorme papel da comunidade na organização primitiva, ao imenso significado da passagem da condição de exclusão da comunidade, característica da juventude (sinônimo de renegação), para a de inclusão na comunidade. Esta passagem pode ser resultado de um ritual especial de iniciação ou não. Nas sociedades primitivas, já em contato com a civilização, pode inexistir o ritual e, neste caso, a necessidade de inclusão no coletivo é conscientizada de modo pragmático e não ritualmente.

Assim, resumindo os principais momentos da interpreação proposta por B. Randall, salientamos uma vez mais que, em sua opinião, todos os mitos indígenas sobre o "herói réprobo" caracterizam-se pelo conflito entre o herói e seu grupo. O conflito se anula em conseqüência de esforços enérgicos, manifestos e frutíferos da personalidade dinâmica do herói, esforços estes que lhe trazem auxílio dos espíritos, libertação dos defeitos e reintegração na comunidade.

Os três textos que examinamos foram editados após a publicação do artigo de B. Randall. Uma simples leitura dos mesmos leva a pensar que a interpretação A C D E Ā C̄ é, talvez, por demais genérica e que alguns momentos, importantes para B. Randall (oposição de C e C̄), têm representação diferente

---

9. J. Swanton, *A Ethnology of Haida.*

nos textos dos mitos. Damos uma breve exposição do enredo para que o leitor possa ter uma idéia do conteúdo.

O herói (filho ou sobrinho mais novo do chefe da tribo) não participa dos treinos, aos quais obrigatoriamente devem se submeter todos os jovens, e passa o dia inteiro deitado nas cinzas, junto ao fogão. Ele é apático, dorme muito e, além disso, seu leito está sempre molhado. Seus irmãos tomam parte nos treinos e fazem-no alvo de zombarias. Mas o herói se exercita de noite, às escondidas. Ele retorna à casa antes do amanhecer e, quando na aldeia começa a rotina diária, aparece aos olhos dos parentes dormindo no borralho. À noite, no bosque, o herói se encontra com um ente sobrenatural (*narhnorth*) que passa a ajudá-lo. Apesar das zombarias constantes, o herói torna-se o primeiro na caça, nas competições com outras tribos e na luta contra elementos da natureza (feras, árvores e montanhas). Todas estas vitórias não modificam o gênio do herói. Ele continua apático e parece desasseado. Os familiares, que após as vitórias do herói começam a respeitá-lo, retornam às zombarias. Certa vez, nas praias do oceano atracou uma canoa e seus tripulantes levaram o herói consigo. Eram entes sobrenaturais e conduziram o herói às profundezas da terra, onde ele deveria, em substituição a seu avô, sustentar o mundo inteiro em uma vara.

Efetuamos uma análise do enredo dos três mitos. No decorrer da análise identificamos diferentes trechos do enredo, utilizando para isto os seguintes símbolos:

A — A significação deste predicado já foi esclarecida acima. Componentes essenciais de A, pelos dados do texto, são: d e s a s s e i o (incontinência de urina e o fato de o herói dormir no borralho), a p a t i a e s o n o l ê n c i a, n o t á v e l a u s ê n c i a d e r e a ç ã o a n t e o s a c o n t e c i m e n t o s c i r c u n d a n t e s, v i s í v e l n ã o- -d e s e j o d e p a r t i c i p a r d o t r e i n a m e n t o. O status de i r m ã o mais n o v o, presente nas três variantes, é atributo, assim nos parece, automático, e não desempenha papel significativo no desenvolvimento do enredo e na interpretação;

Ã — Transformação de A. Aqui no sentido de reação ativa do herói aos acontecimentos circundantes;

Ā — Negação completa de todos os componentes de A;

C — Tem o mesmo significado atribuído anteriormente;

C̃ — Negação de C. Aqui no sentido de bom relacionamento com o herói no período de sua renegação;

$\tilde{C}$ — Transformação de C. Aqui no sentido de modificação no relacionamento da tribo com o herói sob a influência dos êxitos deste (análogo a $\bar{C}$ na p. 4);

C* — Significa C por parte de elementos não pertencentes à tribo do herói;

$\tilde{C}<E> - \tilde{C}$ porquanto o herói resulta ser um ente sobrenatural;

B — Treinamento evidente dos irmãos do herói;

B) — Prova de forças bem sucedida durante o treinamento dos irmãos;

$\bar{B}$) — Prova de forças mal sucedida;

D — Treinamento secreto do herói;

D) — Prova de forças bem sucedida durante o treinamento secreto do herói;

$\bar{D}$) — Prova de forças do herói mal sucedida;

D_p — Treinamento secreto do herói no passado;

E — Obtenção pelo herói de ajuda sobrenatural;

$\vec{E}$ — Chegada de entes sobrenaturais;

$\cev{E}$ — Partida de entes sobrenaturais;

F — O herói manifesta desejo de agir, desafio;

F) — Os demais membros da tribo satisfazem o desejo de agir, manifestado pelo herói;

H — Não-desejo dos demais membros da tribo de agir ativamente;

G — Malogro nas ações dos demais membros da tribo;

$\bar{G}$ — Êxito nas ações dos demais membros da tribo;

I — Êxito do herói;

(d) — Ocorrência de terremoto logo após qualquer ação;

X — Explicação de que a terra é mantida em seu lugar por um atleta;

M — Moral;

N — Indicação de que o mito pertence à tribo.

Relacionamos aqui os símbolos que figuram nas três variantes. Alguns se encontram nos três textos, outros somente em um. A interpretação de alguns deles ($\bar{C}$ e $\bar{A}$ particularmente) difere da que fizemos ao efetuar a análise do esquema global do mito sobre o herói réprobo, visto que então tomamos um esquema genérico, invariante nos três mitos, ao passo que aqui a análise é mais detalhada. Cada símbolo na transcrição inicial representa uma sentença do texto inglês dos mitos. Por este motivo, fez-se necessário, para os mitos que examinamos, ampliar o inventário dos símbolos e introduzir sinais extralineares. Foi preciso diferenciar o bom relacionamento com o herói (i.é., negação rígida de C) e a mudança no relacionamento com o herói, sem ênfase especial no caráter p o s i t i v o desta mudança (C̃), bem como a negação completa de A e sua transformação. Foi necessário introduzir um símbolo especial para a ação concomitante, o terremoto |d|, e também o símbolo de motivação C̃ − <E>, para distinguir este caso C̃ dos outros. Tudo isto reflete, de modo bastante completo, as particularidades de cada variante e, por outro lado, será útil na interpretação.

Fornecemos abaixo uma transcrição das três variantes, que representa um esquema ampliado da transcrição do mito na forma proposta por C. Lévi-Strauss em seu artigo "O estudo estrutural do mito", publicado na coletânea de trabalhos de um simpósio de Mitologia[10]. Predicados idênticos estão dispostos um sob o outro. Deste modo, fixa-se a um só tempo a estrutura paradigmática e sintagmática do mito. A leitura se faz da esquerda para a direita, como em qualquer texto.

Da tabela 1 depreende-se facilmente que o enredo de todas as três variantes compõe-se da repetição, em ordem diferente, dos principais predicados. Partimos do pressuposto de que dois mecanismos participam da construção do enredo: um casual e um não-casual. Esclareceremos este pensamento. Na tabela estão separadas por linhas horizontais as partes do mito que representam fragmentos completos.

Há cinco destes fragmentos nos mitos A e C e quatro no mito B. Fragmentos iguais do enredo estão designados na tabela pelos seguintes números:

1. Introdução. Descrição da preparação dos irmãos do herói e da preparação secreta do herói.
2. Caçada.
3. Competições com outras tribos.
4. Luta com a Natureza.
5. Epílogo.

Parece-nos que a ausência da descrição de caçada no mito B, ou a ausência do predicado C no mito C, é conseqüência da ação do mecanismo casual. Por outro lado, a ordem na seqüência dos trechos do enredo não é casual, mas condicionada pela especificidade do significado do mito, sobre o que falaremos adiante.

Examinemos agora as particularidades da construção de cada fragmento nos mitos A, B e C.

10. C. Lévi-Strauss, "The Structural Study of Myth", in *Myth, A Symposium.*

Tabela 1: Registro simbólico de três variantes de um mito

[Tabela 1 contém três colunas (Mito A, Mito B, Mito C) com registro simbólico esquemático de letras (A, B, C, D, E, F, G, H, I, M, N, X) dispostas em posições espaciais específicas, numeradas de 1 a 5 em cada mito.]

Introdução

O esquema de enredo da introdução mais completo encontra-se no mito A:

Tabela 2. Esquema sintagmático da primeira parte do mito A

A		B	C			(A)	D		
A		B)	C			(A)	D		
A	C		C̄		C	A			
							D	E	D
B			C		· C̄	B			
							D	E	D)
	A	C	B						

O A colocado entre parênteses tem caráter facultativo. ABCD é um esquema por si bastante completo, pois contém os principais predicados da oposição.

Bem no início do mito repete-se duas vezes a seqüência de predicados ABC(A)D, que mais completamente caracteriza o conflito básico e a principal oposição de sentido desta parte — a oposição entre AD e CB, isto é, entre a indiferença e constante apatia do herói e sua preparação secreta para a caça, por um lado, e entre o atuante relacionamento negativo dos membros da tribo com o herói e a preparação ativa dos mesmos para a caça, por outro lado.

Este mesmo choque assinala-se na oposição de A e C C̄ C em ACC̄ C A. A atividade, a evidência da reação do meio a que pertence o herói, reforça-se em conseqüência do aparecimento de C̄ — relacionamento positivo do tio mais novo com o herói. Os membros da tribo demonstram muita atividade em suas relações com o herói. Mas este não reage de modo algum, quer ao relacionamento negativo, quer ao positivo. Repete-se duas vezes o motivo DED, sendo que na segunda vez D aparece como D) — encerramento bem sucedido do treinamento pela prova de força do herói..

É possível interpretar B C̄ C B como variante do motivo A CC̄ (C) A, onde a inatividade do herói pode ser substituída pela atividade de seus irmãos. O primeiro fragmento no mito A termina com uma coda singular, A C B, que repete a principal oposição desta parte, AD – CB.

Assim, a estrutura sintagmática deste trecho no mito A caracteriza-se pela dupla repetição dos motivos ABCD, A CC A e DED com a coda A CB. No plano paradigmático, a dupla repetição pode não ser considerada e então o esquema do trecho assume a forma:

A	B	C	D	
A		CC̄		
A			D	E
			D		Coda.

As séries A e B opõem-se às séries CC̄ e DED, respectivamente.

Examinemos o conteúdo dos predicados do trecho I. O predicado A tem a seguinte exposição: o herói dorme no borralho, nunca efetua os banhos de purificação, deita-se em algo parecido a impurezas, nunca presta atenção a ninguém. Frizemos que estas peculiaridades do herói, principalmente as destacadas em nosso texto, repetem-se em cada A. Parecem-nos essenciais a ligação do herói com o borralho, a a p a r e n t e sujidade de seu leito, sua apatia, sua m a n i f e s t a recusa a efetuar os banhos de purificação. Os p r e d i c a d o s C e C̄ apresentam interesse por serem inteiramente orientados, tanto do ponto de vista do relacionamento com o herói, quanto do conteúdo dos próprios predicados. C em AB C (A) D_1 é a zombaria a que o herói é submetido, expressa nas seguintes palavras: "Quando estivermos passando fome, viremos pedir-lhe comida". C̄, em ACC̄CA, são as seguintes palavras do tio mais novo do herói: "Parem com suas zombarias. Ainda não chegou a hora de meu sobrinho mostrar sua força. Quando for preciso ele mostrará do que é capaz". Temos aqui duas profecias com sentidos opostos. A oposição de B e DED acentua, principalmente considerando a dupla repetição de DED, o papel intensificado de E.

Examinemos agora a correlação dos momentos evidentes e não-evidentes em A, B, C, D e E.

Em A são evidentes a apatia do herói, sua acentuada indiferença às zombarias, sua ligação com o borralho. Não-evidentes são a ligação do herói com as impurezas (assinala-se com insistência o caráter aparente da sujidade do herói e de seu leito), a recusa do herói a efetuar os banhos de purificação e o treinamento (o que se revela na ocorrência de D). C e B têm caráter marcadamente evidente. O predicado E pode ser considerado não-evidente, pois o herói encontra seu protetor sobrenatural à noite, no bosque. Do mesmo modo, D apresenta caráter não--evidente. Assim, A conjuga momentos evidentes e não-evidentes enquanto C e B se opõem a D e E pelo grau de evidência.

Analisemos a seguir a estrutura da introdução, no mito B.

Tabela 3: Estrutura sintagmática da introdução, no mito B

```
        BB
            AC
            A         D
            A    C
        B̄)
                      D̄)
            A    C
            A
        B
            A
```

Atentemos ao fato de que, diferentemente da estrutura do mesmo trecho no mito A, não encontramos no mito B um esquema tão claro de repetições de motivos idênticos. No mito B pode-se tomar o motivo $\bar{B}) \bar{D}) E$ como centro, em torno do qual se organiza o enredo. Como vemos, no mito B o auxílio sobrenatural é mencionado na introdução apenas uma vez. Enquanto no mito A o predicado E aparece após D, aqui ele ocorre após $\bar{D}$). Deste modo, destaca-se no mito B o fato de que o auxílio sobrenatural surge não inesperadamente, como no mito A, mas como que em conseqüência dos esforços do herói. Ele próprio não conseguiu bons resultados mediante D e, por isso, E fez-se necessário. Este caráter m o t i v a d o específico de E não está isolado, mas vinculado ao conteúdo de A no fragmento I do mito B. Vê-se aqui a tendência de motivar A. A define-se como ausência de reação ao meio (análogo ao mito A), ligação com o fogão ("ele dormia junto ao fogão" — análogo ao mito A), como recusa não-evidente a participar do treinamento (análogo ao mito A) e como impureza m o t i v a d a ("seu leito estava sempre molhado e as pessoas julgavam que ele urinava durante o sono", e adiante: "Após treinar às escondidas ele retornava à casa e de seu corpo ainda escorria a água do banho e, nestas condições, ele se deitava para dormir", e mais adiante: "Ele regressava todo molhado a seu leito, a água escorria de seu corpo") Vê-se que, enquanto no mito A a impureza era apenas não-evidente, no mito B o motivo da impureza do herói ocorre, mais propriamente falando, em forma inversa — o que p a r e c i a impureza era limpeza. A impureza (tanto física, quanto ritual) é aí ambivalente. Desta forma, à diferença do mito A, o mito B marca, por um lado, a ambivalência de A (mais corretamente de parte de A, visto que a outra parte — ausência de reação e ligação com o borralho — é dada como evidente e real) e, por outro lado, marca a injustiça de C com isto relacionada. No mito A, o predicado C é elemento dependente, dado em conflito com $\bar{C}$; no mito B, o predicado C não participa de tal oposição. O conteúdo emocional do conflito entre AD e CB está antes na acentuação da injustiça de C do que na oposição da passividade do herói e da atividade dos demais membros da tribo.

O esquema de enredo da introdução do mito C é extremamente simples:

```
A       D
A   C
A
```

Observemos antes de tudo que a composição dos predicados está reduzida — falta B. A ausência de B suprime completamente a oposição, básica no mito A e presente no mito B, entre o herói e seus irmãos por passividade e atividade. Suprime-se também a idéia da injustiça de C. Isto se depreende particularmente do conteúdo de A.

Analogamente aos mitos A e B, o mito C inclui em A a ligação com o borralho e a recusa não-evidente a participar do treinamento. A interpretação do motivo da impureza pessoal do herói difere da apresentada no mito A (não-evidente) ou no mito B (ambivalente). No mito C, a impureza aparece como e v i d e n t e, r e a l ("ele urinava no lugar onde dormia"). Modifica-se também o motivo da apatia, da ausência de reação, que aparece como n ã o - e v i d e n t e ("ele fingia nada ouvir", e "ele se levantou do leito e c o m o q u e indiferentemente perguntou. . ." e mais adiante: "O jovem p a r e c i a adormecido e à p r i m e i r a v i s t a nada lhe interessava").

A composição de A e a inter-relação de suas diferentes partes nos três mitos quanto à evidência — não-evidência estão representadas o seguinte quadro, em que a ambivalência é designada por zero, a evidência pelo sinal + e a não-evidência pelo sinal —.

Tabela 4:

A	Impureza do herói	Indiferença, apatia	Recusa a participar dos treinos	Ligação com o borralho
Mito A	—	+	—	+
Mito B	0	+	—	+
Mito C	+	—	—	+

Consideremos o fragmento seguinte do enredo, ocorrente apenas nos mitos A e C. Examinemos sua estrutura no mito A (a leitura, recordamos, deve seguir por colunas, da esquerda para a direita).

Tabela 5: Estrutura sintagmática do segundo fragmento do mito A

```
                    F   C   C̄   F)
             G  G   F   C       F)
                I       C̄
          A    III
```

Chamamos a atenção para o papel secundário de A neste fragmento. Ele aparece na coda e sua função é apenas lembrar a constância das peculiaridades do herói. Fundamentais neste esquema são as oposições G-I, sendo particularmente característica a repetição de I na coda, o que destaca de modo original o poder do herói, sua superioridade sobre os demais membros da tribo. Notemos também um retorno à já mencionada oposição C – C̄ da introdução, como retorno à oposição das profecias positiva e negativa. Aqui este retorno encontra-se no último I como confirmação da profecia p o s i t i v a. Outra oposição fundamental é a de F e F) e C C̄. Esta oposição pode ser considerada como uma variante transformada da oposição A CC A na introdução. Se em A CC̄ A opõem-se a passividade do herói e a atividade de seus irmãos, aqui a a t i v i d a d e do herói opõe-se ao relacionamento a t i v o dos outros membros da tribo. Neste fragmento, devido à ausência de A, passam ao primeiro plano a atividade, a evidência das ações do herói e o caráter f u n c i o n a l antes que pessoal, de auto--afirmação destas ações. É interessante a presença de C após I. Chamamos a atenção para sua ocorrência já nesta altura do enredo.

O esquema da segunda parte tem no mito C a seguinte configuração:

Tabela 6: Estrutura sintagmática do segundo fragmento do mito C

				F	C	F)
A					C	F)
	G	G	H	F	C	
Ā				F		F)
		I				
A						

Encontramos no mito C as oposições A Ā – C, G – I, H – F F) e C – F F). A oposição C – A Ā, ausente no mito A, é particularmente interessante. A atividade p e s s o a l (e não funcional) do herói (cólera, reação violenta ao meio) opõe-se à inatividade negativa dos circundantes ("ninguém lhe prestava atenção").

O caráter ativo pessoal do herói, marcado na primeira parte pelo caráter não-evidente de sua apatia, aqui se manifesta inteiramente. As oposições H – F F) e C – F F) revelam também o caráter funcional da atividade do herói. Contudo, à diferença do mito A, menos atenção é dedicada ao objetivo da ação, o que se depreende do papel irrelevante de I. O mais importante nesta parte do mito C não é o êxito da ação, mas a auto-afirmação (o que se evidencia pela tripla repetição de F F). Neste sentido, o segundo fragmento do mito A e o segundo fragmento do mito C encontram-se em relação complementar.

A terceira parte do enredo (competição) ocorre nos três mitos.

O terceiro fragmento do primeiro mito inicia-se com a repetição da introdução, em forma reduzida, é claro. Entretanto, as principais oposições de sentido $AD - CB$ e $A - C\bar{C}$ — A também aparecem representadas nesta parte, tem-se o seguinte esquema:

```
B       A       C
        A                       D       E
                C       C̄
B       A                       D
```

Aqui a introdução aparece livre da repetição de motivos completos, que tão conseqüentemente encontramos no primeiro e no segundo fragmentos. Em compensação, o esquema de enredo da competição revela novamente a tendência, muito característica para o mito A, de repetir grandes trechos do enredo.

Tabela 7: Estrutura sintagmática do terceiro fragmento do mito A

		G		C*	F		
				C	F	F	I
	I						
A				C̄			
		G		C*	F		
			C	C	F		
	I						II
				C̄			
A							
		G		C*C	F		
				C̄			

Neste esquema, a segunda parte repete a primeira com pouquíssimas alterações.

Ao que parece, justamente a estrutura deste fragmento transmite do modo mais claro as mesmas oposições de sentido mencionadas acima no mito A — oposição da passividade pessoal e atividade funcional do herói por um lado, e da tribo, por outro lado. A atividade funcional depreende-se das repetições de F e das três repetições de I (após cada trecho). A ação do herói no decorrer do mito A conduz, regular e inevitavelmente, sem que o herói empreenda quaisquer esforços para sua auto-afirmação, a resultados positivos. A atividade pessoal da tribo está expressa nos predicados $\tilde{C}$, que rematam imprescindivelmente cada trecho do fragmento. $\tilde{C}$, fazemos notar, não impede o reaparecimento de C no trecho seguinte do fragmento. B. Randall não assinala especialmente este fato em seu artigo, considerando-o apenas um indício de que a estrutura do mito é complexa e estratificada, sem incluí-lo na interpretação. Parece-nos, entretanto, que esse momento modifica profundamente o caráter da relação $C - \bar{C}$ (ou $\tilde{C}$). Adiante falaremos sobre isto mais pormenorizadamente.

A estrutura do mais longo fragmento do mito B, relato das competições de que participa do herói, caracteriza-se pela repetição freqüente de predicados aos pares e isolados, mas não pela repetição de trechos completos do enredo.

Tabela 8: Estrutura sintagmática do terceiro fragmento do mito B

```
              C*                G
        C     C*          G     G    G
              C     F
              C                            (I)
   Ā                F    F)
        C*    C                      I
              C̃
   A
_____
              C*
   A
   Ā                E
              C                            (II)
              C
   A          C*                     I
   A          C̃
```

Recordamos a ocorrência de D) no primeiro fragmento deste mito. Foi este o caso único em que a ação do herói não teve êxito. A análise do presente fragmento demonstra não ser isto um fato casual. Se no primeiro mito assinalamos, até o momento, a oposição entre a passividade pessoal e atividade funcional do herói e a atividade pessoal e passividade funcional dos outros membros da tribo, e se no terceiro mito destacamos em alguns pontos a oposição entre a atividade pessoal e funcional do herói e a passividade pessoal da tribo, no mito B indicamos como choque principal a acentuação das dificuldades de alcançar o êxito. A força contrária fundamental é representada pela própria ação, e não pelos demais membros da tribo.

Este choque expressa-se claramente na estrutura do terceiro fragmento do mito B. A primeira e a segunda parte deste fragmento estão organizadas segundo o princípio da dificuldade crescente. Com efeito, temos G no princípio e a seqüência de três G na cadeia subseqüente de predicados. No mito A a vitória do herói é fácil, inevitável; no mito B, na segunda parte desse fragmento, é necessário o auxílio sobrenatural (cf. a introdução) para que o herói alcance a vitória. Na segunda parte não há G. Isto significa que, à exceção do herói, ninguém respondeu ao desafio dos membros de outras tribos, tão difícil era a tarefa.

O mesmo objetivo de destacar a dificuldade da tarefa tem o predicado A, cujo conteúdo aqui é diverso do que ocorre no mito C. No mito B o predicado A representa igualmente a negação da passividade, da apatia, da ausência de reação do herói. Contudo, no mito C esse predicado representa a negação destes atributos em um sentido positivo — cólera, indignação, atividade violenta, enquanto no mito B tem outro sentido: desespero, pranto, aflição. Em ambos os casos A conduz, em última instância a F) e a I. Entretanto, na segunda parte desse fragmento no mito B, $\bar{A} \to E$. Isto marca, uma vez mais, a dificuldade da vitória e o grande papel das forças sobrenaturais.

Assim como no mito A, C̄ termina regularmente o trecho do enredo, sendo que no trecho seguinte reaparece C.

Tabela 9: Estrutura sintagmática do terceiro fragmento no mito C

	H		C*	
A			C	
		F	C	
Ā		F	C	
	H			G
				I
A			C̄	
A			C̄	<E>

No mito C, à diferença dos outros dois mitos, este fragmento contém apenas um I e, conseqüentemente, as repetições que aí ocorrem (F C) são uma espécie de microrepetições. Em sua totalidade, o fragmento está construído não pelo princípio da repetição cíclica e sim, como o segundo fragmento do mesmo mito, pelo princípio do acrescentamento.

A oposição básica é a mesma do segundo frragmento: atividade pessoal + funcional do herói e passividade pessoal + + funcional do meio. Acentua-se mais a passividade da tribo, o que se expressa na relação F – H. A atividade pessoal do herói expressa-se pela oposição C – A Ā.

Como nos outros mitos, I → Č. Entretanto, esta implicação aqui se duplica em I → Č e I → Č <E>.

A penúltima parte do enredo, a luta do herói com a natureza, é diferente nos três mitos.

Examinemos, inicialmente, as variantes mais reduzidas, as dos mitos A e B, que têm a seguinte configuração:

Tabela 10: Estrutura do quarto fragmento nos mitos A e B

Mito A			Mito B			
	I					
C*	I		C*	I	I	I
C*	I		C*	I		
C*	I		C*	H	I d	I
	I	A				

No fundamental, a estrutura deste fragmento é idêntica nos dois mitos. Sua exposição é rápida e constitui como que um post-scriptum aos principais feitos do herói. Nas duas variantes, há três desafios (das feras, das árvores e das montanhas) e o herói momentaneamente, sem mais comentários, alcança a vitória. Notemos apenas um interessante detalhe: no mito B, quando o herói lança para trás as montanhas que ameaçavam deslocar sua aldeia para o oceano, toda a terra estremece.

Inteiramente diversa é a estrutura desse fragmento no mito C, onde o trecho que narra a luta do herói com florestas e montanhas (não há desafio de feras nesta variante) é o mais longo.

Tabela 11: Estrutura do quarto fragmento no mito C

		C*		G	H
	A	C	D_p	I	
Ā	A	C		E	
		C*		G	
	A				H
	A			G|d|	
		D	E		
	A			G|d|	H
	A	C			H
			E		
	A	C̃<E>		I	

O fragmento compõe-se de duas partes desiguais. Na primeira parte encontramos a oposição C — A Ā. De modo geral, esta parte não contém repetições e está construída segundo o princípio do acrescentamento. Seu interessante final, E, como que antecipa o principal conflito desta parte, conflito este que pode ser expresso na seguinte correlação:

$$ADE \leftrightarrow I$$
$$CHG|d| \leftrightarrow \tilde{C}$$

Aqui não encontramos Ā. A indiferença do herói (não evidente, aparente) opõe-se a H — ao desespero da tribo, à sua incapacidade para contestar o desafio dos elementos da natureza. Esta incapacidade acentua-se pelas repetições e destaca-se não só porque é inerente aos membros da tribo, mas também porque a tarefa parece inexeqüível. G, o ataque das montanhas, é seguido por um terremoto |d|. Parece que a tribo está condenada à destruição. O herói se ergue ante a prova mais terrível. Modifica-se então o caráter de E. O apoio sobrenatural não chega por si. O herói pede ao marreco, seu protetor sobrenatural, conseguir-lhe junto ao avô as forças necessárias para vencer as montanhas e demonstrar à tribo todo o seu poder. O herói repele as montanhas somente após saber que a força sobrenatural penetrara em seu ser. Aparentemente esta situação lembra o motivo do terceiro fragmento do mito B, mas seu sentido é outro. Não são a fraqueza ou o desespero (ou qualquer outro sentimento pessoal) o que compele o herói a esperar auxílio e sim a consciência da singularidade, da extrema importância da situação.

O final desta parte traz modificação decisiva no relacionamento da tribo com o herói. No final do terceiro fragmento já havia C̃. Mas agora a modificação é definitiva. "Todos se convenceram de que ele era mais poderoso que qualquer xamã e que seu poder tinha origem sobrenatural".

O epílogo das três variantes difere das outras partes quanto à estrutura. Não inclui nem a oposição "herói – tribo", nem a oposição "fracasso da tribo – êxito do herói". O esquema de enredo do epílogo não é elemento orgânico para a estória do "herói réprobo". Nos mitos A e B o motivo do atleta sustentando a terra numa vara aparece bem no início do epílogo, antes de Ẽ, que efetivamente serve de motivo inicial.

No mito A a parte principal do epílogo está dedicada à elucidação da tarefa do herói. A explicação é dada pelo enviado sobrenatural que vem buscar o herói. O avô do herói, a quem este deve substituir, também relata o que ele deve fazer. E, finalmente, o próprio texto do mito contém uma explicação detalhada da tarefa, bem como a de toda a conduta passada do herói. Esta explicação, cujo paralelo não encontramos nos mitos B e C, é de grande importância na interpretação do mito.

Nos mitos B e C está presente a relação Ã – C̃, isto é, o herói, em busca do qual vem a canoa enviada pelos entes sobrenaturais, perde todas as características de "réprobo" e a tribo toma, definitivamente, consciência da grandeza do herói, de sua força mágica. Esta relação lembra motivos semelhantes em outros mitos indígenas sobre o "herói réprobo", mas o final destes mitos tem caráter um pouco diferente.

O herói não permanece com a tribo, cujos limites sociais não comportam seu novo status, o status do homem mais forte do mundo. Com referência a isto é notável não encontrarmos no mito A o motivo final C̃. A tribo não ficou conhecendo a verdadeira natureza do herói. O narrador assim resume e explica o sentido das ações do herói:

É preciso dizer que o jovem, desde o início, estava sob influência do velho (de seu avô, o que sustentava a terra). O velho fez com que o jovem não almejasse a companhia dos outros, mas se sentisse bem sozinho. Deste modo, o jovem devia habituar-se à solidão, necessária a seus novos deveres. Ele evitava os amigos e jamais demonstrou desejo de aproximar-se de uma mulher... As mulheres tentavam freqüentemente conquistar a sua simpatia, mas ele as evitava. Por isso, quando ele passou a cumprir seus novos deveres, estava completamente satisfeito.

Vemos aí uma explicação inteiramente motivada da conduta do herói. A tribo nada teria a ver com as futuras obrigações do herói. O próprio herói em nada depende da tribo, pois desde o início está sob proteção sobrenatural. Portanto C̃ é irrelevante na estrutura deste conto.

Tudo ocorre de modo diferente nos mitos B e C. Enquanto no mito A assinala-se constantemente a passividade pessoal do herói, nos mitos B e C ele demonstra atividade pessoal. Eis por que nestes mitos é regular a relação $\tilde{A} - \tilde{C}$. Finalmente o mito C vai ainda mais longe neste sentido. Como sabemos, a atividade pessoal do herói neste mito se destaca pelo caráter agressivo, de auto-afirmação. Daí decorre necessariamente o aparecimento de M, moral: "Não riam de quem não conhecem. Vocês zombaram de mim. Não façam isto no futuro".

Assim, a estrutura do epílogo depende em geral da estrutura das partes precedentes do mito. Tentemos resumir as particularidades principais do significado dos três mitos, reveladas pela análise do enredo.

Tabela 12: Principais oposições de sentido nos mitos A, B e C

	Mito A	Mito B	Mito C
Atividade funcional do herói	O herói vence fácil e inevitavelmente no decorrer de todo o mito. Seu poder independe da tribo. O mais importante nas ações do herói é o objetivo.	O herói vence penosamente devido à dificuldade da tarefa. Seu poder se revela apenas no final do mito. O objetivo imediato é tão importante quanto o prestígio.	O herói vence facilmente, mas superando enorme resistência da tribo. Seu poder é continuamente contestado pela tribo. O objetivo das ações é o prestígio.
Atividade funcional da tribo	Fracasso em todas as ações. O herói salva a tribo da fome, da desonra e da destruição.	A tribo é bem sucedida. A princípio os irmãos do herói vencem nas competições. Posteriormente, o herói salva a tribo da desonra, da fome e da destruição.	A tribo não pode sequer aceitar o desafio. A dificuldade da tarefa assusta a todos. A tribo se apropria dos frutos da atividade do herói.
Atividade pessoal do herói	Apatia completa, solidão, indiferença, sonolência.	O herói é sonolento e apático, mas ante os fracassos é ativo, cai no desespero, chora.	O herói demonstra indiferença aparente e apatia. Não raro se indigna, é agressivo. Experimenta alegria após as vitórias.

Tabela 12: Continuação.

	Mito A	Mito B	Mito C
Atividade pessoal da tribo	O mau relacionacionamento da tribo com o herói opõe-se ao bom relacionamento do tio mais novo. A tribo é muito ativa em suas relações com o herói.	Os irmãos bem sucedidos zombam continuamente do herói. Ninguém tem bom relacionacionamento com o herói.	Toda a tribo zomba do herói e o atrapalha em suas ações.
Papel das forças sobrenaturais	Durante a ação do mito — auxílio no treinamento. O herói vence por si mesmo, mas está continuamente sob a proteção das forças sobrenaturais.	É decisivo em cada momento difícil. Sem o auxílio das forças sobrenaturais o herói não poderia vencer.	Insignificante em todo o desenrolar do mito. O próprio herói alcança a vitória. É decisivo quando se trata de deter os elementos da natureza.
Impureza	Aparente. O herói dá a impressão de urinar na cama.	Ambivalente. O leito úmido denota a limpeza do herói. No rosto do herói formaram-se fungos imaginários.	Real. O herói é impuro e urina durante o sono.
Reação do herói ante o treinamento	Não participa do treinamento geral. Treina às escondidas.	Não participa do treinamento geral. Treina às escondidas.	Não participa do treinamento geral. Treina às escondidas.
Ligação com o borralho	Dorme no borralho.	Dorme no borralho.	Dorme no borralho.
Modificação no relacionamento da tribo com o herói	Cada êxito do herói provoca transformação no relacionamento. Não obstante, o relacionamento volta a piorar. No final do mito não ocorre $\bar{C}$.	Cada êxito do herói provoca transformação no relacionamento. Não obstante, o relacionamento volta a piorar. No final do mito não ocorre $\bar{C}$.	Cada êxito do herói provoca transformação no relacionamento. Não obstante, o relacionamento volta a piorar. No final do mito não ocorre $\bar{C}$.

Tal confrontação mostra que nas três variantes encontramos o herói colocado em diferentes relações de sentido com seu meio. Isto se revela tanto no conteúdo dos predicados que descrevem as ações do mito quanto na estrutura do enredo.

Antes de tudo salta aos olhos que a interpretação de B. Randall, a que acima nos referimos, descreve incompletamente as relações de sentido dos mitos A, B e C.

Em primeiro lugar B. Randall descreve de modo diferente o caráter do "herói réprobo". Ela escreve que:

as emoções do herói indígena são sempre expressas claramente. Trata-se de vergonha, ou de aflição, ira, desejo de vingança ou suicídio após ser alvo de zombarias... Raramente encontramos sentimento ou situação intermediária, quando o herói n ã o e x p e r i m e n t a e n ã o p r o v o c a emoções[11].

Isto é exato apenas em parte. De fato o herói suscita, constantemente, mofas e zombarias de sua tribo, mas em cada um dos mitos A, B e C assinala-se o caráter aparente ou real da apatia, a i n d i f e r e n ç a, a ausência de emoções do herói. Ā (Ã) e C̄ (C̃) têm, como repetidamente acentuamos, conteúdo diferente na interpretação de B. Randall e na caracterização semântica dos três mitos examinados.

Segundo B. Randall, Ā significa "aquisição de riquezas", "libertação de disformidades", "casamento com a mulher que antes era impossível desposar". Nos mitos A, B e C esta face de Ā não se acentua. A "renegação" do herói, expressa no mau relacionamento da tribo com ele, não desaparece após suas vitórias. Tampouco desaparecem a apatia, a impureza (aparente ou real). O herói não se t r a n s f i g u r a. Neste sentido os mitos A, B e C contradizem inteiramente a seguinte interpretação de B. Randall:

A Cinderela européia é linda como noiva do príncipe e como pobre criada, mas o "menino sujo" indígena é inicialmente disforme e depois trata-se e exercita-se para livrar-se da disformidade e seus esforços são coroados de êxito e reconhecimento pela tribo[12].

O herói de nossos mitos, mesmo que treine, não o faz com o objetivo de livrar-se da "renegação". Em nenhum sentido ele se torna melhor, mais aceitável para a tribo. Apenas o mito C encerra a oposição entre a atividade pessoal, de a u t o a f i r m a ç ã o, do herói e o mau relacionamento da tribo.

11. B. U. Randall, *The Cinderella Theme in Northwest Coast Folclore*, p. 254.
12. Ib., p. 254.

Somente este mito pode, em parte, ser descrito pelo esquema de B. Randall, e isto apenas na medida em que diz respeito à orientação das ações do herói para um objetivo. O principal objetivo do herói em todos os mitos estudados por B. Randall, objetivo conscientizado e claramente expresso, é o prestígio. Este não é o principal objetivo em nossos mitos e nem mesmo ocorre no mito A. Notemos que $\tilde{C}$ aparece bastante cedo no desenrolar do conto: nos mitos A e B após o primeiro I, e no mito C após o segundo I. De acordo com o esquema de B. Randall aí poderia começar o final. Os ciclos subseqüentes A C I $\tilde{C}$ poderiam ser considerados simplesmente como típicas repetições mitológicas (cf. C. Lévi-Strauss, na coletânea *O Mito*, sobre a função da repetição de motivos de enredo no mito: acentuação, destaque da estrutura paradigmática do mito[13]). Entretanto, a ausência dos motivos, típicos para os mitos sobre o "herói réprobo", do retorno final, da reintegração e do triunfo do herói em sua tribo, induz a pensar que a repetição de ACC I $\tilde{C}$ é significante no desenvolvimento do enredo.

Em todos os três mitos, $\tilde{C}$ não é o único elemento a significar a resolução do conflito mitológico (oposição entre a renegação do herói e o relacionamento negativo com ele por um lado e entre o anulamento da renegação e o triunfo do herói por outro). Nos mitos examinados, além ce $\tilde{C}$ ocorre o motivo X, que é o principal no encadeamento do enredo, principal sob os pontos de vista da motivação da conduta do herói (mito A) e da modificação no relacionamento da tribo com o herói (mito C, onde X → $\tilde{C}$). Conseqüentemente, o papel representado pelo predicado $\bar{A}$ no esquema de B. Randall (libertação da "exprobração") é desempenhado em nossos mitos não por I, a que pode seguir C (no esquema de B. Randall os predicados C não podem se seguir a $\bar{A}$), mas por X. Perguntamos: é casual a posição de X em nosso esquema de enredo? Como vimos, a posição de $\tilde{C}$ neste esquema é bastante casual. Ele pode seguir cada I (mitos A e B, fragmentos 2 e 3), pode alternar-se com I (mito C), pode não ocorrer após I (mitos A e B, fragmento 4). De qualquer modo $\tilde{C}$ ocorre não apenas uma vez no epílogo (como pensa B. Randall) e sim muitas vezes, mas X é único. Ele somente aparece no quinto fragmento e suas repetições não têm o mesmo significado que as repetições de $\tilde{C}$. No quinto fragmento X, referente ao herói, só aparece depois de $\bar{E}$, e suas repetições podem seguir apenas uma à outra. Deste modo, a posição de X no esquema de enredo não é casual. Ele

---

13. C. Lévi-Strauss, "The Structural Study of Myth".

pode ocorrer somente no final do conto e tem a função de fórmula concludente, explicativa e resolutiva do conflito.

Parece-nos que este papel de X, não explicável pela interpretação de B. Randall, pode ser explicado segundo a hipótese da duplicidade do caráter do herói.

Com efeito, como vimos, a interpretação em termos de "renegação — reintegração" não explica as particularidades do enredo dos mitos. Haverá ou não a possibilidade de uma outra interpretação, embora ligada à primeira, da relação dos três mitos com o ritual de iniciação? À primeira vista parece inteiramente natural a própria colocação da pergunta. Realmente, em todos os três mitos, uma das peculiaridades do herói é sua recusa a participar do treinamento com os irmãos. Há traços evidentes do ritual de iniciação neste treinamento que inclui, nos mitos, purificação ritual e física e abstenção sexual e tem a finalidade de preparar para a caça a leões marinhos ou para competições com outras tribos. Segundo testemunho de uma série de autores (V. Garfield, D. Leechman)[14], esta mesma preparação era obrigatória para os adolescentes no período de amadurecimento sexual. Somente depois de passar por um rigoroso treinamento, incluindo banhos diários, principalmente no inverno, açoitamento com feixes especiais de galhos de lariço ou de cedro, limpeza por meio de purgativo e jejum, o jovem tornava-se suficientemente puro (ritual e fisicamente) para receber auxílio de seu espírito protetor. As representações sobre a pureza tiveram sempre um papel predominante em quaisquer atos mágicos. O indivíduo deve estar puro não só para obter a proteção sobrenatural, mas também para empreender qualquer ação que tenha alguma importância.

Deste modo, a inicação (ou ritual análogo) tem realmente a mais direta relação com nossos mitos. Contudo, esta relação é por demais direta para que se possa simplesmente mencioná-la numa interpretação. Nos contos do tipo Cinderela ou nos contos russos de feitiçaria houve a necessidade de se recorrer à reconstrução a fim de determinar a relação entre o enredo e o ritual de iniciação, e esta relação adquiriu realmente um sentido semântico (relação do significante com objeto de outro sistema). Em nosso caso, porém, tal forma de assinalar a relação não é semantização: os próprios mitos narram a iniciação. Por conseguinte, deve-se procurar o sentido dos mitos em outro fator: no comportamento do herói com respeito à iniciação

---

14. V. E. Garfield *et. al.*, *The Tsimsyan: Their Arts and Music*. D. Leechman, *Native Tribes of Canada.*

e no confronto deste comportamento com os valores éticos de toda a tribo. É nisto, exatamente, que se revela a duplicidade do herói e a duplicidade do enredo.

O esquema de enredo pode ser apresentado da seguinte maneira: o herói é impuro e negligencia a purificação, sendo por este motivo renegado pelo grupo. Ele sofre com isto e começa a treinar secretamente, obtém a vitória e conquista o respeito da tribo. Tal é a configuração do esquema de enredo de uma série de mitos, citados por B. Randall (mito 1b, na secção "O Menino Sujo", mito 1e, idem, mito 3a, idem, mito 3e na mesma secção). Neste esquema, a renegação pode ser considerada como um justo castigo pela recusa a purificar-se e a purificação secreta como conseqüência da renegação. Embora secreta, a purificação conserva toda a sua influência benfazeja e o herói vence.

Nos mitos examinados pode-se destacar também tal significação. Na realidade o desdém pelo treinamento é velado, não evidente. Não encontramos em nenhum ponto uma recusa explícita a submeter-se à purificação ritual, pois semelhante recusa estaria em franca contradição com os valores tribais. Mas ainda assim o conflito deve existir e ele se apresenta sob dois aspectos: sob o ponto de vista da tribo e sob o ponto de vista da verdade absoluta. Sob o ponto de vista da tribo o herói é impuro, mas ele é puro sob o ponto de vista da verdade absoluta. Ambivalência análoga ocorre, em forma evidente, no mito B (motivo da impureza do leito do herói) e no mito A ela é explicada: o herói d e v e segregar-se, visto que outra missão, a de sustentar a terra, lhe está destinada.

Ademais, o caráter secreto, não-evidente, do treinamento encontra correspondência nas peculiaridades da atividade mágica dos tsimsyan. Recordemos que o treinamento secreto do nosso herói é seguido, obrigatoriamente, de seus encontros com o ente sobrenatural e de auxílio subseqüente por parte deste ser. Conseqüentemente, o treinamento do herói, do ponto de vista do sistema de valores dos tsimsyan, é bem sucedido, ele foi levado a termo com o auxílio de seres sobrenaturais. Por outro lado, V. Garfield escreve que entre os tsimsyan é muito difundida a busca individual, solitária, da força mágica, geralmente no bosque, quando ninguém molesta o jovem e ninguém o vê. Condição necessária para a obtenção da força mágica i n d i v i d u a l é a solidão (que pode ser na acepção literal do termo, ou durante o sono ou transe, isto é, quando a alma do indivíduo não se comunica com os outros membros da tribo). Também importante é o fato de o beneficiado com o auxílio sobrenatural via de regra não falar sobre isto a ninguém.

Assim, o caráter secreto do treinamento do herói está perfeitamente de acordo com o sistema de valores dos tsimsyan. O caráter dúplice do treinamento do herói, entretanto, contém ainda outros traços, ou seja, nos mitos A, B e C não há qualquer referência ao fato de o herói ter começado a treinar secretamente sob a influência das zombarias da tribo. O treinamento secreto é uma característica orgânica, inalienável, do herói e não uma conseqüência da conscientização da necessidade de purificação.

Por conseguinte, o caráter secreto (e bem sucedido) da purificação do herói deve figurar em outra série de relações de sentido, mais exatamente, na série de que se fala no mito A: o herói precisava isolar-se da tribo porque lhe fora predestinada missão especial. O mito A fornece uma explicação muito motivada desta necessidade: o herói devia ser solitário para que posteriormente não se sentisse aborrecido ao ter que segurar a terra sozinho. Parece-nos que nesta explicação há ainda um curioso momento: o herói devia abster-se de contato com os demais membros da tribo e, em particular, não devia ter qualquer ligação com mulheres. Este motivo lembra uma particularidade da purificação ritual dos tsimsyan — a abstenção sexual. Em conseqüência, a solidão do herói, em termos desta explicação, pode ser interpretada como purificação ritual, atinente a outra cerimônia de iniciação.

Passamos agora ao comentário da duplicidade do enredo por nós assinalada. De um lado, o enredo inclui, de modo evidente, o motivo pragmático da necessidade de purificação para um membro da tribo tsimsyan. Este motivo apóia-se na apresentação do triunfo do herói como resultante de sua purificação secreta e aquisição de força mágica. Por outro lado, o próprio enredo (treinamento secreto — caçada — competição — luta contra elementos da natureza — epílogo) é encarnação de um segundo ritual de iniciação, ritual a que o herói se submete não como membro da tribo, mas como ser sobrenatural. Deste modo o enredo dos mitos está relacionado (no sentido semântico) com o ritual da iniciação, mas não com aquele de que trata a introdução. A interpretação de enredo que propomos é corroborada pela introdução de X, isto é, pela apresentação do herói como apto a executar a tarefa devido à sua iniciação prévia. Além disto, nos mitos B e C há o motivo C̃<E> — os membros da tribo tomam consciência de que o herói é um ser sobrenatural.

Admitindo que o enredo reproduz em si o ritual de iniciação de um ente sobrenatural, torna-se compreensível a ordem idêntica na seqüência dos fragmentos de enredo nos três mitos. Realmente, a iniciação se processa através de dificuldades crescentes.

Antes de tudo, a iniciação tribal (esta é a primeira e a mais fácil etapa, se bem que inteiramente necessária), depois a caçada, isto é, o provimento da tribo com o necessário à vida; a seguir, a competição (ou guerra, como no resumo, citado por B. Randall, de um mito tsimsyan segundo F. Boas), isto é, conservação e preservação do prestígio da tribo (é curioso que a etapa de conservação do prestígio da tribo está presente nas três variantes, ao passo que o provimento com o necessário à vida, como fragmento separado de enredo, não ocorre no mito B) e, finalmente, a luta com os três elementos da natureza (feras, florestas e montanhas). Esta última exige, no mito C, força mágica intensificada e descreve-se como o apogeu dos feitos do herói.

Esta ordem na seqüência do enredo não pode ser modificada, porquanto a transição para uma etapa seguinte exige a realização da anterior. Ao que tudo indica, todas as etapas, exceto uma (qualquer das cinco), podem omitir-se, mas a ordem na seqüência das etapas é imutável, uma vez que reflete a ordem de superação das dificuldades, a ordem de submissão de tudo o que existe na terra.

O caráter dúplice do herói explica também a repetição de $\tilde{C}$ no decorrer do enredo. $\tilde{C}$ não pode deixar de repetir-se, visto que o triunfo do herói como membro da tribo exige modificação no relacionamento da tribo com ele. Mas o $\tilde{C}$ definitivo, naturalmente, não pode ocorrer antes que o herói tenha passado por toda a iniciação que lhe corresponde como a um ente sobrenatural. Por outro lado, para o herói como ente sobrenatural, $\tilde{C}$ não tem nenhuma importância. Nisto está a principal diferença entre ele e outros "heróis réprobos".

Notemos que o herói apático e impuro, que se deita no borralho e se revela poderoso, encontra-se em outras mitologias. Forneceremos alguns exemplos tirados de um livro de E. M. Mieletínski[15]: Segundo V. Bogoraz, os *tchuktchis* consideravam "os mais fortes" aqueles xamãs assinalados com alguma deformidade mágica (os sarnentos, os barbudos, os afeminados)[16]. Nas lendas *tchuktchis*

a força física descomunal, adquirida em resultado de exercícios sistemáticos, substitui, para o herói, a "prova" de xamã. O longo período em que Vitritva, indiferente a tudo, passa deitado, encobre não uma comunicação com os espíritos, como nas lendas dos xamãs, e sim os exercícios secretos e a acumulação de forças[17].

15. E. M. Mieletínski, *A origem do epos heróico*.
16. Idem, p. 79.
17. Idem, p. 91.

Entre as nartos, Batradz "às vezes apresenta características do sedentário que acumula pouco a pouco a sua força e em certas ocasiões adquire traços do lendário herói democrático "que não promete muito". Ele é sujo, chafurda na cinza e no esterco. É "um patife"[18]. Na épica da Iakútia a origem fantástica por vezes se revela na deformidade temporária do herói[19].

Em nossos mitos, o herói está constantemente ligado às cinzas ou ao fogão. Notemos especialmente a variante destes mitos citada por F. Boas[20]. Esta variante, de um modo geral, não aborda a iniciação, a luta contra elementos naturais ou as competições, nem faz qualquer referência à sustentação da terra numa vara como sendo a finalidade da vida do herói. F. Boas resume todo o conteúdo da variante em uma sentença: "O indivíduo adquire força sobrenatural porque dorme na extremidade da abertura da fumaça" (smoke-hole). O mito é intitulado "Amàlá" (cf. "Amaelk", nome do herói no mito B — M. Barbeau), o que se traduz por "smoke-hole".

Realmente, em forma tão reduzida como a citada nesse livro, o mito não contém quaisquer outros motivos além do mencionado acima.

Notemos que entre os tsimsyan, haida e tlingit as representações sobre forças mágicas estavam relacionadas com o fogão e as cinzas. M. Barbeau cita o exemplo de um mito haida no qual a força mágica foi adquirida em resultado de um salto na fogueira[21]. A cerimônia de iniciação entre os tsimsyan prevê ainda a prova com o calor da fogueira (os jovens deviam permanecer longo tempo de pé, muito próximo à fogueira). Os tlingites queimavam os escravos e pulverizavam os troncos totêmicos das novas casas com as cinzas. De acordo com suas crenças, estas cinzas preservavam as casas de forças malignas[22].

É interessante notar que entre os indígenas do litoral Pacífico do Canadá, mais exatamente, entre os tsimsyan, tlingites e haida havia o costume de incinerar os restos mortais, e os tilingites guardavam as cinzas em caixinhas especiais. O cerimonial fúnebre determinava que os parentes do morto deviam passar no rosto cinzas retiradas da pira[23].

Deste modo, nos sistemas social e mitológico de valores dos indígenas do noroeste do Canadá (especialmente dos tsims-

18. Idem, p. 200.
19. Idem, p. 324.
20. F. Boas, *Tsimsyan Texts*, p. 116.
21. M. Barbeau, *Haida Myths Illustrated in Argillite Carvings*, p. 325.
22. D. Leechman, *The Native Tribes of Canada*, p. 305.
23. Idem, p. 322.

yan) o papel mágico do fogo e da cinza era inteiramente conscientizado.

Em seu índice de enredos mitológicos, S. Thompson fornece muitos exemplos de como as cinzas manifestavam poderes mágicos ou de encantamento positivos (as cinzas mágicas tornam invisível D 1361.44, defendem D 1380.8, curam D 1500.4.6, ressuscitam E 42, E 66.1, E 132, etc.). Além disso, há o caso em que as cinzas ou têm força negativa ou resultam de força negativa (o dinheiro se transforma em cinza). Este papel ambivalente da cinza na mitologia explica-se, a nosso ver, por sua natureza dúplice: de um lado a cinza é resultado do fogo (cf. o caráter mágico, purificador do fogo em D 1733.1, D 1787 e outros, em S. Thompson), mas de outro lado é impureza, por si mesma ambivalente. Sendo indesejável, negativa, a impureza tem, freqüentemente, força mágica. Isto concorda inteiramente com o que escreve C. Lévi-Strauss na coletânea *O estudo estrutural do mito*[24] sobre o papel dos detritos e da cinza. Queremos apenas colocar em discussão o ponto em que Lévi-Strauss fala do papel intermediário da cinza entre o fogão e a cobertura (particularmente na mitologia indígena).

Na exposição de F. Boas e nos mitos A, B e C acentua-se freqüentemente o fato de o herói dormir não dentro, mas fora de casa (compare-se com o início do mito na exposição de F. Boas: "Havia um homem que nunca dormia dentro de casa. Ele sempre se deitava na extremidade da abertura da fumaça"). Parece mais evidente o papel intermediário da cinza entre as impurezas e o fogo.

Em nossos mitos há referências à ligação do herói com as próprias impurezas (urina). Já assinalamos que esta ligação pode ser evidente (mito C) e não-evidente (mito A). É característico, entretanto, que em todos os três mitos, do ponto de vista da tribo o herói esteja ligado às próprias impurezas. O papel mágico das impurezas, da urina em particular, assinala-se, de modo evidente ou não, em muitas mitologias (cf. a ressurreição pela urina, E 29.6 em S. Thompson, ou D 1002 e D 1002.1 — o papel mágico dos excrementos e da urina). Por outro lado, interessa-nos também o que se pode denominar de caráter ctônico das impurezas. Em muitas mitologias primitivas e, em particular, na mitologia dos índios da América do Norte, o mundo, a terra, é criada do corpo do criador ou de suas excreções (urina, excremento, suor, sujo das unhas) ou de barro e pó[25]. Parece-nos que o herói apresenta alguns traços ctônicos: ao seu contato

24. C. Lévi-Strauss, *The Structural Study of Myth*.
25. Cf., p. ex., A. Dundes, *Earth-Diver: Creation of the Mythopoeic Male*.

com as montanhas (mito B) toda a terra estremece e o faz igualmente quando as montanhas se movem em direção à aldeia do herói (mito C) e quando o velho, avô ou tio do herói, muda de posição. É impossível arrancar o herói ao contato com a terra ou movê-lo do lugar (mitos B e C), ele dorme na terra. Na figura do herói, portanto, há traços evidentes de sua ligação com a terra, e a ligação do herói com as próprias impurezas (urina, cinzas molhadas com suas excreções) reforça ainda mais seus traços ctônicos. São exatamente estes traços ctônicos, reconstruídos através de confrontação com outras mitologias, que explicam por que justamente o herói foi escolhido para sustentar a terra e por que ele deveria passar pela segunda iniciação.

Deste modo, as três variantes fundamentam-se na mistura de dois tipos de histórias mitológicas: uma, típica para os mitos indígenas, a história do herói réprobo e outra, a história da iniciação de um ente sobrenatural dotado de traços ctônicos. É óbvio que esta divisão entre os dois tipos de história é puramente condicional. Na realidade eles são intimamente ligados, principalmente na figura de um herói único. Diferentes mitos em graus diferentes acentuam as duas linhas. Provavelmente, o herói mais "ctônico" é o do mito A. Assim se explica a presença do fragmento especial X, dedicado à explanação de todas as estranhezas da conduta do herói. Mas o herói é tão esotérico que não há, no mito, indicações evidentes de seus traços ctônicos. Em compensação os mitos B e C, que de modo mais conseqüente seguem o esquema do "herói réprobo" (principalmente o mito C) devem fornecer indicações evidentes sobre a ligação do herói com a terra (|d|), para "desviar" o desenvolvimento costumeiro do enredo sobre "o herói réprobo".

Segunda Parte: **POÉTICA**

8. SOBRE ALGUMAS DIFICULDADES DE PRINCÍPIO NA DESCRIÇÃO ESTRUTURAL DE UM TEXTO

I. M. Lotman

A questão dos caminhos da descrição das propriedades dinâmicas de um texto determina, em grau considerável, o futuro do método estrutural nos estudos literários. Já I. Tinianov insistia no fato de que

a unidade da obra não é uma totalidade simétrica fechada, mas um todo dinâmico que se desenvolve; entre seus elementos não existe nenhum signo estático de igualdade ou de adição, mas há sempre um signo dinâmico de correlação e integração. A forma da obra literária deve ser compreendida como dinâmica[1].

1. I. Tinianov, *O problema da linguagem em verso*, artigos, Moscou, Editora Escritor Soviético, 1965, p. 68. [Trad. bras.: *O problema da linguagem poética*, 2 vols., Rio de Janeiro, Editora Tempo Brasileiro, 1975. Está traduzido para várias outras línguas — N. do O.]

A posição de Tinianov está relacionada com a exigência, sublinhada freqüentemente nos trabalhos da escola de Praga, de não se confundir descrição sincrônica com descrição estática. Este aspecto foi tratado especialmente nas *Teses do Círculo Lingüístico de Praga*[2] e considerado detalhadamente por R. Jakobson, que escreveu:

> Seria grave erro afirmar que a sincronia e a estática são sinônimos. O corte estático é uma ficção: é apenas um procedimento científico auxiliar e não um modo específico de existência. Podemos considerar a percepção de um filme não só como diacrônica mas também como sincrônica, embora o aspecto sincrônico do filme não seja de maneira alguma idêntico a um quadro isolado, destacado do conjunto. A percepção do movimento verifica-se também no aspecto sincrônico do filme[3].

A exigência de uma abordagem dialético-funcional do texto foi repetida seguidamente, também mais tarde, em trabalhos de diferentes pesquisadores. Não se pode, entretanto, deixar de concordar com o fato de que, nas descrições concretas dos textos, tão logo nós afastamos as reflexões subjetivo-impressionistas, no primeiro plano aparecem justamente os modelos estáticos. Orientar-se nas causas desse fenômeno é tanto mais oportuno quanto ainda acontece ouvir, até hoje, afirmações de críticos dos métodos estruturais, os quais presumem que a peculiaridade básica e a falta principal do estruturalismo esteja justamente no estático da abordagem.

Ao colocar diante de si a finalidade consciente da construção de modelos dinâmicos da obra artística, é indispensável rejeitar a sua contraposição categórica aos modelos estáticos e, mais ainda, negar-se a considerar esses dois tipos de modelização do texto artístico como metódica e metodologicamente hostis. Bem mais correta será sua interpretação como duas etapas da aproximação científica à compreensão do mecanismo do funcionamento social da obra. Um mesmo texto pode ser descrito de algumas maneiras diferentes. Sendo assim, se cada uma dessas descrições for tomada isoladamente, isto só será possível na qualidade de sistema estático, e então a estrutura dinâmica surgirá de suas r e l a ç õ e s.

Desse modo, a estrutura dinâmica será construída como uma certa quantidade de modelos estáticos (o mínimo de dois)

---

2. V. *O Círculo Lingüístico de Praga*, coletânea de artigos, Editora Progresso, Moscou, pp. 17, 18. [Trad. bras. das *Teses*: São Paulo, Editora Perspectiva, 1978 (original em francês) — N. do O.]

3. R. Jakobson, Prinzipien der historischen Phonologie, *TCLP*, n. 4, pp. 264, 265.

que estão numa determinada relação móvel. Disso decorre que as descrições estáticas por si não apenas não são de algum modo falhas, mas, pelo contrário, representam uma etapa indispensável, sem a qual não seriam possíveis nem as construções funcionais móveis. Os aspectos fracos de tais construções manifestam-se apenas quando o estudioso, pulando uma série de etapas científicas, tende a interpretar os modelos estáticos como definitivos, capazes de permitir um julgamento da função estética do texto. É indispensável sublinhar que um ou outro modelo estático não reflete absolutamente a estrutura do texto, mas apenas a estrutura de um dos princípios construtivos, *na intersecção dos quais* vive o texto. Assim, por exemplo, é possível dar alguns princípios construtivos constantes: o tetrâmetro jâmbico[4], as séries sintáticas e entonacionais. Com isso, cada uma das estruturas citadas, tomada em separado, pode ser descrita estaticamente, mas a r e l a ç ã o delas entre si introduz no modelo o elemento de dinâmica.

É necessário, entretanto, sublinhar também: no que se refere à existência isolada de cada uma das séries acima citadas, a estática se define não pela natureza do fenômeno em si, mas pelo método de descrição que se escolheu. Assim por exemplo, a construção rítmica pode, por sua vez, ser descrita dinamicamente. Mas, para tanto, é preciso negar-se a descrevê-la como u m ú n i c o mecanismo, e sim separá-la em camadas, ao menos em duas (por exemplo, no ritmo e no metro), descrever cada uma separadamente como um sistema internamente regular, e em seguida considerá-la já como uma unidade construtiva. Com isso, os desvios da norma num sistema serão descritos como realizações da norma num outro, e vice-versa. A r e l a ç ã o entre tais subsistemas constitui o t r a b a l h o da estrutura.

Essencialmente, é provável que, na arte, qualquer plano construtivo possa ser dividido em subsistemas relacionados conflitivamente e, inversamente, quaisquer duas estruturas que estejam reciprocamente em conflito, na descrição possam ser "fotografadas" numa única construção estática. O reconhecimento da vida artística do texto subentende a existência dessas duas abordagens ao mesmo tempo. Cada uma delas por si não pode representar o funcionamento do texto, isto é, sua vida.

Um dos casos mais divulgados de abordagem dupla da descrição de um texto é o seguinte: pode-se, uma vez estudada a obra, retirar dela alguma estrutura — a organização hierárquica dos elementos de diferentes níveis. Entretanto, ao considerar a construção assim obtida, não se pode dizer o que, no

4. O verso clássico por excelência da poesia russa (N. do O.).

texto, seria novo e inesperado para o leitor e o que seria facilmente previsível desde o começo. Desse modo, a questão da significância semântica de uns ou outros elementos do texto permanece não esclarecida.

Continuando, pode-se separar esse modelo em camadas. Pode-se destacar uma estrutura que ligará o texto que nos interessa com a tradição literária precedente. Esta será a estrutura esperada pelo leitor. A segunda camada configurará a sub-estrutura que reúne os elementos que estão fora da tradição dada (eles também podem coincidir com alguma estrutura tradicional, porém o u t r a). Dessa maneira, no texto percebido irão trabalhar dois mecanismos ao mesmo tempo: um deles servirá para manter constantemente na consciência do auditório a memória de uma certa organização tradicional do texto, fornecendo-lhe com isso alguma estrutura esperada, e o outro irá destruir esta estrutura, desautomatizar a percepção, constituir o individual no fundo da construção geral.

Em qualquer nível que estudemos a estruturação do texto — desde o rítmico-fonológico até o da construção do enredo — surgirá inevitavelmente um conflito entre determinados prognósticos que se originaram baseados na inércia estrutural e sua não-efetivação no texto.

Entretanto, se graças a tal abordagem o modelo dinâmico surge à custa da relação entre os diferentes níveis construtivos (na medida em que a expectativa do leitor e o texto se dispõem de antemão em níveis diferentes), não será menos possível também aquela abordagem pela qual diversos aspectos de modelos estáticos irão dispor-se num único nível de descrição. Assim, por exemplo, na tragédia de Shakespeare é possível, ao mesmo tempo, a existência em cena de heróis do plano cômico e do plano trágico, que se submetem a normas de conduta completamente diferentes. Cada uma dessas normas pode ser descrita isoladamente como um certo dado estático (isso não impede que numa análise mais detalhada qualquer um desses sistemas estáticos possa, por sua vez, ser separado em camadas e apresentado como dinâmico). Sua relação criará o modelo dinâmico do todo.

Assim, a descrição estrutural do texto não pode limitar-se a destacar os níveis e a criar uma série de características estáticas. Deverá ser complementada tanto pela determinação das relações entre os diferentes níveis sub-estruturais quanto pelo estudo do "jogo" das diferentes tendências construtivas no interior de cada nível.

Um modelo assim construído fixará determinadas qualidades dinâmicas do texto. Entretanto, ainda não temos modelos adequados de texto para a fixação do tipo de sub-estruturas e da dinâmica de suas correlações. Para se compreender que índices complementares devem ser obrigatoriamente introduzidos, fornecemos o seguinte exemplo. Suponhamos que em algum texto por nós descrito, eslavismos elevados[5] e imagens da poesia bíblica se conjuguem a uma linguagem marcadamente popular, vulgarismos, jargão urbano, imagens e ritmos das trovas de rua. Não apresentará provavelmente dificuldade destacar no texto duas sub-estruturas estilísticas, determinar suas correlações e os efeitos semânticos que surgirem com isso. É preciso, entretanto, notar que semelhante modelo não refletirá aquela qualidade essencial da obra artística que é a tensão. Ele será útil, em igual medida, tanto para o caso em que a correlação dos arcaísmos pomposos e dos biblicismos com os jargões se apresente como uma ousada inovação e surpreenda pela novidade artística até então desconhecida quanto para aqueles em que tal combinação seja trivial ou mesmo faça parte do sistema dos clichês literários. Tanto as construções estáticas da primeira abordagem do texto quanto os modelos dinâmicos, configurados a partir de sua correlação, podem ser quase idênticos quer para a obra de inovação quer para a imitação epigônica desta, habilmente construída e também, naturalmente, serão idênticos para o texto lido uma ou cem vezes, embora a função estética dos textos, nestes casos, seja diferente. Poderá a análise estrutural refletir o que na percepção do leitor é sentido como "viço", "energia" ou, ao contrário, como "emurchecimento" da estrutura artística? Da resposta a esta questão depende, em grau considerável, a superação daquela combinação de exatidão, nos níveis inferiores, e de impressionismo nos níveis superiores que, até agora, tem sido peculiar de muitas tentativas de descrição estrutural dos textos literários.

Para responder a esta questão é indispensável que paremos um pouco naquele conceito específico que se esconde nas palavras "luta" e "conflito", naqueles casos em que nós as aplicamos às contradições internas da estrutura artística.

O conceito de luta constitui parte importante tanto do processo literário quanto de cada obra em particular. Além disso, o escritor — membro da sociedade — quase sempre acaba sendo levado para uma luta não-literária. Há inúmeros casos em que a polêmica literária adquire o sentido e os sintomas de um conflito filosófico ou político. Mesmo na própria literatura, em seus diferentes níveis — por exemplo no rítmico e no

5. Nos textos russos, a ocorrência de palavras e expressões do eslavo eclesiástico (língua da Igreja Russa e que até o século XVIII foi a língua literária do país) geralmente marca um tom elevado (N. do O.).

temático — a palavra "luta" já assume um sentido diferente. Isso leva freqüentemente a confusão de conceitos. Nós dizemos: "Dierjávin[6] lutou contra o dignatário Viázemski[7], da corte de Catarina" e "Dierjávin lutou contra o classicismo", "Niekrassov[8] lutou contra a censura" e "Niekrassov lutou contra o predomínio dos metros binários", e presumimos que a palavra "lutou" esteja empregada em todos estes casos com um significado idêntico, admitindo apenas um diferente grau de intensidade (a luta contra a censura como mais importante e mais intensa, enquanto os conflitos "puramente literários" seriam menos significativos socialmente e se desencadeariam com menor exasperação). Na verdade, nós denominamos com a mesma palavra conceitos que se diferenciam essencialmente. A luta entre o poeta e a censura é um choque de dois princípios, cada um dos quais pode perfeitamente existir sem o outro, chegando mesmo a ser uma luta interessada na aniquilação total do oponente. Quando obras de Niekrassov ficaram livres da censura, elas não perderam nada de sua importância. Agora, suponhamos que a luta contra os ritmos binários fosse coroada pela vitória, no sentido de sua completa aniquilação e esquecimento da própria possibilidade de empregá-los. Tal "vitória" depreciaria completamente todo o efeito artístico e semântico do emprego dos metros não-binários. Do ponto de vista artístico, essa vitória completa seria uma derrota total. Dierjávin concordaria plenamente com que não apenas seus inimigos da corte fossem dispersados, mas com que a lembrança deles também desaparecesse por completo:

> Meus inimigos, o verme da morte os roerá,
> Mas eu sou poeta e não morrerei.

Enquanto isso, com a aniquilação da memória das normas e regras do classicismo, anulou-se também a sensação da inovação de Dierjávin. E justamente a vitória plena dos princípios pelos quais ele lutou, trouxe-lhe o esquecimento dos leitores. Dierjávin passou, em seguida, por um segundo nascimento poético, mas em 1825 Púchkin escrevia: "Deverão conservar-se de Dierjávin umas oito odes e alguns trechos e o resto, queimar"[9]. N. Polevói[10] chegou a ser ainda mais drástico.

    6. O poeta G. R. Dierjávin (1743-1816) (N. do O.).

    7. O príncipe P. A. Viázemski (1792-1878), poeta (N. do O.).

    8. O poeta N. A. Niekrassov (1821-1877) (N. do O.).

    9. A. S. Púchkin, *Obras completas*, Moscou, Edição da Academia de Ciências da U.R.S.S., 1937, vol. XIII, p. 182.

    10. O escritor, tradutor e historiador N. Polevói (1796-1846) (N. do O.).

O conflito e a luta no texto literário se estruturam segundo as leis do diálogo: o sentido e o significado dos princípios são compreendidos e ponderados apenas na medida em que se guardam na memória e só possuem significado cultural aquelas estruturas contra as quais se processa a luta. Por isso o texto poético é construído de tal forma que, não apenas não nega nenhum sistema determinado, mas lembra-o constantemente, conservando-o vivo na consciência do leitor.

Do que foi dito pode-se concluir que o texto possui determinados índices *energéticos*. Se a descrição estrutural coloca diante de si a tarefa não apenas de captar as camadas isoladas da construção, mas determinar a essência de sua função estética como um todo, é inevitável que ela procure a maneira de analisar e de fixar esse momento energético.

Aquilo que para a percepção imediata do leitor é sentido como "força", "energia" do texto, pode ser submetido por completo a uma descrição em termos de estudo estrutural de cultura. Para tanto é necessário inscrever o texto em questão num esquema de cultura mais amplo e observar a hierarquia comparativa dos valores nos limites de dado tipo cultural. A fim de que a alteração de um ou outro sistema estrutural possa ser significativa, ela deverá possuir, nas molduras de um dado tipo cultural, um alto valor. O conflito entre dois sub-sistemas estruturais pode vir a constituir a fonte do significado artístico apenas no caso em que aquela inércia que precede a percepção do texto e sobre cujo fundo ele atua, ainda seja suficientemente ativa e conserve, para o auditório, um alto valor cultural. Justamente este valor do sistema negado fornece um indício de força ao sistema negador. Os textos inovadores se diferenciam dos epigônicos justamente porque estes últimos, esforçando-se por:

— ...convencer profundamente daquilo em que todos, há muito, acreditam, —

elegem como adversários sistemas de idéias e de arte já desacreditados.

Realizadas as descrições completas das culturas de vários tipos que incluem as respectivas hierarquias axiológicas, podemos obter certa área de valor na qual são completamente mensuráveis as distâncias entre umas ou outras séries culturais[11]. Isso permite também "medir" a tensão que se origina com a sua aproximação. Idéia essa que de per si não é nova. Imaginar a

---

11. A idéia da dependência da função estética da hierarquia dos valores sociais foi desenvolvida por J. Mukarovský. Vide: "Estetická funkse, norma a hodnota jako sociální fakty", *in Studie z estetiky*, Praga, 1966.

tensão criativa como a superação de alguma distância semântica, já era proposto por Lomossov[12], quando falava da composição de "discursos rebuscados" como da aproximação de idéias "que parecem afastadas do tema"[13].

Os discursos rebuscados (que podem também ser chamados de palavras requintadas ou pensamentos agudos) são orações nas quais o sujeito e o predicado estão ligados de alguma forma estranha, incomum ou inatural e por isso constituem algo importante ou agradável[14].

Ao constituir áreas abstratas de objetos homogêneos de um ou outro nível — semânticas, axiológicas ou outras quaisquer — podemos introduzir o conceito de distância entre os pontos dessas áreas. Quanto maior for a distância, tanto mais alto será o índice energético do texto construído sobre a aproximação desses pontos.

A elaboração de uma metódica de avaliação axiológica de certos elementos de uma cultura no sistema geral de seus valores, bem como de uma metódica da apresentação dos níveis de uma cultura sob o aspecto de áreas abstratas, constituídas de objetos homogêneos — elementos de um dado nível — (mas isso, por sua vez, permitirá medir a "distância" entre os elementos), exige um trabalho preliminar que estabeleça, para o texto ou para um grupo de textos, informações exatas do material primário em todos os níveis. Somente depois disso pode-se esperar passar para os modelos dinâmicos (funcionais) e para o inventário do momento energético, i.é. o momento da resistência dos sub-sistemas à sua aproximação estrutural e do esforço exigido para vencer esta resistência. Entretanto, ao diferenciar essas três etapas na descrição estrutural do texto, não se deve esquecer que o modelo adequado da obra só poderá ser construído após o inventário conseqüente de todos esses momentos.

---

12. M. V. Lomonossov (1711-1765), cientista, poeta, retórico e gramático russo (N. do O.).

13. M. V. Lomonossov, *Obras completas*, Edição da Academia de Ciências da U.R.S.S., Moscou — Leningrado, 1952, vol. VII, p. 111.

14. Idem, p. 204, 205.

9. ALGUMAS CARACTERÍSTICAS DA ESTRUTURA DE *AS METAMORFOSES* DE OVÍDIO

I. K. Chcheglóv

1. O início muito conhecido de *As Metamorfoses* de Ovídio: *In nova fert animus mutatas dicere formas Corpora*, "Minha alma é impelida a cantar os corpos revestidos de formas novas"[1], no essencial define corretamente a temática de todo o poema. Este constitui uma coletânea de relatos sobre as trans-

---

1. Neste trecho, há uma nota do autor, informando que todas as traduções, constantes de seu trabalho, foram tiradas da edição russa de *As Metamorfoses*, em tradução de A. A. Fet (Moscou, 1887). Tendo procurado algo equivalente em português, só pude encontrar traduções parciais. A Biblioteca Nacional, no Rio de Janeiro, tem a tradução portuguesa dos Cantos I a V, de Antônio Feliciano de Castilho (Lisboa, Imprensa Nacional, 1841), que incorporou versos de uma tradução anterior, menos extensa, de Bocage. Na ficha do catálogo, está anotado: "Compreende os livros I a V; o resto ainda não se publicou até hoje; constando que exista o manuscrito dos dez restantes livros em poder do

formações de uns objetos em outros, ocorridas em tempos imemorais. O que há de fundamental e que interessa ao autor é como se dá a transformação de um objeto em outro que não se parece com ele, e de que modo se pode explicar racionalmente este processo inusitado. Por isto, o poema de Ovídio é sobretudo um poema sobre os objetos e sua organização. É essencial em *As Metamorfoses* o aspecto físico dos objetos, porquanto são tema da obra as transformações físicas que neles ocorrem. O interessante neste livro está justamente no realismo da representação do mundo dos objetos e não nos momentos filosófico-morais, sociais ou retóricos. Infelizmente, nos trabalhos de história da literatura latina, *As Metamorfoses* são examinadas freqüentemente de modo eclético, como uma coletânea de estórias galantes. E neste caso se deixa escapar a inteireza do poema. O objetivo do poeta em *As Metamorfoses* é mostrar todo o universo, o mundo todo com o que existe nele, criar como que uma enciclopédia da natureza. Não é por acaso que ele inicia seu relato com o caos, o dilúvio e os primeiros séculos da humanidade. Ele mostra a construção do mundo, o surgimento dos objetos, dos homens e dos animais. Nesse mundo, a metamorfose é um acontecimento usual e importante. Nosso artigo é dedicado justamente à descrição do universo ovidiano.

2. Lendo-se Ovídio, salta aos olhos o quanto o mundo por ele representado é vário e colorido. *As Metamorfoses* tratam de inúmeros objetos. Surgem diante do leitor imagens de pessoas, aves, árvores, montanhas, serpentes, peixes; fala-se de água, ar, mares e rios, aldeias e cidades, dos heróis mitológicos, do reino subterrâneo e muitas outras coisas. Nesse poema nos acompanha a sensação dos ilimitados espaços terrestres. Mas a impressão mais viva que fica de *As Metamorfoses* é a da unidade e parentesco de tudo no mundo, objetos inanimados e seres vivos. Por mais distantes entre si que estejam os objetos no mundo real, aqui eles são mostrados de tal modo que parecem criados do mesmo material. Nisso consiste a unidade do

sr. Castilho (José) no Rio de Janeiro". Trata-se provavelmente de José Feliciano de Castilho, irmão do tradutor.

Sendo obrigado, devido à precariedade dos meus conhecimentos de latim, a fazer tradução indireta dos versos citados, submeti o resultado deste trabalho ao Prof. Antônio da Silveira Mendonça, da Universidade de São Paulo, a quem agradeço as preciosas indicações que me deu sobre as correções indispensáveis, baseadas no cotejo que ele realizou com o original. O seu trabalho foi dificultado consideravelmente pela ausência, no estudo de Chcheglóv, de qualquer indicação sobre a edição latina em que se baseou, e que diverge em algumas passagens das edições que o Prof. Mendonça tinha à mão (N. do T.).

poema de Ovídio, tão variegado à primeira vista. O poeta pode misturar mitos de diferentes ciclos, tratar ora da guerra de Tróia, ora do vôo de Faetonte, ora de formigas e lagartos; em tudo o que ele conta, transparece de um modo à primeira vista misterioso a unidade e continuidade do Universo. O grande e o pequeno têm o mesmo direito à atenção e estão construídos segundo as mesmas leis. O parentesco admirável de todos os objetos se manifesta, por exemplo, no fato de q u ã o p o u c o é n e c e s s á r i o no mundo de Ovídio para que um homem, por exemplo, se transforme numa ave e uma ave num homem. Os objetos se transformam muito facilmente uns nos outros; ocorre não se sabe que deslocamento insignificante de partes, às vezes uma simples mudança de nome — e a transformação está consumada. É o mundo real nosso conhecido, mas como que examinado através de certo vidro peculiar e fantástico, que permite ver os objetos de modo novo. Os objetos distantes se aproximam, aqueles que nós considerávamos distintos resultaram ser apenas variações de um mesmo objeto. Tudo isto causa ao leitor de *As Metamorfoses* uma impressão indelével.

Tentaremos adiante revelar a característica do mundo ovidiano que lhe permite parecer tão variado, multicor e ao mesmo tempo uno. Esta qualidade é a s i s t e m a t i c i d a d e. O mundo de Ovídio é um sistema organizado harmoniosamente, no mesmo sentido em que o são, por exemplo, a fonologia ou a morfologia de qualquer língua.

Chamaremos de sistêmicos (ainda que isto seja incorreto e grosseiro) aqueles fenômenos que, não obstante a aparente variedade de suas formas, podem ser descritos como diferentes combinações de um número relativamente pequeno de elementos básicos e simplíssimos. Ao mesmo tempo, o sistema complexo pode consistir em alguns "andares" (como na língua: fonemática, morfologia e sintaxe). Não daremos neste artigo uma análise mais profunda da noção de "sistema", mas procuraremos mostrar em quê o mundo de Ovídio se assemelha aos exemplos de sistema referidos.

3. Comecemos de como o autor de *As Metamorfoses* v ê o s o b j e t o s, e para isto citemos uma série de exemplos de caracterização de determinados objetos e procedimentos, no poema. Quando se lêem *As Metamorfoses*, salta aos olhos a originalidade do modo de definir um objeto. À primeira vista, ele parece ingênuo; por exemplo, quando Ovídio diz que a pedra é "dura" (*rigidus silex*), pode-se ver nisto uma semelhança com epítetos populares tradicionais, do tipo dos russos *lobo cinzento, mar azul*, etc. No entanto, exemplos como *cassa canna*, "junco oco", ou *curva falx*, "foice curva", sendo, conforme

sentimos intuitivamente, em princípio semelhantes a *rigidus silex*, já revelam um rebuscamento que não é inerente à poesia popular. Detenhamo-nos mais nos epítetos de Ovídio e vejamos o que eles podem dar para a compreensão do mundo ovidiano e das transformações que nele ocorrem.

O princípio da caracterização dos objetos em *As Metamorfoses* lembra a precisão das definições da Geometria e da Física. É nisso justamente que o efeito artístico do epíteto de Ovídio funda o seu princípio. O pensamento de Ovídio pode ser equiparado ao de um cientista. Nos epítetos atribuídos aos objetos, tais como *longa serpens*, "serpente comprida", e outros, não há qualquer elemento subjetivo: não ocorre avaliação, nem relação emotiva com o objeto definido. Destacam-se unicamente propriedades objetivas. Não há nenhuma indicação sobre a beleza ou feiura, o útil ou nocivo de um dado objeto ou criatura para o homem. E via de regra, não ocorre metáfora — a definição de um objeto por outro, de um desconhecido por outro. No entanto, em outros poetas, este procedimento se emprega sem proibição, v. por exemplo Catulo, 62.49; *ut vidua in nudo vitis quae nascitur arvo*, "qual vide solitária (literalmente, 'viúva') que nasce no campo desnudo". Não se acha em Ovídio poesia deste tipo. Ele define o objeto com um epíteto, em primeiro lugar do ponto de vista dos seus traços visíveis, das duas propriedades físicas e espaciais. O objeto aparece purificado de indícios casuais e acrescentados, de associações suscitadas pela consciência individual, pela experiência, etc. O objeto descrito por Ovídio é o estalão do objeto dado, seu símbolo, a fórmula de seu arranjo. Os critérios do belo e do feio geralmente estão ausentes quando se trata da natureza. Ovídio descreve com epítetos grande número de animais, mas quase em parte nenhuma refere-se a sua beleza ou feiura. Aqui está, por exemplo, a descrição das rãs em que se transformaram os camponeses lícios: *Terga caput tangunt, colla intercepta videntur, / Spina viret, venter, pars maxima corporis, albet*, "As costas tocam a cabeça, o pescoço parece eliminado, a espinha é verde, e é branco o ventre, a maior parte do seu corpo" (VI, 379-380).

Ovídio não chama os pântanos de "impenetráveis" ou algo no gênero, ele fala em "pântanos diluídos" (literalmente, "aquosos"): *udae paludes* (I, 418).

Vejamos mais alguns exemplos de semelhante caracterização de objetos, animais e homens.

O epíteto *duris, rigidus*, "duro": *rigido concrescere rostro/ Ora videt*, "vê a boca enrijecer e transformar-se em duro bico (V, 673-74); *rigidi silices*, "pedras duras" (XI, 45); *jam rigidos pectis rastris, Polypheme, capillos*, "e eis que tu, polifemo, penteias com um ancinho os cabelos ásperos" (XIII, 765). Descrição da transformação de pedras em homens: *saxa/ ponere duritiem coepere suumque rigorem/ Mollirique mora*, "as pedras começam a perder sua dureza e imobilidade e amolecer pouco a pouco" (I, 400-402).

Os epítetos *cassus, cavus*, "vazio"; *cassa canna*, "cana vazia" ("Fastos", III, 102); *cava membra*, "membros vazios" [das rãs] (VI, 371)[2]; *cavae rugae*, "o vazio das rugas" [do velho Eson] (VII, 291); *pocula quae cavae sunt*, "taças que estão vazias" (VIII, 760); *attrahitur flexo circum cava tempora cornu*, "trazem [o carneiro] pelo chifre torcido em torno das têmporas vazias" [ou "cavadas"] (VII, 295); *cava tempora*, "têmporas vazias", tem também o veado (X, 116).

Os epítetos *curvus, pandus, varus, aduncus*, "recurvado", "torcido": *sus... semina pando/ Eruerit rostro*, "o porco desenterrava as sementes com seu focinho recurvado" (XV, 112-113); *nunc, ubi demissam (navem) curvum circumstetit aequor*, "agora que o mar oblíquo ergue-se em torno do (navio) que mergulhou" (descrição de tempestade no mar, XI, 505)[3]. Estes epítetos quase sempre se acrescentam a palavras que designam navio, barco, por exemplo, *cumba sedet alter adunca*, "outro está sentado em barco curvo" (no episódio do dilúvio, I, 293); *utque labant curvae justo sine pondere naves*, "assim como balançam os navios curvos sem a carga necessária" (II, 163); *terunt curvae vineta carinae*, "as quilhas dos barcos curvos esmagam os vinhedos" (no episódio do dilúvio, I, 298); *adunco tibia cornu*, "flauta de corno recurvado" (III, 533 e IV, 394); *curvique lebetes*, "bacias curvas" (XII, 243); *curvum crinale*, "pente curvo" (V, 53); *cornua vara boum*, "os chifres curvos dos bois" (XII, 382); [*volucris*] *quae fulmina curvis/ Ferre solet pedibus*, "[a ave] que carrega raios nas garras recurvadas" (XII, 560,

2. Esclarecimento do Prof. Mendonça: trata-se provavelmente do verso IV, 371, *Et modo tota cava submergere membra palude*. Neste caso, porém, será mais correto considerar *cava* como referente a *palude* e traduzir o verso assim: "Ora é um prazer mergulhar todos os membros do pântano profundo", ou "... nas profundezas do pântano" (N. do T.).

3. Neste trecho, "mar oblíquo" é uma das traduções possíveis de "curvum aequor". Segundo observação do Prof. Mendonça ao estudar as traduções para o português que eu propunha, "o *nunc* é alternativo: nos dois versos imediatamente anteriores já tinha aparecido o primeiro *nunc*. A alternativa que se cria para o navio em mar de tempestade é *ora* estar na crista da onda *ora* permanecer na sua base, portanto dando a impressão de que mergulha para as profundezas do mar. Não sei se a melhor tradução para *curvum aequor* seja *mar oblíquo*; talvez seja uma solução o seguinte: ora, quando o mar ondulado se ergue em torno do (navio) que mergulha..." (N. do T.).

561). Dois exemplos dos "Fastos": *curva falx*, "foice curva" (IV, 474); *tergo delphina* [caso acusativo] *recurvo*, "o golfinho de costas oblíquas" (II, 113).

Outros epítetos: *liquida unda*, "água rala" (XVI, 135); *resolutaque tellus/ In liquidas rarescit aquas*, "e a terra, dissolvida, se rarefaz em água rala" (XV, 245-246); o já referido *longo corpore serpens* (XI, 639). O mesmo ocorre na história de Cadmo, IV, 575, 576: *Ipse, precor, serpens in longam porrigar alvum – Dixit, et ut serpens in longam tenditur alvum*, "que eu, transformado em serpente, me estenda em um longo ventre – disse, e o seu ventre já se alonga como o de uma serpente".

Vê-se pelos exemplos referidos que os objetos são caracterizados por Ovídio com a ajuda de um conjunto de noções físicas e espaciais abstratas, como por exemplo, a curvatura, o vazio, a dureza, a liquidez, a longuidão, etc. Vê-se que este conjunto de noções é limitado em comparação com a variedade dos objetos do mundo real, que eles descrevem, pelo fato de que os mesmos epítetos se repetem na nomeação de diferentes objetos. Muitos objetos até bem diferentes, objetos e partes destes, recebem o mesmo traço e são assim justapostos. Por exemplo, a qualidade da curvatura, da forma oblíqua, torna possível justapor objetos como a foice, as costas do golfinho, o navio, o corno do carneiro e até a superfície do mar durante a tempestade (*curvum circumstetit aequor*). O traço da construção com um vazio torna semelhantes entre si as taças, a cana, os membros das rãs, as rugas de um velho, etc.

Está claro que Ovídio não descreve deste modo objetos, mas classes, espécies de objetos. Cada objeto não é individual, um objeto isolado, mas o estalão do objeto dado, não alguma árvore especial, digamos, que tenha forma insuitada, mas a árvore como tal, com ramos, folhas, raízes, casca. A individualização dos objetos, levada a tal grau que cada um deles aparece "como vivo", refere-se, no entanto, não a objetos isolados, mas a objetos "típicos". Por exemplo, a rã não é individualizada em comparação com as demais rãs, mas em comparação com a serpente, a ave, etc. Ovídio não se interessa pela diferença entre os indivíduos de uma espécie, pois no todo ele está ocupado sobretudo com a representação do mundo inteiro como sistema, e deste ponto de vista constitui indício essencial da árvore o fato de possuir folhas, e indício da serpente a longuidão do corpo, etc.

Observemos que assim como as propriedades dos objetos se reduzem a alguns tipos de propriedades, a um conjunto limitado de noções abstratas, as ações e processos também se descrevem de maneira generalizada e se reduzem a movimentos mais simples e elementares; por exemplo, querendo descrever como os animais agitaram amistosos a cauda para os viajantes, Ovídio diz: *blandas movere per aera caudas*, "mansamente agitaram no ar suas caudas" (XIV, 258). Em lugar de "as aves voavam", diz: *tunc et aves tutae movere per aera penn:as*, "então também as aves moviam em segurança as asas no ar" (XI, 99). O verbo *movere* serve também para a descrição do mar revolto: ... *conspexit scopulum, quei vertice summo/ Stantibus exstat aquis, operitur ab aequore moto*, "viu um rochedo cujo cume emerge quando o mar está calmo, mas é coberto pelo mar em tormenta" [literalmente, "em movimento"] (IV, 731-732). O mesmo em V, 5-7: *Tumultum/ Adsimilare freto possis, quod saeva quietum/ Ventorum rabies motis exasperat undis*, "Poder-se-ia comparar o tumulto com o mar cujas águas tranqüilas o furor dos ventos assola com a agitação [ou "movimentos"] das ondas"; também aqui, o tumulto do mar é dado como um m o v i m e n t o das ondas.

O verbo *tangere*, "tocar, roçar", é utilizado por Ovídio onde nós, em russo, fundindo algumas etapas do processo numa só, diríamos "alcançar" ou "agarrar"; trata-se da descrição de como um cão gaulês persegue uma lebre, que por seu lado *morsibus eripitur tangentiaque ora relinquit*, isto é, literalmente, "evita as mordidas e se afasta do focinho [do cão] que a roça" (I, 538). Mas nós já vimos o verbo *tangere* num contexto bem diferente, na representação das rãs (*terga caput tangunt* etc.); em russo, nós antes diríamos que "os ombros se confundiam com a cabeça", e é assim aliás que traduz Fet.

Querendo dizer que o cavalo mastiga o freio, Ovídio introduz a expressão *premere frena dente*, "apertar o freio com os dentes" (X, 704), e em outro lugar ("Fasti", VI, 825) diz que o arador "aperta a rabiça" [do arado] (*premens estivam*). Numa série de casos, a descrição do objeto destaca o seu princípio técnico, a lei de sua estruturação, o que na realidade só é possível, igualmente, com a introdução de algumas noções técnico-estruturais mais abstratas, e não por meio de comparação com qualquer outro objeto. Por exemplo, as orelhas de burro têm *instabiles imas*, "parte inferior instável [isto é, flexível]" (XI, 177). Cf. *instabilis tellus*, "terra instável" ou: "sem consistência" (na descrição do caos, I, 16).

O instrumento musical *fistula* é caracterizado como *dispar septenis fistula cannis*, "fístula feita de sete caniços desiguais" (II, 682). O mesmo se diz da *fistula* em VIII, 191-192. Nestes exemplos, o princípio técnico do objeto é a d e s i g u a l d a d e das partes que o constituem. Esta mesma noção de desigualdade é aproveitada para a descrição da mesa perneta no relato sobre Filêmon e Báucis: ... *mensae sed erat pes tertius impar — Testa parem fecit*, "mas o terceiro pé da mesa era diferente dos outros dois; tornou-o igual, com um caco" (VIII, 664-665).

A mesma noção é aplicada na alusão ao bordo multicor, *acer coloribus impar*, "bordo desigual quanto à cor" (X, 95).

Na visão de mundo ovidiana, a folhagem do bordo, a mesa perneta e a *fístula* têm certo traço comum, embora no restante não sejam de modo algum semelhantes. Isto não constitui ainda por si um efeito artístico e não se descreve na qualidade de tal. Mas é manifestação característica do ponto de vista pelo qual o poeta examina o universo.

Em VIII, 683, depois de ver o milagre, Filêmon e Báucis erguem os braços e imploram: *manibusque supinis/ Concipiunt Baucisque preces timidusque Philemon*, literalmente: "com as palmas viradas, Filêmon e Báucis começam a rezar".

Observemos também o emprego constante, em descrições de diferentes tipos, de noções como *summus*, "superior", *imus*, "inferior", *medius*, "médio". Eis, por exemplo, a descrição de um peixe: *Ille etiam medio spinas in pisce notatas/ Traxit in exemplum ferroque incidit acuto/ Perpetuos dentes et serrae repperit usum*, "Tomou como modelo a espinha que havia notado no meio dos peixes, entalhou uma carreira de dentes no ferro pontiagudo e inventou o uso da serra" (VIII, 244-246).

Na descrição da viagem de Orfeu com Eurídice a partir do reino subterrâneo, diz-se: *nec procul afuerant telluris margine summae*, "eles já estavam próximos da terra extrema" (X, 55).

O conceito de *summus*, "superior, extremo", aplica-se num grande número de casos; aos que desejarem certificar-se disso indicamos o dicionário de Ovídio[4].

4. Os exemplos, que poderiam ser muito ampliados, mostram que o efeito da unidade do mundo, do qual se tratou no início do nosso artigo, depende, em particular, deste modo peculiar de ver os objetos. Ovídio examina todo um mundo, e nele muitas coisas, diferentes quanto a forma e destinação, resultam ser não semelhantes, mas c o m e n s u r á v e i s, constituídas de certos traços estruturais comuns, porém "misturados" em cada objeto segundo sua própria maneira. Assim, a serpente possui corpo comprido e, por exemplo, a girafa, corpo curto, por isto elas, não sendo semelhantes, são comensuráveis. É neste sentido que os objetos ovidianos patenteiam um parentesco entre si. Eles são constituídos dos mesmos elementos, tomados em diferentes combinações. Nos exemplos

---

4. J. Siebelis, *Worterbuch zu Ovid's Metamorphosen*, Leipzig, 1874.

referidos, eram fundamentalmente propriedades físico-espaciais simplíssimas.

5. No entanto, ainda não é nisso que consiste o efeito do poema de Ovídio. O que Ovídio consegue de mais importante com a introdução dos traços mais simples dos objetos é a grande dilatação das fronteiras do mundo descrito e o considerável aumento do vário e múltiplo das formas encontradas na natureza, em comparação com o mundo habitual, inerte e estagnado. Tendo decomposto os objetos segundo seus traços, Ovídio a partir destes traços constrói a seguir novamente o mundo. O sistema de traços descobre a cada passo uma infinidade de tais diferenças e semelhanças entre objetos conhecidos no mundo real, que nós não havíamos notado, nem poderíamos· sequer notar. Nós não podíamos notá-los porque no mundo real, no qual vive o homem, cada objeto está como que na intersecção de muitos planos diferentes e participa das "associações" mais heterogêneas, tendo cada objeto seu próprio conjunto de tais associações. O mundo real não forma um sistema acabado, ele está fragmentado, dividido em muitos sistemas miúdos, cada um dos quais abarca por qualquer lado uma parte das coisas, mas não todas. Por isto, os objetos no mundo real estão separados, não se sente a ligação de princípio entre eles. Ovídio como que reconstitui o quadro do mundo em seu aspecto primitivo, quando todas as coisas constituíam unidade, que abarcava o universo inteiro. Ele realiza isto por meio da "purificação" do mundo de tudo o que seja postiço, conservando um único plano sobre o qual se pode contemplar simultaneamente tudo o que existe. É como que o modelo do mundo, mostra simplificada e, ao mesmo tempo, universal, sintética. É por isto que o mundo se torna tão ilimitado e adquire semelhante fascínio. Descobre-se a semelhança e diferença entre os objetos, suas gradações sutis. O princípio peculiar da mostra permite representar os objetos muito pequenos e muito grandes. Tudo isto pode ser descrito com a ajuda de traços simplíssimos dos objetos, que realizam um milagre: transformam o mundo num sistema.

6. O segundo efeito obtido é a facilidade da transformação de uns objetos em outros.

Nós começamos nossas observações dizendo: a descrição do objeto em *As Metamorfoses* é o esquema de sua estruturação. Mas o que é um esquema, uma fórmula? Em essência, é apenas a representação do objeto dado, em alguns termos comuns a uma série de objetos, em unidades de certo sistema. Se os objetos constituem um sistema, o esquema ou a fórmula define o lugar do objeto dado no sistema, sua *valeur*, sua diferença em relação a todos os demais. Pelo visto, o constraste entre os objetos é mais agudo quando eles são descritos nas mesmas unidades, isto é, quando a diferença entre eles está expressa explicitamente.

O epíteto em Ovídio desempenha um duplo papel: em primeiro lugar, ele destaca, num grau máximo para o mundo ovidiano, a peculiaridade do objeto dado, sua individualidade, e, em segundo lugar, mostra de que modo ele se diferencia dos demais objetos ou se assemelha a eles, isto é, em essência o epíteto já contém indicação sobre o meio pelo qual o objeto pode transformar-se nos demais. Assim, quando se diz que a pedra é "dura" e "disforme", isto suscita o pensamento de que há objetos macios e providos de forma, etc. Todo o efeito da metamorfose ovidiana está em que o objeto não se assemelha a outro, e ao mesmo tempo, sendo comensurável com este, facilmente se transforma nele. O epíteto que torna os objetos tão diferentes (por exemplo, o homem tem espádua reta, o golfinho, recurvada), ao mesmo tempo serve de ponte entre um e outro. O leitor mal tem tempo de se espantar com a exterioridade do objeto, como que identificada neste, e já tem de se convencer de que esses traços tão "irrepetíveis" transformam-se facilmente no seu contrário; por exemplo, o macio facilmente se torna duro, e o duro, macio. E o objeto inesperadamente se transfigura em outro, que não se parece com o primeiro.

Vê-se pelo exposto que o epíteto, isto é, não raro uma palavra isolada, desempenha um papel importante na poética de Ovídio. O epíteto é como que um *close-up* do objeto isolado, e não nos é indiferente como este objeto aparece quando mostrado em *close-up*. Infelizmente, os tradutores russos do poema de Ovídio geralmente não fixam a atenção na construção dos objetos e, na tradução, "pulam" o objeto isolado. O epíteto ora é omitido, ora substituído por outro, absolutamente não-"ovidiano". Por aí se percebe, entre outras coisas, como é importante para a prática da tradução a análise estrutural das obras literárias.

7. Vejamos alguns exemplos da metamorfose ovidiana. O episódio com os salteadores tirrenos, que Dioniso transforma em golfinhos, em castigo pela sua falta de devoção (III, 671-678):

> ... *primusque Medon Nigrescere coepit*
> *Corpore et expresso spinae curvamine flecti.*
> *Incipit huic Lycabas: "In quae miracula", dixit,*
> *"Verteris"? et lati rictus et panda loquenti*
> *Naris erat, squamamque cutis durata trahebat.*
> *At Libys obstantes dum vult obvertere remos,*

In spatium resilire manus breve videt, et illas
Jam non esse manus, jam pinnas posse vocari.

(... o primeiro a negrejar foi Medon e sua espinha começou a curvar-se nitidamente. Licabas disse: "Em que maravilha te transformas?" E enquanto falava, sua boca se alargou e se curvou a narina, enquanto a pele endurecida se cobria de escamas. Querendo retirar os remos que o estorvavam, Líbis viu que seus braços se encurtavam, e já não eram braços, já se poderia chamá-los de barbatanas).

O que ocorre neste episódio? O corpo de Medon se enegrece e sua espádua se curva. Depois, encurvam-se as narinas de Licabas e sua pele endurece. Os braços do terceiro salteador de repente se encurtam. Todas estas transformações se referem, como estamos vendo, justamente àqueles traços físico-espaciais que geralmente são destacados por Ovídio nos objetos, mesmo que não se trate de metamorfose (cf. "pedra dura", "corpo comprido", "espádua curva", etc.). No trecho citado, podemos observar o processo mesmo da formação dessas qualidades. Graças ao conhecimento pelo poeta das propriedades dos objetos, ele conduz a transformação pelo caminho mais curto, pois sabe de antemão o que o homem tem de comum com o golfinho, o que lhe falta e o que lhe sobra, em comparação com este. É essencial que, graças à representação do mundo todo como um sistema de propriedades elementares, o processo da transformação, este fenômeno fantástico e inverossímil, se reduz à seqüência de processos bem simples e bastante reais. O fato maravilhoso se apresenta como uma soma de fatos habituais e verossímeis (crescimento, diminuição, endurecimento, amaciamento, encurvar-se, endireitar-se, conjugação, diluição, etc.). Estas etapas conseqüentes da metamorfose constituem como que "milagres de primeiro grau"; cada um observa no mundo real fenômenos como o crescer, o encurvar-se, etc. Está claro, por exemplo, que o observado aumento ou diminuição de uma pessoa não é real: isto jamais aconteceu. Mas é preciso distinguir verossimilhança e representabilidade. É fácil alguém representar para si mesmo um crescimento rápido, pois o homem vê com freqüência movimentos rápidos de diferentes espécies. Já a transformação de uma pessoa em rã não se pode representar para si mesma, pois não está claro o que é necessário para isto. O mérito do autor de *As Metamorfoses* está em que ele obriga a ver e sentir mesmo um processo tão complexo e "irrepresentável", decompondo-o em transformações mais simples, coadunáveis com as representações humanas. A transformação de uma pessoa em rã em *As Metamorfoses* é um fenômeno da mesma ordem que, por exemplo, a transformação de água em gelo e de gelo em água. É característico o fato de que, na famosa elegia "Inverno entre os getas", Ovídio soube extrair desta última transformação — da água em gelo — um efeito não menor que o das suas clássicas metamorfoses.

Eis mais um exemplo de metamorfose ovidiana. No relato sobre o rejuvenescimento de Eson, o desaparecimento das rugas é descrito assim: *adjectoque cavae supplentur corpore rugae*, "e a carne se acrescenta, preenchendo o vazio das rugas" (VII, 291). A ocorrência nas rugas do traço "vazio" sugere a marcha da transformação: elas devem "preencher-se".

A atenção do leitor resulta fixada nestas subseqüentes etapas simples da metamorfose, de modo que no final ele é como que posto diante do fato consumado e lhe dizem: "Se você acreditou em tudo isto, quer. dizer que você acreditou que A transformou-se em B, pois B consiste em traços correspondentes de A, modificados". O leitor avança obediente segundo os marcos colocados pelo autor e se torna paricipante do acontecimento maravilhoso.

8. Um caso particular de metamorfose do tipo descrito ocorre quando traços dos objetos A e B coincidem parcial ou totalmente. Então o objeto A é simplesmente renomeado em objeto B, e correspondentemente partes do objeto A são renomeadas em partes de B semelhantes a elas, por exemplo quanto à posição. Para não aborrecer o leitor deste artigo com fórmulas abstratas, vejamos um exemplo típico. As pedras atiradas por Deucalião e Pirra depois do dilúvio transformam-se em gente (I, 400-402, 407-410):

> *Saxa — quis hoc credat, nisi sit pro teste vetustas?*
> *Ponere duritiem coepere suumque rigorem*
> *Mollirique mora, mollitaque ducere formam.*
> *Quae tamen ex illis aliquo pars umida suco*
> *Aut terrena fuit, versa est in corporis usum,*
> *Quod solidum est flectique nequit, mutatur in ossa;*
> *Quae modo vena fluit, sub eodem nomine mansit.*

(As pedras — quem acreditaria, não fosse o testemunho dos antigos? — começaram a abandonar sua dureza e rudez, e amolecendo-se aos poucos, assumiram em seguida as formas. Aquela parte que estava impregnada de umidade ou terra transformou-se em carne; o que é sólido e rígido transforma-se em osso; o que já era veia permanece com o mesmo nome).

As pedras transformam-se em gente. Com isto, nos versos 400-402 a transformação ocorre analogamente ao descrito nos exemplos anteriores, isto é, a dureza transforma-se em maciez, o disforme adquire forma. Mas nos versos 407-409 descreve-se como permanecem imutáveis os traços que são comuns a pedras è pessoas. A transformação aqui tem como que "significado zero", e assim como nos versos anteriores a atenção do leitor se fixa na transformação dos traços, aqui ela se fixa na conservação destes. As partes duras das pedras servem de ossos aos homens nascentes, as partes terrosas e macias servem de corpo. Finalmente, constitui o ápice deste fragmento o verso *quae modo vena fuit, sub eodem nomine mansit*, isto é, a veia nem muda de nome.

9. Pois bem, a transmudação de um objeto em outro é um processo profundo que transforma o princípio mesmo da estruturação do objeto, os traços elementares diferenciais nos quais ele consiste. Semelhante modificação de diferentes propriedades resulta facilmente realizável, mas, por outro lado, sua importância no mundo é enorme. Poucas propriedades abstratas, do tipo das relacionadas acima, impregnam o mundo inteiro e estão na base de todas as variadas manifestações c o n c r e t a s de objetos isolados. Por isto, a modificação de alguma destas propriedades abstratas aparece imediatamente em forma decuplicada em níveis mais concretos dos objetos, suscitando toda uma gama de mudanças d e f e i t i o v a r i a d o. O objeto imediatamente se altera segundo dez pontos de vista, sai de uma série e se situa em outras. Há um exemplo clássico disso na descrição do inverno na elegia ovidiana "Inverno entre os getas" (*Tristia*, III, 10), ao qual o autor deste artigo dedicou uma análise especial[5]. Um exemplo menos brilhante, mas também típico, disso em *As Metamorfoses* é dado pela transformação de Níobe em pedra (VI, 300-308). A desgraça a torna imóvel (*deriguitque malis*). Esta transformação de um único traço logo se faz ver em muitos sintomas diferentes: o vento não mexe mais os cabelos, os olhos se detiveram, no rosto não há "nem uma gota de sangue", o pescoço não se curva, os braços não se movem, as pernas não conseguem caminhar, etc. A dureza acarreta a interrupção de t o d o s o s t i p o s de movimento, inerentes a um corpo vivo. A transformação alastra-se a todas as manifestações humanas, como uma doença que afeta não um órgão isolado, mas o sangue ou o sistema nervoso.

Com a metamorfose, muda toda a imagem do objeto, até os menores detalhes. Ele pode tornar-se de todo diferente do objeto anterior, passar a um outro meio, ocupar um novo lugar no sistema do mundo, adquirir "hábitos" completamente novos. Todas estas modificações são uma conseqüência inevi-

---

5. Comunicação apresentada em 21 de março de 1961 numa sessão do Seminário de Semiótica, realizado em Moscou pela Associação para o Estudo da Tradução Mecânica.

tável da alteração das propriedades mais simples, que estão na base de todo objeto. É por isto que a metamorfose ovidiana produz tão espantosa impressão.

10. Os traços físicos e espaciais descrevem os objetos apenas como figuras abstratas, como que deixando de lado sua função e lugar na natureza. Mas também nas esferas mais concretas da descrição dos objetos, como por exemplo o mundo animal e o vegetal, a natureza inerte, etc., Ovídio tem elementos de percepção sistêmica do mundo, e aqui nos objetos, nos animais, etc., também se destacam invariavelmente algumas propriedades elementares, referentes a sua estruturação, comportamento, etc., por exemplo: *lente gradientis aselli*, "o burrinho de passo lento" (XI, 179); *velox equus*, "cavalo veloz", no verso *nec profuit equis velocibus esse* (VIII, 554); *pigra radix*, "a lenta raiz" (I, 551): aqui, destacam-se como traço distintivo a velocidade ou a lentidão. Na descrição do comportamento dos animais, há também uma tendência para a manifestação de traços distintivos: a ferocidade (leão), o temor (veado, lebre), a operosidade (formigas), o gosto por este ou aquele alimento, etc. Cf. *iracundique leones*, "e os leões ferozes" (XV, 86), etc.; cf. também *taciti pisces*, "os peixes mudos", no verso *Verterit in tacitos juvenilia corpora pisces* (IV, 50). Estes elementos de comportamento são também a tal ponto gerais que "servem" e se aplicam para a caracterização dos seres vivos mais diversos, inclusive o homem.

Não são raros os epítetos que fixam a presença (ou ausência) de algum pormenor típico na construção do corpo, por exemplo: *corniger taurus*, "o touro chifrudo" (XV, 511); *lanigerosve greges*, "ou os rebanhos lanígeros" (III, 585); *hirsuti leones*, "os leões hirsutos" (XV, 207), etc. É particularmente típico para a ilustração do pensamento ovidiano o exemplo *sine sanguine silex*, "pedra sem sangue", no verso *silicem sine sanguine fecit* (V, 249). Na fala comum, semelhante qualificação da pedra pareceria estranha, mas no mundo ovidiano dos objetos co-mensuráveis e comparáveis, ela é percebida como algo muito exato.

Nesta caracterização de plantas, animais e objetos, podemos observar certo princípio que já vimos anteriormente. Em primeiro lugar, o objeto não é dado como um "bloco" íntegro da realidade, mas nele se destaca de cada vez algum traço distinto, que não depende de todos os demais. Em segundo lugar, este traço geralmente é um dos "diferenciais" do ponto de vista do mundo vegetal ou animal, isto é, um daqueles traços pelos quais os objetos deste mundo são classificados e comparados entre si.

Ovídio consegue incutir ao leitor a sua representação do mundo. A metamorfose constitui a realização daquelas vantagens que dá semelhante modo de ver os objetos.

O processo da transformação, descrito pelo poeta, é apreendido como uma conseqüência facilmente dedutível da organização geral do universo.

Vejamos mais um exemplo: a transformação com traços de comportamento (II, 661-663, 665-672):

> *"Jam mihi sudbuci facies humana videtur,*
> *Jam cibus herba placet, jam latis currere campis*
> *Impetus est..."*
> *Talis dicenti pars est extrema querelae*
> *Intellecta parum, confusaque verba fuerunt;*
> *Mox non verba quidem, nec equae sonus ille videtur,*
> *Sed simulantis equam. Parvoque in tempore certos*
> *Edidit hinnitus et bracchia movit in herbas.*
> *Tum digiti coeunt et quinos alligat ungues*
> *Perpetuo cornu levis ungula, crescit et oris*
> *Et colli spatium.*

("Sinto que já se esvai o meu semblante humano, já me apetece a erva, já me atrai nas vastas planícies correr..." Mal compreensível era a última parte das queixas de quem assim falava, confusas foram suas palavras. Logo pareceu nem palavras serem nem mesmo ruído de uma égua, mas semelhante ao de uma égua. Logo, um verdadeiro rinchar ela emitiu e as mãos dirigiu para a erva. Então os dedos se uniram, e um casco unido e liso conjugou as cinco unhas, cresceram o rosto, o pescoço...)

Do ponto de vista daqueles traços exatos da espécie, os quais, conforme já se disse, constituem os únicos relevantes em *As Metamorfoses*, constata-se que o homem e o cavalo têm muito em comum.

Segundo cada um dos "pontos", pelos quais se comparam o corpo do homem e o corpo do cavalo, a diferença entre eles é mais simples que a diferença entre dois objetos na totalidade destes. Por isto é fácil acreditar na transformação, descrita como um processo discreto. Ela se realiza com um mínimo de esforço: o homem é apenas "levado" à condição de cavalo. Isto se torna possível, em primeiro lugar, porque na enumeração dos traços de espécie entre dois representantes do mundo animal, revela-se um considerável "isomorfismo", uma presença de partes típicas análogas, e em segundo lugar porque o destacar do comportamento numa série peculiar e diferenciada de traços torna a transformação, neste sentido, um ato muito simples (*jam cibus herba placet*). São particularmente espetaculares aquelas metamorfoses de Ovídio em que se torna possível efetuar toda a transformação como que aos olhos do leitor, porque as propriedades mais "vistosas" de um objeto dado se revelam ao mesmo tempo as mais facilmente transformáveis. Assim se descobrem condições em que o impossível se torna possível.

11. Até agora, tratamos das descrições de objetos isolados. Conforme já dissemos, semelhante descrição é uma espécie de *close-up*. Mas *As Metamorfoses* não contêm unicamente *close-ups* de objetos: nelas há, além disso, grandes panoramas com muitas figuras, cenas de massa, onde a vista abarca de uma só vez grande número de objetos e onde tem importância não tanto o "exterior" de um objeto isolado quanto a completude de todo o quadro complexo, o seu "semblante". Podem servir como exemplos de tais cenas de massa os episódios do dilúvio, da peste, do incêndio da terra durante o vôo de Faetonte, muitas descrições da natureza, etc. A noção de "mundo de Ovídio", que nós utilizamos com freqüência, compreende também estas composições em grande escala. Não entrando na análise minuciosa destas, indiquemos apenas que o princípio geral do sistêmico, que está na base do mundo ovidiano, conserva-se também aqui, no nível dos "grandes pedaços" do universo. Eles são feitos por um meio completamente análogo àquele que foi observado na construção do objeto isolado, isto é, consistem em algumas unidades elementares, utilizadas amplamente em outras descrições também. Mas, neste caso, o que constitui unidades elementares não são traços abstraídos dos objetos, mas sim objetos inteiros, ou melhor t i p o s de objetos. Os numerosos panoramas do poema de Ovídio são constituídos de elementos de certo "dicionário" limitado (ainda que bastante completo) de imagens, de partículas simplíssimas, que se repetem em diferentes combinações. Assim, se examinamos como exemplo a paisagem ovidiana, toda a "paisagem do mundo" aparece como que fragmentada nos tipos de elementos que a constituem, dos quais justamente se compõem (segundo certas regras de conjunção) todas as paisagens isoladas. Tais partículas da "paisagem do mundo" são, por exemplo, a montanha (*mons*), o campo (*campus*), a floresta, o rio, a margem do rio (*ripa*), o litoral do mar (*litus*), o mar, a caverna, etc. Tudo o que para o poeta é indispensável descrever, um quadro sobre qualquer tema, se constitui de elementos deste dicionário de estalões, por meio de diferentes combinações dessas partículas típicas, da presença de umas e ausência de outras, etc. Por exemplo, o dilúvio é representado assim:

> *Jamque mare et tellus nullum discrimen habebant,*
> *Omnia pontus erant, deerant quoque litora ponto,*

("e entre a terra e o mar não havia mais diferença: tudo era mar, e o mar não tinha praias")

(I, 291-292).

Em X, 86 e seguintes, descreve-se a campina em que Orfeu cantava e aonde depois chegaram árvores:

Collis erat, collemque super planissima campi.
Area, quam viridem facibant graminis herbae.
Umbra loco aeerat.

("Havia uma *colina*, sobre a colina um *campo* muito plano, que as ervas tornavam verde. Não havia *sombra*".)

[i.é. árvores].

Fragmentos isolados de cada descrição podem ser mostrados também em *close-up*, mas obrigatoriamente em termos de traços diferenciais, de objetos dos quais se tratou há pouco, por exemplo:

fit fera, fit volucris, fit longo corpore serpens,,

(torna-se ora uma fera, ora ave, ora serpente comprida)

(XI, 639);

fluminaque obliquis cinxit declivia ripis,

(encerrou a declividade dos rios nos taludes de suas margens)
(na descriação da criação do mundo, I, 39).

Pode-se dizer que a poética de Ovídio "permite" utilizar, na qualidade de "material de construção", unicamente elementos típicos semelhantes aos citados há pouco, e que podem facilmente ser "formulados com dicionário", embora em conjunto eles constituiriam um sistema bastante completo de todos os tipos de objetos que constituem o mundo. Esta qualidade (a finitude e sistemicidade do dicionário das imagens, sua monossemia em todos os contextos, seu caráter elementar), conforme se constata num exame mais detido, predetermina toda a organização do objeto e os tipos dos possíveis efeitos artísticos. As imagens de tipo (que seria possível equiparar às notas numa obra musical) resultam ser um material muito leve, flexível e móvel para a "composição" com elas dos mais diversos quadros, cenas, etc. A descrição das propriedades das unidades elementares, das regras de sua conjugação e dos possíveis efeitos daí concluídos sobre a poética ovidiana, constitui objeto de um trabalho especial do autor, ainda não concluído.

É provável que justamente no caráter sistêmico do mundo consista o segredo da "plasticidade" e do "incisivo" das imagens de Ovídio, dos quais se fala com freqüência. O "incisivo", isto é, o exato da descrição, sempre constitui em Ovídio um resultado do fato de cada objeto e cada situação "se expressa" em termos comuns para todo o sistema, em unidades do modelo do mundo. O leitor vê apenas um quadro isolado, mas pela sua construção percebe intuitivamente que ela constitui um cantinho do mundo, uma parte do grande todo. O leitor sente que nos limites do poema ovidiano são uma descrição exata do dilúvio justamente as palavras "mar" que "não tinha margens". E é isto que ele denomina o incisivo e a plasticidade da imagem. A esta luz parece tanto mais adequado o acontecimento principal que ocorre no poema – a metamorfose.

12. Por que em Ovídio os objetos apesar de tudo se transformam uns nos outros? Nós mostramos que isto é possível; agora, procuraremos explicar o que constitui um "empurrão" para que a transformação se inicie.

São típicos os casos em que o homem é transformado pelos deuses num animal, árvore ou pedra, devido ao seu gênio rancoroso ou comportamento inadequado. Os camponeses lícios, agitados e gritantes, transformam-se em rãs saltitantes coaxando, Aracne numa aranha, um camponês malvado em árvore de seiva amarga. Às vezes um homem passa por transformação depois de sofrer ou perecer. Jacinto se torna uma flor, Cipreste, numa árvore, Níobe se transforma em pedra. Inversamente, depois do dilúvio que devastou a terra, os deuses transformam as pedras em pessoas; depois de uma peste, as formigas se tornam gente; a estátua de uma mulher, criada pelo solitário Pigmalião, adquire vida e passa a ser sua mulher. Pode-se dizer que a transformação, no mundo ovidiano, normativamente constituído, sempre serve de meio para o restabelecimento do equilíbrio, transgredido em determinadas partes desse mundo. Parece-nos que o exemplo mais vivo disso é o caso da transformação de um homem mau ou disforme em animal. Os efeitos materiais ou espirituais num homem são um afastamento da norma, do "estalão" humano. Por isto, o homem é transformado pelos deuses quer num animal ou objeto em geral, quer num animal para o qual esse comportamento é típico e normal e faz parte dos seus traços típicos (grito agudo – rã, ferocidade – leão, fuga da luz – morcego, etc.). Deste modo triunfam a tranqüilidade clássica e a ordem. A morte violenta e o sofrimento também constituem para Ovídio, poeta com a visão de mundo de um cientista, uma transgressão da norma. A transformação reduz a nada também este "deslocamento". Em *As Metamorfoses* todas as doenças e vícios encontram uma rápida solução. É característico o fato de que a metamorfose sempre desempenha o papel de uma solução, ela ocorre no final e não no início de cada episódio.

Somente mudança desse tipo, efetivada em virtude da tendência de todos os objetos ao equilíbrio, à norma, é reconhecida como transformação autêntica. O novo objeto se assemelha plenamente aos seus novos "co-irmãos", e a metamorfose é encarada como a completação dos objetos de determinada espécie com uma "unidade" nova, i.e., o sistema todo não se altera, não se torna mais complexo. Por exemplo, diz-se dos lícios que na represa agora saltam "novas rãs" (*novae ranae*). Em outra passagem, fala-se da "mata que aumentou graças às irmãs de Cigno" (*silvaque sororibus aucta*, II, 372). Quanto às transformações ocorridas por outros motivos, por exemplo as realizadas por vontade própria e "provisoriamente", denominam-se "falsas", como a transformação de Júpiter em ouro para a sedução de Dânae ou de um deus fluvial em serpente para a luta com Hércules:

Quid fore te credas, falsum qui versus in anguem Arma aliena noves?

(Contas com o quê, transformado numa terra mentirosa e movendo-te por meio de uma arma que te é estranha?)

(IX, 75-76);

Nec mihi te pinnae, nec falsum versus in aurum Juppiter eripiet,

(Nem as penas, nem Júpiter, transformado num ouro mentiroso, arrancar-te-ão de mim)

(V, 11).

Embora estas transformações se pareçam externamente com metamorfoses, distinguem-se radicalmente das metamorfoses ovidianas típicas. Elas próprias constituem, em certa medida, uma "transgressão da norma".

10. A SEMIÓTICA EM CHESTERTON
B. A. Uspênski

1. As obras de G. K. Chesterton estão repletas de problemas de Semiótica e fornecem um rico material para pesquisas dessa natureza; por seu conteúdo, elas podem ser consideradas como uma espécie de manual prático para um curso de "Semiótica Geral". Quase todas as situações descritas por Chesterton reportam-se ao domínio da Semiótica e podem ser consideradas em seus termos. Nisso, de um modo geral, reside sua originalidade e sua atualidade. Os paradoxos de Chesterton resumem-se muito freqüentemente na oposição entre signo e significado, e seus conflitos, na interpretação diferente de um mesmo sinal.

Em seus livros o escritor antecipa, em muitos casos, problemas que apenas ultimamente receberam uma interpretação científica. O comportamento do padre Brown, por exemplo, é uma amostra de conhecimento prático de Teoria da Informação e de Semiótica (cf. a profunda compreensão da função desempenhada pelo sinal, no conto "A cruz azul"). É característico que as situações de Chesterton possam ser freqüentemente comparadas com um ou outro fenômeno do domínio da Lingüística ou de outra disciplina semiótica. Assim, a conspiração dos anarquistas em "O homem que era Quinta-feira" é tipologicamente comparável com a linguagem secreta de certas sociedades. Em Chesterton os anarquistas escondem-se sem se esconder — fingindo-se de pessoas que brincam de anarquia. Desse modo, a conspiração é construída graças a um deslocamento mínimo do conteúdo (deslocamento do signo para o signo do signo). Compare-se a isto a linguagem secreta dos aborígenes aranta, os quais tornam sua língua secreta por meio de uma transmissão inexata dos significados (os significados são mudados, não por serem contraditórios ou distantes, mas por serem por demais próximos[1]), i.e. trata-se do mesmo deslocamento mínimo no conteúdo.

Da mesma forma que as "Aventuras de Alice" de L. Carrol puderam servir a N. Wiener como ilustração de situações cibernéticas e *Crime e castigo* de Dostoievski seria aplicado no estudo da psicologia do criminoso, os livros de G. K. Chesterton poderiam ser usados como material para as situações de uma Semiótica Geral. Isto justamente já tem sido feito por representantes dessa ciência (Uldall, Dobrúchin).

2. Muito freqüentemente um conto inteiro de Chesterton se constrói sobre a decifração de uma frase qualquer ou, em geral, de uma certa seqüência de símbolos (expressão sígnica), e o autor investiga as diferentes interpretações desta expressão. A tarefa da personagem consiste justamente em interpretar uma dada expressão como sígnica (daí se origina a tarefa de uma interpretação consistente).

Com isto define-se a permanência da forma, característica freqüente em Chesterton. Nos contos sobre o padre Brown (e em alguns outros), ele escolhe a forma normativa do conto policial; o autor atém-se às regras formais tradicionais do gênero até mais do que fazem os clássicos do conto policial (cf. a permanência dos caracteres das personagens e da composição nos contos sobre o padre Brown). Pode-se supor que Chesterton age assim conscientemente, de modo a acentuar a idéia básica de cada conto: a situação semiótica. Se nos contos policiais comuns fala-se, em primeiro lugar, do crime e, em seguida, mostra-se quem é o criminoso (resulta ser a personagem sobre a qual

---

1. S. D. Katsnelson, "A linguagem da poesia e do discurso metafórico primitivo", in *Anais da Academia de Ciências da U.R.S.S.*, Seção de Língua e Literatura, 1947, t. 6, fasc. 4.

menos recaíam as suspeitas do leitor) e quais foram os indícios que levaram o investigador a descobri-lo (i.e. a passagem da informação à expressão dessa informação, do conteúdo ao signo), já Chesterton dá habitualmente, desde o começo, algum signo pelo qual se reconhece o crime (por exemplo, os passos no conto "Estranhos passos") (i.e. a passagem é inversa: do signo ao conteúdo).

3. Deste modo, o problema do signo e do significado é uma preocupação considerável em Chesterton. Ocupa-o particularmente a semiótica da percepção do signo. A informação percebida é condicionada pelo contexto da situação (cf. Malinowski, Firth). Tudo o que ultrapassa as molduras desse contexto não é percebido (do mesmo modo que não se percebe o criado no grupo dos *gentlemen* do conto "Estranhos passos"). Se quem está falando, ao transmitir a informação, não estiver orientado para o contexto de uma situação, ocorrerá um mal-entendido (assim, o discurso literalmente exato da personagem no conto "O crime do capitão Gahagan" é percebido de maneira diferente por três diferentes pessoas — justamente devido à sua exatidão[2]). O mérito de Chesterton está no fato de que ele talvez tenha sido o primeiro a colocar a questão do sistema de percepção da informação. A informação percebida pode diferenciar-se da transmitida (devido à diferença de idioletos e a diferentes graus de interesse por parte de quem está falando).

Conhecendo-se o tipo de situação e algumas premissas é possível, em grau considerável, predizer o desenrolar dos acontecimentos e em particular o desenvolvimento do diálogo. A idéia da automatização do diálogo, ilustrada por Chesterton no conto "O triste fim de uma reputação brilhante", antecipa os trabalhos lingüísticos contemporâneos neste sentido.

4. Uma atenção particular é dedicada por Chesterton ao problema da "notação" (gramatical, semântica e outros tipos admissíveis), que é conforme se sabe, o problema básico da construção das atuais teorias axiomáticas da língua. Por um lado, como assinala R. L. Dobrúchin, em "Contos de caça" o escritor modeliza as situações que conferem sentido a orações que são consideradas apenas gramaticalmente admissíveis (e não semanticamente), tais como "incendiar o Tâmisa". Isto pode ser considerado como um experimento importante que mostra a indefinição do conceito de "tolerância semântica" (vacilação do critério de atribuição de sentido).

---

2. O discurso exato não está orientado para o contexto e não é redundante, por isso ele não é comunicativo (cf. a matemática).

Por outro lado, às vezes Chesterton modeliza particularidades estruturais de um trecho grande de texto que reflete uma situação definida, sem que haja ligação de sentido (por exemplo, a conversa dos dois professores De Worms em "O homem que era Quinta-feira", como modelo de uma disputa científica). Em outras palavras, constrói-se um trecho marcado de texto onde são repetidas particularidades estruturais de uma unidade maior do que o período (isso também coincide com os trabalhos dos estruturalistas ingleses).

Este procedimento está sendo elaborado agora em relação às peças de Ionesco.

5. Acima foram tocados apenas alguns problemas-chaves de Chesterton semioticista. Pode-se falar ainda da semiótica do valor em Chesterton, valor esse que se define não de maneira absoluta, mas sim relativa (pela freqüência de seu aparecimento). Por exemplo, um aristocrata considera exóticas a falta de comodidade ou a má comida. Numa série de obras, Chesterton descobre a realidade do signo que perdeu o significado e que justifica sua existência — ou seja, a realidade do mito (cf. o professor De Worms). Finalmente, é indispensável também mencionar na linguagem de Chesterton o choque das aliterações e dos homônimos em suas frases, correspondendo ao paradoxal do conteúdo destas. Chesterton é multiforme e seria muito difícil esgotar a problemática semiótica de suas obras. É sintomática a variedade de uma única substância do plano da expressão em Chesterton — a linguagem da dança do professor Chedd, a conversa pelas batidas dos dedos, o simbolismo dos passos, e assim por diante. É claro, entretanto, que o estudo da obra de Chesterton do ponto de vista da Semiótica pode contribuir tanto para a maior compreensão das obras do escritor quanto para o desenvolvimento da própria ciência.

11. ELEMENTOS ESTRUTURAIS COMUNS ÀS DIFERENTES FORMAS DE ARTE. PRINCÍPIOS GERAIS DE ORGANIZAÇÃO DA OBRA EM PINTURA E LITERATURA

B. A. Uspênski

Pontos de vista interno e externo

> *Manifestação dos pontos de vista interno e externo nos diversos níveis de análise*

Destacamos alguns planos comuns, onde, de um modo geral, possa manifestar-se a diversidade dos pontos de vista; por isso cada vez procuramos, antes de tudo, considerar as possibilidades específicas (para o correspondente nível de análise da manifestação dos pontos de vista)[1].

---

1. O autor refere-se aos capítulos precedentes do livro de onde este trabalho foi traduzido (N. da T.).

Não é difícil perceber, entretanto, que ao menos uma oposição de pontos de vista possui uma característica comum, como que "transparente", ou seja, se manifesta em cada um dos planos acima considerados. Designamos convencionalmente esse fenômeno como a oposição dos pontos de vista "externo" e "interno".

Em outras palavras, num caso o autor ocupa, diante da narração, uma posição e x t e r n a de antemão, no que se refere aos acontecimentos que são configurados: descreve-os como que d e   f o r a. No outro caso, pelo contrário, ele pode situar-se em alguma posição i n t e r n a em relação à narrativa: em particular, ele pode assumir o ponto de vista de um ou outro participante dos acontecimentos narrados ou ocupar a posição de uma pessoa que se encontra no lugar da ação, sem nela tomar parte.

Por sua vez, ao se tratar da posição interna geral do autor no que se refere à ação que ele descreve, pode surgir novamente a diferença entre posição interna e externa em relação a uma ou outra personagem. De fato, no caso em que o autor assume na estória o ponto de vista de um ou outro protagonista, pode-se dizer que dada personagem foi descrita segundo algum ponto de vista interno em relação a ela. Entretanto, se o escritor apenas reporta uma ação sem se colocar na posição de participante direto dos acontecimentos, o ponto de vista do autor é necessariamente externo em relação às personagens descritas (o autor emprega na descrição o ponto de vista do observador exterior), mas interno em relação à própria ação descrita.

Como ilustração de uma descrição deste último tipo, podemos referir-nos a uma personagem de *O mestre e Margarida* de M. Bulgakov. Descreve-se a conversa entre Ivã e o Mestre num hospício; ademais, a conversa se dá no quarto de Ivã onde, além deles dois, não há mais ninguém. O autor conta: "O hóspede começou a falar tão baixo no ouvido de Ivã, que só o poeta ficou sabendo o que ele contou, com exceção da primeira frase..." Mais adiante essa frase é citada e a descrição adquire um caráter de acentuada estranheza: descreve-se a mímica da personagem, a impressão externa de sua conduta, mas suas palavras não chegam até nós — o autor (e com ele o leitor) como que não conseguem ouvi-las. Depois somos informados: "Quando todos os sons de fora deixaram de ser ouvidos, o hóspede afastou-se de Ivã e começou a falar mais alto"[2] — e, desse modo, nos é dada a possibilidade de ouvir o final do relato do Mestre.

---

2. M. Bulgakov, *O Mestre e Margarida*, Moscou, 1966, n. 11, p. 92.

É de todo evidente que o autor faz uso, no caso exposto, do ponto de vista do observador invisível, presente à cena descrita sem nela tomar parte. Em outros casos, esse ponto de vista dificilmente se mostra com tamanha clareza.

É preciso dizer que o significado do ponto de vista externo, como procedimento composicional, depende do fato de estar baseado num fenômeno conhecido que recebeu, em seu tempo, o nome de "estranhamento". Realmente, a essência do fenômeno do estranhamento resume-se em parte considerável no emprego de um ponto de vista em princípio n o v o   o u   e s t r a - n h o a respeito de algum objeto ou fenômeno conhecido, onde o artista "não chama o objeto pelo seu nome, mas o descreve como se o estivesse vendo pela primeira vez e a ocorrência, como também acontecida pela primeira vez"[3]. Em outras palavras, no aspecto da problemática por nós considerada, o estranhamento pode ser compreendido como a passagem para o ponto de vista do observador exterior, ou seja, trata-se do emprego de uma posição em princípio externa em relação ao fenômeno descrito.

As diferenças entre pontos de vista interno e externo na narração, como já tivemos ocasião de ver, podem, em princípio, manifestar-se em cada um dos planos vistos acima (por isso podem realizar-se diferentes modalidades de construção composicional complexa, a qual combina, em diferentes níveis, as descrições interna e externa do mesmo objeto).

Desse modo, n o   p l a n o   d a   a v a l i a ç ã o, aquele por cujo ponto de vista são avaliados os acontecimentos narrados, pode funcionar, por exemplo, como participante direto da ação (como personagem principal ou personagem secundária[4]) ou intervir na qualidade de um protagonista em p o t e n c i a l, o qual, embora não tome parte nos fatos da narração, de um modo geral, se encaixa perfeitamente na faixa dos protagonistas. Neste e no outro caso o mundo é dado na narração como que apresentado (no plano da avaliação) a p a r t i r   d e   d e n t r o e não de fora.

---

3. Vide: V. Chklóvski, "A arte como procedimento", *Poética. Coletânea de teoria da linguagem poética*, Petrogrado, 1919, p. 106. Notar-se-á que no fenômeno do estranhamento, além do emprego de um ponto de vista incomum, há ainda um outro aspecto (de certo modo relacionado com o que foi dito acima): o procedimento da forma dificultada, uma especial intensificação da dificuldade de percepção, a fim de excitar a atividade do perceptor e obrigá-lo, no processo da percepção, a viver o próprio objeto.

4. Vide: B. A. Uspiênski, *Poética da composição*, pp. 20, 21.

Em outros casos a avaliação na obra é obtida graças a algumas posições externas de antemão, em relação à própria narrativa, posições essas justamente do autor, no sentido estrito dessa palavra (e não do narrador), ou seja, da figura em princípio contraposta às suas personagens, figura essa que se encontra a c i m a delas e não entre elas. Tal afastamento ideológico é característico, em particular, da sátira[5].

No plano da fraseologia todos os casos possíveis de emprego, no discurso do autor, de uma palavras estranha (formas de discurso indireto livre, monólogo interior, etc.) podem servir de testemunho ao ponto de vista interno com relação a uma personagem descrita. Ao mesmo tempo, um fenômeno como o *skaz*[6] (em sua forma pura) testemunha o uso, na narração, de um ponto de vista interno no que se refere à ação descrita e externo em relação às personagens.

Por outro lado, já vimos que a contraposição fraseológica dos pontos de vista interno e externo é relevante não só para o discurso do autor, mas também na transmissão do discurso direto das personagens. Como se tentou demonstrar no capítulo correspondente[7], a reprodução naturalística de uma fala estrangeira ou errada testemunha, de um modo geral, certo afastamento do autor, ou seja, a utilização por ele de alguma posição externa. Diante disso, em alguns casos intervém a posição externa de quem está descrevendo, em relação à personagem descrita (como exemplo podemos considerar o *r* gutural de Dienissov[8]), enquanto em outros casos trata-se da posição externa em relação, grosso modo, à ação descrita (pode ser assim interpretado o uso do francês em *Guerra e Paz*).

---

5. Cf. a contraposição entre o humor carnavalesco da Idade Média e a sátira dos novos tempos no livro de M. Bakhtin, *A obra de François Rabelais e a cultura popular da Idade Média e da Renascença*, Moscou, 1965, p. 15. Bakhtin caracteriza o humor popular da Idade Média como o riso dirigido sobre si mesmo (quando a pessoa que está rindo não se exclui do mundo do qual ela ri) e vê nisso uma das principais diferenças entre o riso festivo-popular e "o riso puramente satírico dos novos tempos", onde quem ri "coloca-se fora do fenômeno que é objeto do riso, contrapõe-se a ele" e conhece apenas o riso negativo. Quanto às características do ponto de vista interno com respeito à percepção do mundo na Idade Média e de um ponto de vista externo no que se refere aos novos tempos, vide adiante.

6. Narrativa constituída pelo discurso de uma personagem (N. da T.).

7. B. A. Uspênski, ob. cit., pp. 70-72 (N. da T.).

8. Oficial da época da invasão napoleônica que comandou destacamentos de guerrilhas. É personagem de *Guerra e Paz* (N. do O.).

A mesma contraposição surge com toda a evidência no plano da característica espaço-temporal. No plano da característica estritamente espacial, a coincidência da posição de quem descreve com a posição de uma ou outra personagem denota a utilização de um ponto de vista interno (em relação a uma dada personagem), enquanto a ausência de tal coincidência (em particular, nos casos já considerados de "retrospecto sucessivo", "cena muda", do ponto de vista de um *vol d'oiseau* etc.) revela o emprego de uma posição externa. Exatamente do mesmo modo, no plano da característica temporal temos a utilização de um ponto de vista interno no caso em que, por exemplo, a posição temporal do narrador está em sincronia com o tempo descrito (ele conduz seu relato como que partindo da ação "presente" dos participantes), ou então quando o ponto de vista externo é apresentado graças a uma posição retrospectiva do autor (com a qual este comunica algo que as personagens ainda não podem conhecer: nesse caso o relato é visto não pelo ponto de vista do "presente" delas, mas sim de seu "futuro").

No que se refere ao plano da psicologia, como resultado da visão da parte correspondente, deve ser salientado que a contraposição da posição externa é básica nesse setor (vide o que foi dito acima a respeito da descrição "de fora" e "de dentro", segundo o aspecto psicológico). Compreende-se com isso que aqui pode tratar-se apenas da posição interna ou externa do autor com relação a alguma personagem e não à ação descrita.

Combinação dos pontos de vista interno e externo (em dado nível de análise).

Anteriormente (no capítulo 5º), salientou-se a possibilidade geral de se combinarem diversos pontos de vista num mesmo relato, combinação essa que pode manifestar-se tanto em níveis diferentes da obra, quanto num mesmo nível. Da mesma forma podemos notar agora a possibilidade de combinar (num ou noutro nível) a descrição que faz uso do ponto de vista de vista externo e a que utiliza o interno. Vamos observar tal possibilidade nos diferentes planos.

9. Trata-se do capítulo referente à "reciprocidade dos pontos de vista nos diversos níveis da obra" e ao "ponto de vista complexo" em *Poética da Composição* de B. A. Uspênski, já citado (N. da T.).

Plano da avaliação. Ao analisar a estrutura das obras de Dostoiévski (principalmente no plano da avaliação ideológica), M. M. Bakhtin escreve:

> A consciência da personagem é dada como outra, como *alheia*, mas ao mesmo tempo ela não é determinada, não é fechada, não se torna um simples objeto da consciência do autor[10].

Em outras palavras, pode-se considerar que aqui tenha lugar a combinação entre os pontos de vista interno (a respeito de uma dada personagem) e externo, diferenciando-se os pontos de vista dados exclusivamente no plano da avaliação.

Plano da psicologia. Há uma combinação completamente análoga dos pontos de vista interno e externo, mas desta vez manifestam-se no plano psicológico — pode-se considerar o caso já analisado de Mítia Karamazov (é descrito minuciosamente seu estado de espírito interior, mas nada se diz sobre o que mais o preocupa e ao que ele deve constantemente voltar em seus pensamentos)[11]. Realmente, podemos considerar que na descrição de Mítia estão combinados dois pontos de vista diferentes que já foram estudados quando se tratou do plano da psicologia: o ponto de vista a partir de dentro (que pressupõe a descrição do estado interior da personagem) e o ponto de vista a partir de fora, ou seja alheio, que se utiliza da posição de um observador externo (e que pressupõe, pelo contrário, a ausência de uma descrição do estado íntimo da personagem). Tal combinação ocorre, de modo geral, no decorrer da narração inteira quando se fala de Mítia, mas, obviamente, ela manifesta-se apenas quando esses pontos de vista entram em certo conflito, que começa pela contraposição de um ao outro[12].

Plano da perspectiva espaço-temporal. A combinação dos pontos de vista (da personagem e do narrador) que se diferenciam no tempo, já foi considerada quando se tratou da análise dos problemas composicionais ligados ao tempo. Referimo-nos àqueles casos em que se combinam, em primeiro lugar, a posição temporal de alguma personagem descrita (seu "presente") e, em segundo lugar, a posição temporal do narrador que conhece o desenrolar ulterior dos acontecimentos (e, conseqüentemente, observa uma dada personagem a partir de seu futuro), realizando-se a descrição por meio da

---

10. M. M. Bakhtin, *Problemas da poética de Dostoiévski*, p. 7.
11. Informações mais precisas podem ser encontradas às pp. 126, 127 de Uspênski, ob. cit.
12. Tentou-se demonstrá-lo à p. 127 do mesmo livro.

utilização simultânea de ambas as posições. Tal caso pode ser legitimamente considerado de novo como coincidência das posições externa (em relação aos acontecimentos descritos) e interna do narrador, mas que desta vez se manifesta no plano da característica espaço-temporal.

Plano da fraseologia. A combinação da posição interna e externa do autor, com respeito a uma dada personagem, já foi vista antes, nos exemplos daqueles casos em que a descrição se dá paralelamente em dois planos — no plano do discurso do autor e no plano da fraseologia individual de alguma personagem[13].

Ao mesmo tempo, a combinação da posição interna e externa do autor em relação à ação global (e não em relação a alguma personagem concreta) é apresentada no caso da descrição da caçada em Otrádnoie, a qual, como já dissemos, desenvolve-se simultaneamente em dois planos — por meio da fraseologia especial dos caçadores e por uma fraseologia neutra[14].

Os pontos de vista externo e interno nas artes plásticas

Consideramos, por enquanto, as diferentes possibilidades de manifestação dos pontos de vista interno e externo no texto literário. É necessário mostrar agora que semelhante contraposição possui uma significação não menor para a construção das imagens na pintura.

Se, desde os tempos da Renascença, era comum nas artes plásticas européias a posição externa do artista em relação ao objeto representado, nas velhas escolas de pintura o artista antigo ou medieval situa-se como que dentro do quadro a ser pintado, representando o m u n d o e m s u a v o l t a, e sem partir de nenhuma posição alheia — de modo que ela em lugar de ser externa é interna em relação ao quadro.

A esse respeito são particularmente características algumas representações bem antigas que mostram com nitidez a posição interna do artista em relação ao espaço representado. Tomemos como exemplo a paisagem num dos relevos do palácio de Sanakherib em Nínive (Assíria, séc. VIII a.C.), onde as

---

13. Vide p. 74 de Uspênski, ob. cit.; a esse respeito sugerimos os exemplos de uma combinação semelhante retirados de *Guerra e Paz*, com ênfase na percepção de Napoleão: "Tendo visto... as extensas estepes (*Les Steppes*)..." (vol. XI, p. 8), etc.

14. Vide exemplos disso às pp. 75-76 do livro de Uspênski, ob. cit.

montanhas e os bosques aparecem de ambos os lados do rio, como se estivessem achatados sobre uma superfície, — numa das margens, os cumes das montanhas e das árvores estão voltados para cima, enquanto na outra estão dirigidos para baixo[15].

Não menos característica é a representação tradicional de uma fortaleza (encontra-se em diferentes zonas de distribuição de cultura e em particular na arte assíria), ou de uma torre, achatadas sobre uma superfície e dirigindo-se do centro para a periferia do quadro: para os lados, para baixo e para cima (figura 5). Evidentemente, semelhantes representações só podem originar-se com a condição de que o artista se tenha situado mentalmente no centro do espaço a ser representado.

Na arte posterior — especialmente na medieval — aparece, da mesma forma, a fonte interna da luz do quadro, que sofre um escurecimento no primeiro plano (periférico)[16]. Tal iluminação interna corresponde à posição interna do observador (do artista) na pintura.

Antes de mais nada, a utilização de um ponto de vista interno ou externo manifesta-se no sistema de perspectiva que o pintor aplica. Na realidade, a perspectiva clássica linear (direta) apresenta uma imagem tal como ela é percebida de fora (de lado), com um ponto de vista fixado externamente em relação à realidade representada[17]. Da mesma forma, o quadro é pintado aqui como se pode pintar, digamos, uma vista de uma janela — com uma barreira espacial inevitável entre o artista e o mundo representado por ele; segundo a concepção dos teóricos da Renascença, o quadro é "uma janela sobre a natureza" (compare-se com a "finestra aperta" de Alberti e a "parete di vetro" de Leonardo da Vinci). (Pode-se dizer que no sistema da perspectiva direta a visão do pintor corresponde ao ponto de vista do observador do quadro.)

Ao mesmo tempo, a assim chamada perspectiva inversa, característica tanto da arte antiga quanto da medieval, pressupõe, ao contrário, não a posição externa do pintor, mas sim a interna[18]. Como é sabido, o traço típico da perspectiva inversa

15. Vide: N. D. Flittner, *A cultura e a arte da Mesopotâmia e dos países vizinhos*, Leningrado-Moscou, p. 260.

16. Vide: L. F. Jéguin, *Linguagem da obra pictórica*, p. 60.

17. O princípio da perspectiva linear já pressupõe, em linhas gerais, uma parede transparente imaginária sobre a qual se projeta o raio visual (cf. a esse respeito as famosas experiências de Dürer para a estruturação do mecanismo do desenho em perspectiva). Esta parede mental é igualmente expressão daquela barreira indispensável que existe entre o pintor e a realidade representada, no desenho em perspectiva.

18. Sobre isso veja-se: L. F. Jéguin, *A linguagem da pintura*; R. A. Uspênski, *Per l'analisi semiotica delle antiche icone russe* (no prelo).

é a redução das medidas dos objetos, representados não conforme o afastamento em relação ao observador (que ocorre na perspectiva direta), mas conforme a aproximação em relação a ele: as figuras no fundo do quadro são representadas maiores do que as do primeiro plano. Tal ocorrência pode ser compreendida no sentido de que a redução das dimensões, na representação por esse sistema, ocorre não a partir de nosso ponto de vista (o ponto de vista do observador que ocupa uma posição externa em relação ao quadro), mas a partir do ponto de vista de alguém *vis-à-vis* — algum observador abstrato interno, imaginado no fundo do quadro[19].

É muito característico o fato de, na pintura antiga, observar-se, às vezes, a representação simbólica de certos olhos (Figura 6), como que completamente desligada da organização geral do quadro. Tal fenômeno encontra-se na arte egípcia, na arte da antiguidade clássica, por vezes na arte medieval e, numa longa permanência, na tradição dos ícones[20]. Parece provável que a função desses olhos seja simbolizar o ponto de vista de algum observador abstrato dentro do quadro (o qual, em determinados casos, pode ser identificado com um observador divino), a partir de cuja posição é representada a imagem correspondete[21].

Em certos casos as posições de observação interna e externa podem entrar em visível conflito uma com a outra. A esse respeito é elucidativa a polêmica medieval sobre o lugar que devem ocupar os apóstolos Pedro e Paulo em relação a Cristo, nos mosaicos romanos[22]: se Pedro deve ser representado à direita de

[O trabalho saiu publicado no livro: *Ricercha semioticha — Nuove tendenze delle scienze umane nell' URSS — a cura di Jurij M. Lotman e Boris A. Uspenski*, Giulio Einandi editore, Turim, 1973. N. do O.]

19. Vide O. Wulff, "Die umgekehrte Perspective und die Niedersicht, in *Kunstwissenschaftliche Beitrage A. Schmarsow gewidmet*, Leipzig, 1907. Cf. também: A. Crabar, *Plotin et les origines de l'esthétique mediévale, Cahiers archéologiques*, 1945, fasc. 1.

20. O fenômeno citado foi especialmente notado, a seu tempo, por P. A. Florênski, que lhe dedicou um de seus trabalhos inéditos; aliás, G. K. Chesterton também referiu-se a esta ocorrência, em sua obra sobre Tomás de Aquino (G. K. Chesterton, *St. Thomas Aquinas*, Nova York, 1933).

21. Lembre-se que nos ícones russos, ainda no século XIX, era comum pintar o assim chamado "grande olho" e escrever sobre ele a palavra "Deus". Vide: I. F. Nílski, "Visão dos velhos crentes a respeito de alguns de nossos hábitos e regras de vida religiosa, estatal, social e doméstica", São Petersburgo, 1863, p. 9. Separata de *Leituras cristãs*, parte II, 1863. [Eram chamados de "velhos crentes" os religiosos que se opunham à revisão dos livros da Igreja, promovida no séc. XVII pelo patriarca Nícon — N. do O.]

22. Vide: M. Schapiro, "On Some Problems of the Semiotics of Visual Art. Field and Vehicle in Image Signs" (comunicação lida no simpósio de Semiótica realizado na Polônia em 1966), preprint, p. 12.

1

S. Botticelli, *Adoração dos Magos*. A figura no canto à direita representa o próprio pintor.

2

A. Dürer, *Festa dos Rosários*. A figura junto da árvore, à direita, representa o próprio pintor.

3

Representação da seqüência tem nas artes plásticas. *Decapitaç S. João Batista*, ícone do sécul

4

Representação da seqüência temporal nas artes plásticas.
Os Trabalhos de S. Sérgio,
miniatura no frontispício da *Vida de Sérgio de Radôniej*.

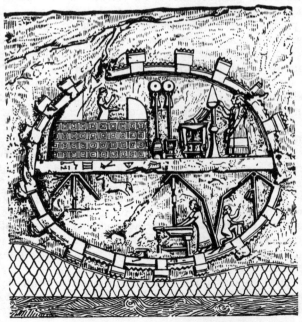

5   Representação de uma torre na arte assíria antiga.
A posição interior do pintor no espaço representado.

Cristo (ou seja, à direita em relação a um observador que esteja olhando para o quadro) ou do lado direito de Cristo (quer dizer à direita em relação ao próprio Cristo). Evidentemente, o conflito é ocasionado aqui pela existência de dois sistemas artísticos contraditórios (interno e externo em relação ao quadro), segundo cada um dos quais pode ser interpretada uma dada representação.

Molduras do texto artístico

> *O problema das molduras nas diferentes esferas semióticas*

A atualidade do problema das "molduras", ou seja, das fronteiras da obra artística, apresenta-se de uma forma bastante evidente. Com efeito, na obra artística, seja ela uma obra de literatura, de pintura etc., estamos diante de um mundo especial — com seu tempo e seu espaço, seu sistema de avaliação, suas normas de conduta — mundo esse em relação ao qual nós ocupamos (de qualquer modo, no começo da percepção) uma posição necessariamente externa, a do observador alheio. Aos poucos vamos penetrando nesse mundo, isto é, familiarizamo-nos com suas normas, passamos a viver nele, tendo alcançado a capacidade de percebê-lo, por assim dizer, a partir "de dentro" e não "de fora"; em outras palavras, o leitor situa-se — de uma ou de outra maneira — num ponto de vista interno em relação a dada obra. Depois, entretanto, tem que abandonar esse mundo — voltar a seu próprio ponto de vista, do qual se havia abstraído consideravelmente durante o processo de percepção da obra artística.

Em vista disso, adquire uma importância muito grande o processo d a p a s s a g e m do mundo do real para o mundo do representado, o problema da organização especial das "molduras" da obra de arte. Tal problema apresenta-se como puramente composicional; já do que foi dito é possível depreender que ele está ligado diretamente a uma alternância definida de descrição "de dentro" e "de fora" — ou melhor, à passagem de um ponto de vista "externo" para outro "interno", e vice-versa.

Antes de passarmos à abordagem eminentemente composicional do problema das "molduras", isto é, à descrição dos meios formais de sua expressão no texto artístico em termos de "pontos de vista", é indispensável sublinhar a atualidade s e m i ó t i c a geral do problema considerado.

Indiquemos, antes de mais nada, que os problemas d o c o m e ç o e d o f i m são de grande relevância, de um modo geral, para a formação de um sistema de cultura, ou seja de um sistema geral de representação semiótica da percepção do mundo (ou, mais precisamente: de um sistema de correlação semiótica da experiência coletiva e individual). Ademais, existem culturas que têm marca especial do fim (escatológicas), sistemas cíclicos, etc.[23].

Tal problema não é menos atual para os textos de cultura considerados isoladamente.

Observe-se em particular sua importância no ofício religioso, onde ele se expressa habitualmente em cerimônias especiais (considere-se o costume obrigatório de se fazer o sinal da cruz antes de ingressar no templo, na igreja ortodoxa russa). Tal fato nota-se particularmente, por exemplo, entre os velhos crentes (com sua atenção especialmente voltada para o aspecto ritualístico do ofício religioso), que executam, na entrada, um "começo" especial, i.e., uma sucessão complexa de reverências. Algo característico, relacionado com o que foi dito, é a queixa dos velhos crentes em relação aos seguidores das reformas niconianas, para os quais os limites das funções religiosas, apesar de serem marcados, o são em grau muito menor; os velhos crentes assim se referem aos niconianos: "para eles, na igreja, não há nem c o m e ç o nem f i m"[24]. Pode-se dizer que a necessidade de se marcarem os limites entre um mundo especial de signos e o mundo cotidiano é sentida psicologicamente.

O problema das "molduras" existe, naturalmente, também na esfera teatral, onde elas são expressas, em particular, pela ribalta, pela cortina, etc. Em vista disso, em certas situações especiais (freqüentemente condicionadas precisamente por uma tendência a superar as molduras do espaço artístico), os atores podem sair para a platéia, andar pela sala e, de certa maneira, entrar em contato com os espectadores; mesmo assim, porém, não destroem as fronteiras entre o mundo convencional (o representado) e o mundo normal. Pode-se dizer que o espaço artístico convencional é alterado, com isso, em suas fronteiras, mas elas, em si, não se alteram de modo algum. Podem-se considerar igualmente os diferentes tipos de mistérios de rua, os carnavais

---

23. Vide: I. M. Lotman, "Sobre o significado modelizante do conceito de "fim" e de "começo" nos textos artísticos", *Teses das comunicações ao Segundo Curso de Verão sobre Sistemas Modelizantes Secundários*, Tártu, 1966.

24. Vide: a revista *Pravda*, Verdade, n. 59, Pskov, 1878, p. 343.

e outras manifestações onde a expansão do teatro, com suas convencionalidades, em relação à vida, é sobremaneira evidente.

De modo geral, semelhantes casos de expansão da arte na vida podem apenas modificar as fronteiras do espaço artístico, mas não as podem transgredir.

As fronteiras do espaço artístico só se alteram numa situação que seja, em princípio, contraditória — não no caso da expansão da arte na vida, mas no da expansão da vida na arte, ou seja, no caso das tentativas do espectador (e não do ator!) de superar o espaço artístico e "entrar" no texto da obra artística, mudando-o à força. Isto ocorreu, por exemplo, no conhecido episódio do atentado contra o quadro de Répin "Ivã, o Terrível, que mata seu próprio filho"; no caso do assassínio, por uma multidão da Idade Média, de um ator que representava o papel de Judas (fenômeno análogo ocorria não raro também nos mistérios religiosos muçulmanos), ou no atentado dos espectadores de Nova Orleans contra a vida de um ator que representava o papel de Otelo; poder-se-iam ainda citar aqui os casos, bastante conhecidos em Etnografia, do emprego de imagens para causar dano (com o que estão relacionados os tabus correspondentes) [25].

A tendência de se alterarem as fronteiras do espaço artístico é, de um modo geral, bastante compreensível, uma vez que está condicionada à tendência de aproximar ao máximo o mundo representado e o mundo real, com o intuito de atingir-se uma imagem de fidelidade máxima (verossimilhança) da representação: disso decorrem também inúmeras tentativas no sentido de superar as "molduras" [26]. Referimo-nos, por exemplo, às tentativas de libertar-se das cortinas, no teatro contemporâneo, e a todos os casos em que, nas artes plásticas, a representação ultrapassa a moldura [27]; às tentativas peculiares de superar o espaço artístico (juntar vida e arte), pode ser acrescentado também um tema característico da literatura, o do retrato que adquire vida (Wilde, Gógol).

"A realidade é descrita por símbolos ou imagens" — escreveu a esse respeito P. A. Florênski. "Mas o símbolo deixaria de ser um símbolo e tornar-se-ia em nossa consciência uma simples realidade independente, em nada relacionada com o objeto simbolizado, se a descrição da realidade tivesse como seu objeto apenas essa única realidade: é indispensável a descrição ter em vista, ao mesmo tempo, o caráter simbólico dos próprios símbolos, quer dizer, manter-se continuamente, com um empenho

25. Vide: I. M. Lotman e V. A. Uspênski, "O convencional na arte", in *Enciclopédia filosófica*, Vol. V.

26. Daí provém a tendência, característica também na arte do século XX, de introduzir no texto artístico alguns elementos concretos da vida, como, por exemplo, na pintura, os pedaços de jornal dos quadros cubistas (em Braque e outros); a assim chamada *pop'art*, ainda em pintura, é um exemplo dessa tendência levada ao limite. Em literatura desempenha um papel semelhante a introdução no texto literário de crônicas jornalísticas documentárias (como, por exemplo, em Dos Passos), toda espécie de propaganda comercial, anúncios, etc.

27. Na arte medieval, e mesmo na mais antiga, particularmente na miniatura, não são raros os casos em que a representação sai fora das fronteiras da obra artística designadas formalmente, por exemplo, o braço ou a perna de certa figura como que "fura" o espaço pictórico, aparecendo de perfil num dos lados da moldura (Figura 7).

especial, ao mesmo tempo junto ao símbolo e junto ao objeto simbolizado. A descrição deve ser dual. Isto se consegue pela crítica dos símbolos.

... Para as imagens artísticas é admissível um grande grau de personificação, concretude, fidelidade para com a vida, mas o artista sábio provavelmente aplica seus maiores esforços para que essas formas, apesar de violarem os limites do símbolo, não saiam do pedestal do isolamento estético e não se misturem com a vida, como partes homogêneas dela. As representações que se deslocam além do plano da moldura; o naturalismo da pintura que chega ao "dá vontade de pegar com a mão"; a onomatopéia externa na música, a enumeração da poesia etc., e em geral qualquer substituição da arte por imitações da vida — eis um crime contra a vida e contra a arte"[28].

As "molduras" nas obras de artes plásticas

O problema das "moldutas" adquire importância peculiar na pintura. Sejam justamente essas "molduras" os limites do quadro, designados diretamente (em particular, sua moldura propriamente dita), ou especiais formas composicionais, elas organizam a representação e lhe conferem um significado s e m i ó t i c o. Podem ser lembradas aqui as profundas palavras de G. K. Chesterton, no sentido de que uma paisagem sem moldura n ã o s i g n i f i c a praticamente nada, mas é suficiente colocar-se uma fronteira qualquer (um caixilho, uma janela, um arco, e assim por diante), e ela passa a ser percebida como representação[29]. Para se ver o mundo sob forma de signo é indispensável (embora nem sempre suficiente) antes de mais nada demarcar fronteiras: são justamente elas que conformam a representação. (É característico a esse respeito notar que em certas línguas "representar" encontra-se etimologicamente ligado com "limitar").

Mesmo nos casos em que os limites da representação não estejam designados claramente, o fato em si de sua existência na pintura é sentido pelo artista como uma necessidade natural e inevitável. Precisamente neste sentido devem ser compreendidos aqueles casos em que o artista primitivo traça seu desenho não sobre uma superfície limpa, mas sobre uma outra representação qualquer, sem apagá-la, como se esta não viesse a ser vista pelo observador. Costuma-se pensar, neste caso, que o pintor não se preocupou com o fato de uma representação confundir-se com outra, justamente porque sabe que elas não

---

28. Vide: Pável Florênski, "Descrição simbólica", Coletânea *Fênix*, livro I, Moscou, 1922, pp. 90, 91.

29. Vide: G. K. Chesterton, *O novo Dom Quixote*, Moscou — Leningrado, 1928, p. 152.

podem ser confundidas, uma vez que cada uma domina seu próprio (e homogêneo) espaço artístico[30]. Da mesma forma, na arte chinesa, o proprietário do quadro ou o próprio pintor não vacilavam em escrever comentários sobre a pintura ou em imprimir letras diretamente por cima da própria representação (se se levar em conta que a caligrafia era considerada na China uma forma de arte muito próxima do desenho[31], este caso pouco se diferenciará do exemplo do pintor primitivo acima referido); considere-se, a esse respeito, a assinatura do autor nos quadros europeus, colocada diretamente sobre a pintura[32].

Assim as "molduras" constituem um componente extremamente importante da representação pictórica. Ademais, elas adquirem importância especial quando a representação é criada empregando-se a posição "interna" do pintor (que pode manifestar-se pelo sistema de perspectiva aplicado por ele ou por qualquer outro aspecto[33]). Realmente, se a obra pictórica é realizada a partir do ponto de vista do observador externo[34], como "vista por uma janela"[35], a função das "molduras" reduz-se a designar as fronteiras da representação. No entanto, se a obra pictórica é construída a partir do ponto de vista do observador que se encontra dentro do espaço representado[36], as "molduras" desempenham outra função ainda, não menos importante: marcar a passagem de um ponto de vista externo para um ponto de vista interno e vice-versa[37].

---

30. Vide, a respeito de representações semelhantes: M. Schapiro, *On Some Problems of the Semiotics of Visual Art. Field and Vehicle in Image Signs*, p. 1; contrariamente ao que estamos expondo no presente trabalho, Schapiro considera estes casos como demonstração do fato de, na pintura antiga, de modo geral, não existirem molduras.

31. Vide, a respeito, por exemplo: N. Popóv-Tátiva, "Sobre o método do estudo da caligrafia e da pintura do Extremo Oriente", *Coletâneas Orientais*, fasc. I, Moscou, 1924.

32. Vide: M. Schapiro, *On Some Problems of the Semiotics of Visual Art. Field and Vehicle in Image Signs*, pp. 3, 4.

33. *Idem*, pp. 179, 180.

34. Em outras palavras: se a posição do pintor relaciona-se com a posição do observador que esteja olhando para o quadro.

35. Cf. relacionada com isto, a representação característica das molduras de quadro como caixilho de janela, vão de porta, etc., que não é rara na arte européia.

36. Em outras palavras: se a posição do pintor não está relacionada com a posição do observador, mas se opõe a ela.

37. Justamente por isso, como às vezes ocorre, um quadro antigo — à diferença de um novo, — em princípio não requer moldura, ou seja, não necessita situar-se em fronteiras de representação formalmente traçadas (cf. V. Lázarev, Artigo introdutório ao álbum *U.R.S.S. Antigos*

Note-se que, de modo geral, as molduras do quadro (e antes de mais nada sua moldura propriamente dita) pertencem, por obrigação, justamente ao espaço do observador externo (ou seja, o espectador que olha para o quadro e que ocupa, naturalmente, uma posição externa em relação à pintura), e não ao espaço tridimensional imaginado, representado no quadro[38]. Quando nós entramos, mentalmente, neste espaço imaginado, esquecemos as molduras, assim como nos esquecemos da parede sobre a qual está afixado o quadro. (Justamente por isso, aliás, a moldura do quadro pode ser decorativa e ter sua própria representação.) As molduras marcam uma fronteira entre o mundo exterior (em relação ao quadro) e o mundo interior do quadro.

Naqueles casos em que, na construção geral, é usado um ponto de vista interno, ou seja, a posição do pintor é interna em relação à pintura, as molduras do quadro são marcadas pela alternância das formas que correspondem a essa posição interna (na parte básica da representação) e das formas que correspondem a uma posição externa (na periferia da representação). Isto pode manifestar-se, por exemplo, na alternância das formas da perspectiva inversa com as formas da assim chamada perspectiva "axonométrica" (*Niedersicht*), ou seja, pela combinação de toda a concavidade das formas na parte central da representação (a projeção do côncavo, como é sabido, corresponde ao sistema da perspectiva inversa) e pela convexidade acentuada das formas na periferia da representação (o que corresponde ao sistema de perspectiva "axonométrica" [ou aérea])[39].

Ademais, é importante ter em vista que as formas da perspectiva axonométrica podem ser compreendidas como reflexo especular das formas da perspectiva inversa.

... As formas da perspectiva axonométrica (figuras no primeiro plano) são dadas de modo a serem vistas pelo observador que se encontra dentro do quadro (*vis-à-vis* de nós), mas, por assim dizer, "ao revés". Na medida em que ele deve ver como côncavas as figuras do primeiro plano (no sistema da perspectiva inversa), elas nos são dadas como convexas... Tal "especularidade" diz respeito apenas ao *sistema* pelo qual

---

ícones russos (série da UNESCO: *Arte Mundial*), New York, 1958, p. 23): as próprias formas do primeiro plano constituem as molduras naturais do quadro. O quadro antigo representa, não a parte separada mecanicamente do todo, mas certo tipo de espaço reorganizado (nos limites das molduras) e fechado em si mesmo.

38. Vide: M. Schapiro, ob. cit., p. 21.

39. Vide: L. F. Jéguin, *Linguagem da obra pictórica*, pp. 56-61; Cf.: L. F. Jéguin, "Algumas formas espaciais na pintura russa antiga", in *Pintura Russa Antiga. Século XVII*, Moscou, 1964, pp. 185, 186.

é interpretada a representação e não às representações em si... Como sistema, o primeiro plano é o inverso do segundo[40].

Em outras palavras, todo o mundo fechado do quadro dado, digamos assim, do ponto de vista do observador "de dentro", apresenta-nos, na periferia da pintura, seu lado inverso, "externo".

Um dos exemplos mais claros da combinação do ponto de vista de um observador interno (na parte central da representação) com o ponto de vista de um observador externo (na periferia da representação) é a maneira característica da pintura medieval de representar as partes interiores, no caso em que um mesmo edifício é representado no centro do quadro, por um corte de seu interior e na periferia' é pintado em seu exterior (Figuras 8, 9, 10), dando-se assim a possibilidade de ver, ao mesmo tempo, as paredes internas da sala (na parte básica do quadro) e o telhado do edifício ao qual esta sala pertence (na parte superior da representação).

Deste modo, a passagem de uma posição de observação interna para outra externa e vice-versa forma as molduras naturais da obra pictórica. Exatamente o mesmo vale também para a obra literária.

Troca dos pontos de vista interno e externo como procedimento formal para designar as "molduras" da obra literária

Os tradicionais "começos" e "fechos" que se encontram no folclore podem servir como clara ilustração do que se entende por molduras naturais nas obras literárias[41].

Com efeito, se considerarmos as fórmulas tradicionais que concluem os contos maravilhosos, veremos que nelas, na maioria dos casos, é muito pouco provável o emprego da primeira pessoa ("eu"), uma vez que o próprio contador não chegou a participar completamente da ação, até então (isto é característico, em maior ou menor medida, também para os "começos"); este aparecimento do narrador costuma habitualmente

---

40. L. F. Jéguin, *Linguagem da obra pictórica*, pp. 59, 60, 76.
41. Vide sua descrição (baseada em materiais eslavos) no trabalho de J. Polivka: *Úvodní a závecné formule Slovanských pohádek* — *"Národopisný vestník ceskoslovenský"*, gocn, XX, Praga, 1927.

estar de algum modo ligado à ação, embora de forma bastante convencional.

Veja-se, por exemplo, a fórmula mais popular que coroa um final feliz: "E eu por lá andei, mel — cerveja tomei, escorreu pelos bigodes, mas na boca não entrou"; ou então: "Depois da morte deles sobrei eu, sábio, e quando eu morrer, será o fim de toda estória", etc., etc.

Pode parecer que esse tipo de frase deveria comprometer toda a narração precedente, tanto pela ironia quanto pela intromissão do narrador ("eu"), o qual, é claro, não teve como participar da ação (principalmente se na narração fala-se de terras distantes ou de tempos idos). Na verdade, porém, tais frases não destroem a narração, terminam-na: são indispensáveis justamente como f i n a l do conto, que se encerra na passagem entre o ponto de vista interno e o externo (da vida do conto para a vida cotidiana). (No que se refere à passagem para outro sistema de percepção, é muito indicativo e característico o aparecimento da rima nos "fechos" aos quais aludimos.)

Explica-se com elementos puramente composicionais, por exemplo, também o fato da constatação do m i l a g r e na *bilina*[42] ou no conto maravilhoso ocorrer, habitualmente, só no começo da narração (ou de um texto que introduz um enredo novo). Realmente, no mundo fantástico da *bilina* e do conto maravilhoso, o milagre, não é algo surpreendente, mas, via de regra, normal. O próprio caráter incomum do milagre só pode ser constatado a partir de uma posição em princípio e x t e r n a em relação à narração (pois a partir de um ponto de vista interno, o milagre é completamente natural), posição esta que é possível, no caso dado, apenas no começo do relato. Daí os "inícios" característicos do epos, com menção ao milagre — por exemplo, nas canções épicas populares da Sérvia:

> Bom Deus, que milagre aquele!
> Ouçam, vou contar-lhes o milagre!

etc.[43].

Os exemplos que usamos provêm do folclore, mas também em outros aspectos da literatura manifesta-se exatamente o mesmo princípio. Por exemplo, é muito comum, nos gêneros mais diversos, o aparecimento da primeira pessoa do narrador

---

42. As *bilinas* são canções heróicas medievais russas (N. do O.).
43. Vide: S. I. Nekliudov, "O milagre na *bilina*, in *Estudos sobre sistemas de signos*, IV (Anais da Universidade Estatal de Tártu, fasc. 236, Tártu, 1969, p. 158.

6

Representação simbólica de olh[...]
tradição russa de arte sacra. Mini[...]
*E penetraram neles e limparam-n[...]
toda impu[...]*

7

Exemplo de representação que sai para
fora da moldura. *História de
Constantino, o Grande, e de Santa Helena*,
miniatura bizantina do século IX.

8

Combinação do interior no centr[o...]
representação com o exte[rior]
nas beiradas. *Sagração como Bi[spo]*,
ferrete do ícone *Vida de São Nico[lau]*,
século X[...]

9

Combinação do interior no centro da representação com o exterior, nas beiradas. Detalhe do ícone *Acatisto de Nossa Senhora de Kazã,* século XVIII.

10

Combinação do interior no centro da representação com o exterior, nas beiradas. *Aposição da Casula*, ícone do século XIX.

(que não havia surgido até então) no final da narração. Em outros casos, a primeira pessoa (contador) pode apresentar-se, excepcionalmente, no começo do relato e não adiante (como exemplo disso veja-se *Lady Macbeth do distrito de Mtsensk* de N. S. Leskóv). Neste caso, ela poderia parecer completamente supérflua; na verdade, não tem relacionamento algum com o conteúdo da estória, sendo necessária unicamente para sua "moldura".

Por outro lado, pode desempenhar exatamente a mesma função também o emprego inesperado, no final, de uma s e-g u n d a pessoa, ou seja, a que se refere ao leitor, cuja existência a narração havia dispensado completamente até aquele momento. Considere-se, neste sentido, o hábito traidicional de dirigir-se ao príncipe, no "fecho" das baladas medievais (por exemplo, as de Villon)[44].

O uso da segunda pessoa no final da narração justifica-se composicionalmente, em particular, quando o próprio relato é feito na primeira pessoa. Desse modo, o aparecimento da primeira pessoa (do narrador) num caso, e da segunda (do leitor) no outro, desempenha o mesmo papel, de apresentar um ponto de vista e x t e r n o (posição do observador estranho) em relação à narração — sendo ela própria, nesses casos, dada numa perspectiva diferente.

O surgimento da primeira pessoa (o "eu" do narrador) nos "fechos" pode ser comparado, com razão, ao aparecimento do auto-retrato do pintor na periferia do quadro[45], ao comparecimento do diretor junto à ribalta (simbolizando freqüentemente o autor da obra), etc. Ao mesmo tempo, a ocorrência da segunda pessoa (o "tu" do observador ou do leitor) em determinados casos pode ser comparada à função do coro no drama antigo (que pode simbolizar a posição do observador, para o qual é representada a ação); aqui pode ser referida, de modo geral, a necessidade freqüentemente sentida, diante de uma descrição artística, de uma certa fixação da posição do espectador, ou seja, a necessidade de um certo sujeito abstrato, de cujo ponto de vista os fenômenos descritos passem a adquirir uma significação definida (se tornem sígnicos)[46].

---

44. Como exemplo de poesia russa contemporânea, observe-se o mesmo fenômeno no fecho do poema de Novela Matviéieva "Vento": "e te sentas calmamente".

45. Vide: a p. 21 do livro de Uspênski, já citado.

46. A esse respeito são características as regras práticas da fotografia que se encontram nos guias elementares. Na paisagem fotográfica, conforme se sabe, é indispensável a presença de um primeiro plano que

A função da moldura manifesta-se ainda mais claramente no final da narração, na passagem da descrição em primeira pessoa para a terceira (vide, por exemplo, *A filha do capitão* de A. S. Púchkin, onde o relato se desenvolve todo na primeira pessoa, contado por P. A. Griniév, mas o epílogo é dado em nome do "editor" e fala-se de Griniév em terceira pessoa). É principalmente devido a isso que, em todos os casos lembrados, a função da moldura é preenchida pela passagem de uma posição de observação interna para outra externa.

Ao falar da importância das "molduras" para a p e r c e p ç ã o do texto artístico, é possível referir-se ao efeito característico do "final falso", ou seja, à sensação que às vezes se tem de uma conclusão da narração, apesar dela ainda se prolongar. Pode-se supor que tal efeito se origina quando no lugar correspondente é empregado o procedimento composicional formal da "moldura". Nas comédias cinematográficas o efeito do "final falso" pode ocorrer, por exemplo, por ocasião do beijo dos dois apaixonados que se encontram depois de longa separação (na medida que a própria situação do "final feliz" possa ser percebida como procedimento de moldura; notaremos, a esse respeito, que o final feliz é percebido como parada da ação — compare-se com o que será dito em seguida sobre a parada do tempo na função de moldura). Na obra literária, o efeito da moldura pode originar-se em qualquer passagem para o ponto de vista externo, especialmente se, pela natureza do enredo, tais passagens são irreversíveis — por exemplo, se desaparece o portador favorito do ponto de vista do autor. (Por conseguinte, a morte do herói principal — portador do ponto de vista do autor — é percebida naturalmente, via de regra, como sinal do fim de toda a obra).

O fenômeno referido, isto é, a alternância dos pontos de vista interno e externo em função das "molduras" pode ser observado em todos os níveis da obra artística.

Assim, no plano da p s i c o l o g i a é muito freqüente que a adoção, por parte do autor, de um ponto de vista (psicológico) em relação a uma ou outra personagem no começo do relato preceda a adoção do ponto de vista a respeito desta mesma personagem, por parte de um observador externo. Casos assim podem ser muito numerosos. Veja-se por exemplo o começo

permita reconstruir o ponto de vista do sujeito-observador, sendo muito oportuna nele a figura de um indivíduo, situada habitualmente de lado (de modo que olhemos segundo seu ponto de vista). Convém lembrar que o mesmo princípio se encontra também nas gravuras panorâmicas antigas (Figura 11).

Em caso contrário, a reprodução pode tornar-se impessoal e mesmo d e s i n t e r e s s a n t e (como não correspondendo a nenhuma posição real). Pode-se aludir, a esse respeito, ao caso da percepção, em princípio diferente, que temos de um conto notoriamente inventado, e, por outro lado, à que temos de um relato de fatos reais: na última o interesse aumenta, tornando real a posição do sujeito que percebe os fatos.

do conto de Búnin "Gramática do amor": "Um certo I'vlev partiu, de uma feita, no começo de junho, para uma região distante de seu distrito". Imediatamente depois desta frase (onde I'vlev é descrito como um desconhecido), ele se torna portador do ponto de vista do autor, ou seja, seus pensamentos e seus sentimentos são descritos minuciosamente e o mundo todo é dado através de sua percepção. Como que não existe a posição do observador externo: nós nos esquecemos dela exatamente como nos esquecemos da moldura quando olhamos para um quadro. Ainda mais surpreendente pode ser a passagem da posição do autor, de interna para externa, no fim da narração − quando uma descrição detalhada das sensações da personagem dá inesperadamente lugar a uma descrição a partir do ponto de vista de um observador externo − como se nunca a houvéssemos conhecido (considere-se, por exemplo, o fecho do conhecido conto de Jack London "Amor à vida").

O princípio formulado manifesta-se de forma extremamente nítida no plano da característica e s p a ç o - t e m p o- r a l. No plano da característica estritamente espacial é significativo, por exemplo, para circunscrever uma narrativa, o emprego de uma posição espacial com um horizonte suficientemente amplo, a qual testemunha claramente o ponto de vista de um observador que esteja situado fora da ação (tal como o *vol d'oiseau*, a "cena muda", etc.).

No plano da característica temporal, não é menos indicativo o emprego, no começo da narração, de um ponto de vista retrospectivo, que depois cede lugar a um ponto de vista sincrônico. Realmente, a obra se abre bastante freqüentemente com uma alusão ao desenlace da estória que ainda não começou − isto é, por uma descrição com ponto de vista em princípio externo em relação à própria obra e por uma visão do futuro em relação ao tempo interior da obra dada. Em seguida, o narrador pode passar para um ponto de vista interno, adotando, por exemplo, aquele de uma ou de outra personagem − com suas limitações peculiares quanto a saber ou ignorar o que acontecerá em seguida − e nós esquecemos a predeterminação de toda a estória a respeito da qual tínhamos recebido alusão.

Tal começo encontra-se muito na literatura das épocas mais variadas: é assim, por exemplo, que começa o Evangelho Segundo S. Lucas (veja-se a alocução a Teófilo).

De maneira completamente idêntica, no epílogo o ponto de vista sincrônico atribuído a alguma personagem pode dar lugar a um ponto de vista universal (no plano temporal). É interessante também notar a aceleração característica (condensação) do tempo no epílogo[47], ligada ao amplo envolvimento temporal que constitui o fecho da narrativa. Um outro tipo de fecho é constituído pela total p a r a d a d o t e m p o. D. S. Likhatchóv escreve a esse respeito que "o conto maravilhoso termina pela constatação da sobrevinda "ausência" de acontecimentos: pela prosperidade, pela morte, pelo casamento, pelo festim... A prosperidade como conclusão é um final de tempo no conto maravilhoso"[48]. Da mesma forma também o fecho imóvel de "O inspetor geral" é expressão de uma parada do tempo — a transformação de todos em posturas — postura essa que representa o papel de moldura. Com isso coincide também a saída do Prefeito além dos limites do espaço específico — o fato dele dirigir-se aos espectadores ("De quem estão rindo?"), que para ele não haviam existido no desenvolvimento de toda a ação, até aquele momento[49].

É possível dizer que no último caso tem lugar uma passagem característica do espaço interno para o espaço externo em relação à ação.

A parada do tempo em Gogol, com a peculiar transformação das personagens em posturas fixas, torna a ação um quadro e pessoas vivas, bonecos[50]. (Considere-se a esse respeito o teatro chinês tradicional, onde no final do ato os artistas se imobilizam numa posição especial, o quadro vivo.)

Esta fixação do tempo n o c o m e ç o da narração é dada, não raro, pelo emprego da forma do aspecto imperfectivo do pretérito (nos verbos do discurso)[51]. Veja-se, por exemplo, o trecho de *Guerra e Paz*, onde as introduções do autor ao diálogo de Anna Pávlovna Scherer com o príncipe Vassíli começam pelo uso da forma do aspecto imperfectivo ("dizia... Anna Pávlovna..." "respondia... o príncipe, ao entrar"), que vem logo a ser substituída pela forma do aspecto perfectivo; o mesmo se dá no começo de *Tarás Bulba*[52] (vide o diálogo de Bulba com a mulher), etc.

---

47. Vide sobre o assunto: D. S. Likhatchóv, *A Poética da literatura russa antiga*, p. 218.

48. *Idem*, pp. 232, 233.

49. Vide: I. M. Lotman, "O problema do espaço artístico na prosa de Gogol", in *Estudos de filologia russa e eslava*, XI, (Anais da Universidade Estatal de Tártu, fasc. 209), p. 12, Nota 9.

50. Sobre a importância do teatro de bonecos para Gogol, vide: V. V. Hippius, *Gógol*, Leningrado, 1924; sobre a importância da pintura para ele: I. M. Lotman, ob. cit.

51. Sobre a importância correspondente desta forma, vide B. A. Uspênski, ob. cit., pp. 98-101.

52. De Gógol (N. da T.).

O princípio, citado acima, da formação das molduras na obra artística, pode ser constatado também no plano da f r a- s e o l o g i a. Assim, analisando as *Noites na granja perto de Dikanka* de Gógol, G. A. Gukóvski chega à conclusão de que "Rúdi Panko, como portador do discurso e como tema imagético, desaparece do texto quase em seguida ao prefácio e só muito raramente se revela distintamente como pessoa, de maneira inegável, e de modo indiscutível somente na introdução à "Noite de São João", no prefácio ao segundo tomo da coletânea, na introdução a "Ivan Flódorovitch Chponka" e finalmente, no próprio final da coletânea, na errata "bem aproveitada", à maneira do *skaz*. Por conseguinte, — conclui G. A. Gukóvski, — Rúdi Panko constitui apenas a moldura do livro, mas ele não introduz a sua imagem no texto em si das narrativas[53]. A esse respeito é característico o fato de que se Rúdi Panko emoldura o livro todo das *Noites na granja perto de Dikanka*, manifestando-se apenas esporadicamente no início das narrativas isoladas, no começo desses relatos pode-se empregar o ponto de vista de um outro narrador — o poeta romântico-indefinido[54] (que em seguida é substituído pelo ponto de vista interno em relação à narração). Em outras palavras, trata-se de uma hierarquia dentro das margens emoldurantes, trata-se de molduras dentro de molduras (para maiores detalhes, vide adiante).

Semelhante princípio pode ser constatado nos aspectos mais diversos de confrontação das posições "interna" e "externa" do autor, no plano da fraseologia.

Finalmente, tal princípio observa-se também no plano da a v a l i a ç ã o ideológica. Justamente neste sentido, em particular, podem ser compreendidas as notas de M. M. Bakhtin sobre "o final *literário — convencional* e *monológico — convencional*" dos romances de Dostoievski, sobre o "original conflito entre o não-acabamento interno dos heróis e dos diálogos e a *completação. . . superficial* de cada romance em si"[55].

Caráter composto do texto literário

Expusemos o caso geral em que as molduras de toda a obra se organizam pela troca entre posições internas e posições externas do autor. Entretanto, o princípio ao qual nos referi-

53. G. A. Gukóvski, *O realismo de Gógol*, p. 41.
54. *Idem*, p. 40.
55. Vide: M. M. Bakhtin, *Problemas da poética de Dostoievski*, pp. 55, 56.

mos pode ser relacionado não só com as narrativas como um todo, mas também com trechos seus isolados, que em sua própria totalidade constituem por sua vez uma obra. Em outros termos, uma obra pode dissociar-se numa série inteira de microdescrições relativamente fechadas, cada uma das quais organiza-se separadamente em função do mesmo princípio pelo qual se organiza a obra inteira, ou seja, possui sua própria composição interna (e, respectivamente, suas molduras particulares).

Vimos, por exemplo, no caso da narrativa inteira, o procedimento da fixação do tempo, característico para a significação das molduras e que se expressa pelo emprego da forma do aspecto imperfectivo (dos verbos da frase). Ora, o mesmo procedimento pode ser aplicado pelo autor no destaque de uma parte qualquer do relato como texto relativamente independente, isto é, para um projeto composicional (emolduramento) de uma ou outra parte da narrativa. Como exemplo, pode ser tomada aquela cena de *Guerra e paz*, à mesa, em casa dos Rostóv, onde Natacha, ainda menina, por aposta, pergunta na presença de hóspedes qual será a sobremesa:

— Aposto como você não vai perguntar — d i z i a o irmãozinho a Natacha, — não vai perguntar!
— Pois eu perguntarei, — r e s p o n d i a Natacha.

Em seguida, na descrição — tal como antes — são empregados apenas verbos do aspecto perfectivo:

— Mamãe! — r e s s o o u pela mesa toda a sua... voz.

E assim por diante, durante a cena inteira; a forma do aspecto imperfectivo manifesta-se, entretanto, ainda uma vez — e exatamente no f i n a l da descrição da referida cena:

— Não, qual? Mária Dmítrievna, qual? — d i z i a ela quase c h o r a n d o — Eu quero saber! (Tolstoi, vol. IX, pp. 78-79).

Repare-se também na característica parada do tempo, no final da descrição da vida campestre do príncipe Andréi:

— *Mon cher* — a c o n t e c i a a princesa Mária d i z e r, ao entrar em tais momentos na sala, — o pequeno Nicolai não deve passear hoje: está muito frio.
— E se fizesse calor, — r e s p o n d i a particularmente seco naqueles momentos o príncipe Andréi à irmã, — aí ele sairia com uma camisa...
A princesa Mária c o s t u m a v a p e n s a r, em casos como este, como esse trabalho intelectual resseca os homens . (Vol. X, p. 159).

11

Figura no primeiro plano de uma gravura panorâmica. *Vista do asilo de Preobrajensk e do cemitério do mesmo nome*, gravura de fins do século XVIII — início do século XIX.

12

Caráter composto da organização do espaço no ícone russo. O espaço geral representado fragmenta-se num conjunto de microespaços.

13

Representação do fundo, de um ponto de vista do alto. *Anunciação*, ícone bizantino do século XIV.

14

A representação em primeiro plano é dada em perspectiva inversa (cf. a forma do pódio), enquanto a representação do fundo aparece em perspectiva direta (cf. as formas arquitetônicas do fundo). Detalhe do tríptico *Vida de S. João Evangelista*, pintura italiana do século XII.

15

A representação no plano anterior é dada em perspectiva direta (cf. a forma da mesa), enquanto a representação no fundo aparece em perspectiva inversa (cf. a representação do *tierem* no fundo). *Festim de boiardos*, miniatura russa do século XVII – XVIII.

16

Elementos de perspectiva direta na periferia do quadro. Um encurtamento abrupto de perspectiva no lado esquerdo do quadro contrapõe-se à ausência de semelhante encurtamento no chão. *Execução de S. Mateus*, pintura alemã do século XV.

Um paralelo semelhante, entre a organização composicional da obra como um todo e a organização de algum trecho da narrativa relativamente fechado, observa-se também em outras circunstâncias.

Ele pode ser expresso, no plano da fraseologia, antes de mais nada, pela escolha das denominações. Veja-se, como exemplo, a primeira frase do capítulo XXIV, terceira parte, tomo segundo, de *Guerra e paz:*

> Noivado não houve e a ninguém fora anunciado o compromisso entre B o l k ó n s k i e N a t a c h a; nisso insistia o p r í n c i p e A n d r é i (Vol. X, p. 228).

depois disso fala-se apenas do "príncipe Andréi", exatamente como ele era chamado no capítulo anterior. É bem evidente que esta única passagem para a posição externa (expressa pela denominação do príncipe Andréi como "Bolkónski") era necessária ao autor unicamente para traçar as molduras de uma parte nova da narrativa.

Com referência ao que foi dito, podem-se compreender também os casos de alternância das posições interna e externa do autor às quais já aludimos antes (alternância do discurso em russo e em francês em *Guerra e paz*, etc.). De maneira análoga podem ser interpretados os vários casos de surgimento inesperado da voz do narrador no meio do relato.

No plano da psicologia, o mesmo princípio se manifesta pelo procedimento, já assinalado por nós, da troca dos pontos de vista psicológicos interno e externo, quando a descrição dos pensamentos e dos sentimentos de uma personagem qualquer (ou seja, o emprego de seu ponto de vista psicológico) precede sua descrição objetiva (que faz uso de um outro ponto de vista). Veja-se, como exemplo, a cena em que o príncipe Andréi, ferido, jaz ao solo, depois da batalha de Austerlitz. A descrição de seu estado íntimo, à qual é consagrado o capítulo inteiro, é precedida por uma exposição que o apresenta sob um ponto de vista externo:

> O príncipe Andréi Bolkónski jazia na montanha de Pratsensk, no mesmo lugar onde havia caído com a haste da bandeira nos braços, perdendo sangue e, sem ele próprio dar-se conta disso, gemia com um lamento fraco, infantil, de dar pena. (Vol. IX, p. 355).

(Após esta frase introdutória, tudo o que vai se passar é dado através da percepção da personagem.) De modo exatamente idêntico, a descrição do estado íntimo de Pierre durante o almoço no clube inglês é precedida por uma exposição que o mostra de um ponto de vista externo:

"... Aqueles que o conheciam intimamente, v i a m que nele se operara uma mudança". "P a r e c i a nada ver e nada ouvir... e pensar apenas numa coisa..." (Vol. X, p. 21).

Às vezes passa a ter essa função o ponto de vista interno de alguém. Por exemplo, a cena em casa do velho conde Biezukhov agonizante é dada em termos gerais, através da percepção de Pierre, mas antes de se iniciar a descrevê-la, bem no início, é enfatizada uma vez a percepção de A. M. Drubietskaia: "A n a M i k h á i l o v n a ... c o n v e n c e u - s e de que ele dormia..." (mas imediatamente, já na frase seguinte: "Despertando, Pierre... p e n s o u ..." (Vol. IX, pp. 91, 92). Aqui, a moldura é formada não pelo ponto de vista externo, mas pelo interno (A. M. Drubietskaia), entretanto, este ponto de vista interno (ênfase na percepção de alguém) é necessário ao autor, não por si, mas apenas na medida em que ele é externo em relação a Pierre, o qual, na cena em questão, intervém como figura central da narrativa. Em casos como estes temos o direito de achar que a moldura é criada pela passagem de um ponto de vista externo para outro interno.

Assim, o texto global de toda a narrativa pode dissociar-se consecutivamente num complexo de microdescrições cada vez mais miúdas, cada uma das quais é organizada pelo mesmo princípio (isto é, possui molduras especiais, indicativas da troca das posições interna e externa do autor)[56].

É de se notar que o mesmo princípio pode ser observado na organização do espaço da pintura da Pré-Renascença (que faz uso do ponto de vista do observador "interno")[57]. O espaço geral do quadro fragmenta-se aqui num agregado de microespaços discretos (Figura 12), cada um dos quais é organizado da mesma

---

56. Lembramos que, no referente à organização do tempo, já foi notado semelhante princípio quando se tratou desse problema no capítulo terceiro [da obra de Uspênski da qual retiramos esse trabalho — N. da T.]: o tempo pode ser apresentado na obra sob o aspecto de cenas isoladas (diretas), cada uma das quais é dada a partir do ponto de vista de um observador sincrônico, e se caracteriza por seu próprio microtempo especial (veja-se a p. 96 da mesma obra). Evidentemente, no caso em que o espaço ou o tempo se apresentem sob o aspecto de segmentos discretos, as "molduras" manifestam-se na junção desses trechos, marcando a transição entre eles.

57. Vide: L. F. Jéguin, *Linguagem da obra pictórica*. Em sua forma esquematizada ao extremo, este princípio é encontrado, naturalmente, na antiga arte egípcia. Cf. a representação do espaço como camadas dispostas uma embaixo da outra.

forma que o espaço inteiro representado como um todo, isto é, possui seu plano anterior que corresponde ao ponto de vista de um observador externo (que vê o quadro), enquanto o microespaço em si é organizado graças ao uso da posição de um observador interno (que vê o espaço representado e que se encontra nesse mesmo espaço). Isto pode ser notado, por exemplo, nas alternâncias características das formas super-coincidentes e na perspectiva inversa (como já foi visto, as primeiras se manifestam, de um modo geral, na periferia da obra, enquanto no sistema de perspectiva inversa a própria representação é criada a partir de uma posição interna do observador); a alternância de camadas ora sombreadas ora iluminadas (no caso de uma fonte de luz interna, característica de um dado sistema pictórico, o sombreamento manifesta-se, em geral, na periferia do quadro), etc. Assim, as referidas alternâncias podem ocorrer tanto horizontal ou verticalmente quanto em profundidade, conferindo àquele mesmo sistema espacial de representação antiga um caráter estratiforme peculiar. Tal disposição em camadas, do espaço na pintura antiga, aparece nitidamente tanto nas assim chamadas "montanhas dos ícones" (representação tradicional do fundo) quanto, entre outras, nas representações truncadas das figuras de anjos, corpos celestes, etc., em que uma parte da pintura está oculta atrás da camada espacial seguinte[59].

Com efeito, em relação à literatura, podemos considerar os casos referidos de agrupamento de textos de ordem mais miúda (microdescrições) que o texto geral da narrativa inteira, como narrativa dentro de uma narrativa.

No caso mais patente e comum, este princípio de organização manifesta-se sob o aspecto do conto encaixado, da novela inserida, etc., etc.; nesse caso, a mudança do narrador na obra é dada explicitamente e as fronteiras entre cada conto são nitidamente percebidas pelo leitor. No outro caso — que acabamos de ver — as diferentes microdescrições fundem-se organicamente com a obra que as engloba: a mudança da posição do narrador é ocultada ao leitor e as fronteiras entre os trechos correspondentes do texto são perceptíveis apenas como procedimentos composicionais internos da organização de cada trecho isolado, ou seja, como "molduras" peculiares. É importante notar que

---

58. Perspectiva aérea (N. da T.).
59. Vide: L. F. Jéguin, *Linguagem da obra pictórica*, pp. 84, 85. Cf. L. F. Jéguin, "Algumas formas especiais na pintura russa antiga", in *Arte russa antiga. Século XVII*; L. F. Jéguin, "As montanhas dos ícones. Unidade espaço-temporal da obra pictórica", *Estudos sobre os sistemas de signos*, II (Anais da Universidade de Tártu, fasc. 181).

no último caso esta união é **indivisível**, ou seja a obra por si não se dissocia em partes constituintes.

Com referência ao mesmo argumento notemos que é possível uma composição complexa quando as diferentes microdescrições sobrepõem-se uma sobre a outra numa fusão semelhante, ou seja, as molduras composicionais internas num nível (digamos, no plano da fraseologia) não coincidem com as molduras que aparecem num outro nível (por exemplo, no plano da característica espaço-termporal). Compreende-se que uma organização de texto como a narração não pode, de maneira alguma, ser desmembrada nas microdescrições que a constituem, embora elas possam ser constatadas em sua composição, num ou noutro nível. Entretanto, no caso das narrativas encaixadas, as fronteiras dos relatos constituintes coincidem, naturalmente, em todos os níveis.

Da mesma forma, por exemplo, um **discurso dentro de outro** pode apresentar-se como um **discurso direto** inserido num segmento maior do texto (seria, nesse caso, o mesmo princípio de organização de texto que funciona para as narrativas inseridas), – ou então sob o aspecto de um texto fundido organicamente a ele, como no caso do discurso indireto livre.

De modo completamente análogo, com relação às artes figurativas, podemos dizer que estamos diante do caso de **uma representação dentro de outra**. Uma das formas mais comuns de tal organização hierárquica é o caso da representação de um quadro dentro de um quadro (e também do agrupamento de assinaturas num ícone, dos afrescos sobre pinturas em parede, etc.)

Ao mesmo tempo, pode-se considerar a organização do espaço em camadas, na pintura medieval, como um caso em que as representações isoladas onde compareçam microespaços isolados, fundem-se organicamente (**indissoluvelmente**) no espaço geral representado no quadro, de modo que as fronteiras entre os microespaços constituintes podem ser notadas apenas como molduras composicionais internas.

"A representação dentro da representação" (e de modo geral, "a obra dentro da obra") pode ser empregada numa especial função composicional, mas desse assunto trataremos logo a seguir.

*Alguns princípios de
representação do "fundo"*

Se consideramos o espaço geral da obra pictórica como constituído por um conjunto de espaços, podemos indicar também uma circunstância característica da pintura antiga: os diversos espaços constituintes podem ser organizados de diferentes maneiras, dependendo de seu lugar e de sua função no quadro, ou seja, são tratados em diferentes sistemas artísticos (ao mesmo tempo, cada sistema estará sujeito a princípios específicos de organização).

Note-se a esse respeito que o fundo do quadro medieval é muitas vezes dado num sistema artístico diferente daquele da figura no plano anterior. Às vezes, por exemplo, o fundo é dado na perspectiva do *vol d'oiseau* (Figura 13) contrapondo-se às figuras do primeiro plano.

É possível, agora, estabelecer um paralelo direto com a composição da obra literária. Tal como o fundo, no quadro medieval, pode contrastar com as figuras do plano anterior, uma vez que ele é dado por um ponto de vista em princípio diferente, ou, mais exatamente, por um ponto de vista bem mais alto — assim, na obra literária, como já foi observado (p. 87 do livro de Uspênski, já citado), um tipo de descrição universal em que a posição do observador seja bastante elevada, pode ser contraposto composicionalmente a uma descrição mais detalhada, que possua tipos mais especiais de ponto de vista. É característico o fato de que tanto num caso quanto no outro o ponto de vista do *vol d'oiseau* se manifesta na periferia da obra[60].

Pode igualmente ser referido o característico procedimento da combinação de uma representação "em perspectiva" (isto é, construída de acordo com as regras da perspectiva linear clássica) com outra que não o é, a fim de se obter uma contraposição de diferentes planos nos quadros[61] (Figs. 14, 15); por exemplo, quando o decorativo do plano de um fundo (representado conforme as regras da perspectiva linear) opõe-se ao volume das figuras do plano anterior, o que pode ser comparado com o efeito da combinação de atores vivos sobre um fundo pintado (Figura 16). Repare-se também na contraposição, não rara, da laconicidade do gesto e de toda representação frontal no plano anterior do quadro e o relevo dado a certos escorços ousados e até um certo ponto a elementos barrocos, na representação das figuras em seu fundo (ou seja, das figuras que desempenham o papel de "comparsas") (Figura 17)[62].

60. O fundo, naturalmente, pertence justamente à periferia da representação. Vide o que vai se dizer sobre isto em seguida.

61. Com referência a isto, é característica a representação de interiores com o aspecto de construções seccionadas, com a parede dianteira removida (no século XVII na Rússia e nos séculos XIII e XIV na Itália), sendo a vista interna elaborada em termos de perspectiva (vide B. V. Mikhailóvski e B. I. Púrichev: *Estudos de histórica da pintura monumental russa antiga, da metade do séc. XIV ao começo do séc. XVIII*, Moscou--Leningrado, 1941, p. 121), e apresentando-se por sua vez como uma espécie de quadro dentro do quadro.

62. Com referência a isto pode-se considerar também o fato de que as figuras principais nos ícones são dadas de frente, enquanto as secun-

Na época do Renascimento, todo espaço a ser representado era construído, freqüentemente, como imagem de alguns microespaços, cada um dos quais, sendo construído de acordo com as regras da perspectiva direta, tinha a sua própria organização (i.e., tinha sua própria linha de horizonte)[63]. Em vista disso, o espaço, no plano posterior, apresentava-se emoldurado como vão de uma porta, caixilho de janela, etc., isto significando que possuía seu tipo especial de "moldura" (vide o que foi dito acima, a respeito do emprego de procedimentos semelhantes para designar as molduras, em relação ao conceito de quadro característico do Pós-Renascimento como "vista através de uma janela")[64]. Por conseguinte, pode haver no quadro algumas de tais representações espaciais de camadas (cada uma das quais possui suas molduras peculiares e sua própria posição de perspectiva)[65].

Desse modo, muito freqüentemente a representação no fundo no quadro pode ser compreendida como um certo gênero de *quadro dentro de um quadro*, ou seja, uma representação independente, construída de acordo com suas regras especiais (Figuras 20-23). Ademais, a representação do fundo, em medida maior do que a representação das figuras no plano anterior, serve a fins decorativos[66]; pode-se dizer que aí é representado freqüentemente não o mundo em si, mas um cenário desse mundo, isto é, tem-se a representação de uma representação.

Isso se deve ao fato de que a representação do fundo, estando relacionada com a p e r i f e r i a do quadro, é orientada no sentido de uma posição de observação externa (isto é, a posição de um observador externo), enquanto a representação do plano anterior se orienta nas pinturas pré-renascentistas, para a posição de um observador interno, imaginado no centro do quadro (vide o que já foi dito a respeito, acima). Devido ao fundo, na pintura antiga, ser pintado a partir de um ponto de vista externo, e não interno, podemos referir-nos ao modo característico de se representar o interior nos ícones russos, onde o edifício dentro do qual se desenrola a ação e que serve de fundo para esta última, é representado

---

dárias podem ser dadas de perfil (vide B. A. Uspênski: "Sobre o sistema de transmissão de imagens na pintura russa", in *Estudos sobre os sistemas de signos*, II (Anais da Universidade de Tártu, fasc. 181).

63. A linha de horizonte define-se como aquela na qual se juntam as linhas paralelas, nas representações em perspectiva.

64. Vide a obra citada de Uspênski, p. 186.

65. Como exemplo podemos considerar a *Anunciação* de Botticelli, as telas de I. Van Cleve (Figura 19), etc. Em particular, veja-se a *Madona com o menino e o apóstolo Tomé*, do Mestre de Grossmein (Figura 18).

66. Isto pode explicar o fato curioso de que, na representação do fundo, e, em geral, na periferia do quadro, na pintura antiga apare-

17

O gesto lacônico e o volume considerável no plano anterior do quadro são contrapostos a outros princípios de representação, no fundo. Antoniello da Messina, *S. Sebastião*.

18

Mestre do altar de Grossmein.
Madona com menino e com o apóstolo S. Tomé, século XV.
Algumas camadas espaciais representadas em seqüência, cada uma das quais possui sua própria moldura (em forma de um vão especial) e uma posição perspectiva.

19
van Cleve, *Adoração dos Magos*.
Algumas camadas espaciais representadas em seqüência.

a partir de seu próprio lado e x t e r n o e não i n t e r n o⁶⁷ (Figura 24). A respeito dos procedimentos singulares de representação do fundo e das molduras da obra, vide adiante.

Pode-se lembrar aqui, por exemplo, o caráter declaradamente decorativo do fundo (Figura 25) na pintura de Giotto (considerando a dependência da paisagem de Giotto dos motivos decorativos dos mistérios, A. Benoit fala das casinhas e dos pavilhões "postiços" na paisagem de Giotto, das "rochas que parecem bastidores, planas, como se tivessem sido recortadas em papelão"⁶⁸ e dos procedimentos de Tintoretto, que organizava o fundo esticando até o teto figurinhas de cera — repre-

ciam, não raro, elementos de um sistema artístico mais adiantado em termos de evolução do que o sistema aplicado na representação do plano anterior (vide M. Schapiro, "Style", in Antropology Today. An Enciclopedic Inventory, Chicago, 1953, p. 293). Em outras palavras, na representação do fundo e, de modo geral, das figuras de importância secundária para o quadro em si, o pintor pode adiantar-se a seu tempo; assim, o fundo podia ser construído conforme as regras da perspectiva direta (linear), pelos princípios do barroco (com seus escorços típicos e sua mímica expressiva), etc., isso no momento em que o respectivo sistema artístico não ocupava ainda o lugar dominante na arte da época.

Com efeito, as formas do barroco e da perspectiva linear orientam-se justamente em direção a um observador externo, dependendo diretamente da posição espacial e temporal deste último (daí o subjetivismo inevitável de tal representação); é natural, portanto, que semelhante orientação fosse de se esperar justamente na periferia do quadro.

Notemos, a esse respeito, que as normas da perspectiva linear eram conhecidas desde um tempo bastante remoto, pelo visto, desde o século V a.C.), mas sua aplicação era limitada a funções acessórias; antes de mais nada, elas eram aplicadas em representações de cenários de teatro (é significativo que a própria descoberta da perspectiva direta na Grécia Antiga estivesse ligada à cenografia); vide P. A. Florênski, "Perspectiva inversa", Estudos sobre sistemas de signos, III (Anais da Universidade de Tártu, fasc. 198), pp. 385, 386; N. D. Flittner, Arte e cultura da Mesopotamia e dos países vizinhos, Leningrado-Moscou, 1958, pp. 175, 176, onde a representação em perspectiva de uma das formas sumerianas de cozinha é relacionada com o fato de pertencer às artes aplicadas.

Há fundamento para supor-se que, na época do Renascimento, a aplicação, na pintura, da perspectiva direta esteve, no início, igualmente ligada ao teatro (tal ligação observa-se às vezes, por exemplo, em relação às paisagens de Giotto). Veja-se, a respeito de tudo o que foi dito: B. A Uspênski, "Para o estudo da linguagem da pintura antiga" (artigo introdutório ao livro de L. F. Jéguin, A linguagem da obra pictórica, pp. 10, 11).

67. Com referência a isto veja-se: B. A Uspênski, "O sistema de representar imagens na pintura russa", in Estudos sobre sistemas de signos, II (Anais da Universidade de Tártu, fasc. 181, p. 254).

68. A. Benoit, História da pintura, São Petersburgo, 1912, parte I, fasc. 1, pp. 107, 108.

sentando, ele também, não a própria realidade, mas uma imagem desta realidade[69].

Notamos, com isso, que "a representação dentro da representação", na maioria dos casos, é construída dentro de um sistema artístico diferente daquele aplicado para o quadro todo. Assim, por exemplo, de um modo geral, na arte maia é característica a representação de perfil (análoga ao que sucedia na arte antiga egípcia); entretanto, nos casos em que era representada uma máscara ou uma escultura qualquer — ou seja, nos casos de "representação na representação" — ela podia ser dada *en face*. A mesma observação, parece-nos, pode ser feita em relação à arte egípcia[70]. Exatamente da mesma maneira, também na arte russa determinadas figuras, via de regra, são tratadas de perfil — por exemplo, a figura de um cavalo é dada habitualmente como uma imagem estilizada de perfil, como que achatada sobre uma superfície, mas esta regra altera-se no caso em que não se representa diretamente um cavalo, mas uma estátua sua (veja-se a representação, de frente, do cavalo, na estátua de Justiniano, no ícone de Pokróv de Nóvgorod, século XVI[71]). Em todos estes casos, a representação da imagem de um objeto é tratada de maneira diametralmente oposta à do objeto propriamente dito.

Deste modo, o fundo do quadro (e sua periferia em geral) pode ser transmitido de certa maneira especial como "representação na representação" e, correspondentemente, no quadro podem ser destacadas formalmente certas figuras que têm relação com o fundo da obra e, *grosso modo*, todas as possíveis

---

69. Vide: P. A Florênski, "Perspectiva inversa", in *Estudos sobre sistemas de signos*, III (Anais da Universidade de Tártu, fasc. 198), pp. 396, 397.

70. Vide o afresco no sarcófago de Kefren (Museu do Ermitage), que representa a oficina de um pintor egípcio (reprodução no livro de V. V. Pavolov, *O Retrato egípcio dos séculos I-IV*, Moscou, 1967, prancha nº 26): note-se o contraste entre a imagem de perfil do pintor e sua representação de frente, nos quadros que estão nas paredes.

Pode-se supor que o surgimento do retrato de frente na arte egípcia esteve no começo ligado à representação da imagem (máscara mortuária) e não diretamente ao próprio indivíduo. De fato, a função primordial do retrato era, no Egito, substituir a dita máscara: o retrato incorporava-se à múmia tal como o fazia a máscara e durante muito tempo coexistiam (vide sobre isso: V. V. Pavlov, *O retrato egípcio dos séculos I-IV*, p. 46, *passim*). Pode-se pensar que no começo copiava-se mesmo a máscara e que só depois a representação de frente veio a separar-se da múmia e passou a funcionar de modo independente.

71. Vide: A. J. Niekrassov, "Sobre os fenômenos do escorço na pintura russa antiga", in *Estudos da seção de História da Arte do Instituto de Arqueologia e História da Arte*, I, Moscou, 1926.

figuras secundárias — figuras essas que desempenham o papel de "comparsas"[72].

Exatamente do mesmo modo os "comparsas", em literatura, que surgem, por assim dizer, no plano posterior da narrativa, são habitualmente representados graças à aplicação de procedimentos composicionais em princípio contrapostos àqueles que são usados na descrição das personagens de dada obra: se as personagens podem intervir como portadores do ponto de vista do autor (num ou noutro aspecto), não é próprio dos comparsas, de um modo geral, desempenhar essa função, visando sua atuação habitualmente sublinhar a descrição externa. Nos casos mais característicos, os "comparsas" são descritos não como pessoas, mas como m a r i o n e t e s, ou seja, ocorre o mesmo procedimento da "representação na representação" que acabamos de mencionar para a pintura[73].

Como exemplo, podemos considerar a descrição dos "inquilinos" na "Metamorfose" de F. Kafka. Essas personagens aparecem como comparsas típicos, surgindo sempre no plano posterior da ação. Também característico é o fato de serem elas descritas como marionetes — isto é expresso, antes de mais nada, pelo marcado automatismo de sua conduta. Ela é completamente idêntica, eles sempre aparecem juntos e até na mesma ordem (é sintomático que um deles seja denominado "o do meio", como se nunca trocassem as respectivas posições), seus movimentos são extremamente automatizados. Via de regra, são descritos apenas seus gestos, sendo característico o fato de que, de um modo geral, só fale um deles ("o do meio") que, desse modo, os representa a todos. Pode-se dizer que os inquilinos de Kafka se apresentam como um único mecanismo em três partes, como três bonecos unidos entre si, governados por um único ator.

Um exemplo de relevo especial dado ao automatismo no comportamento das personagens de fundo (descrição de comparsas como marionetes, organizadas mecanicamente pelo princípio dos vasos comunicantes) encontra-se em Tolstói, em *Guerra*

---

72. Em relação à ligação entre o fundo (cenário) e os "comparsas", era característica a maneira de trocar-se o cenário no teatro shakespereano onde os apetrechos eram trazidos e retirados pelos próprios protagonistas (personagens secundárias). Vide: A. Anikst, *O teatro da época de Shakespeare*, Moscou, 1965, p. 146; cf. a função análoga dos ajudantes no circo atual.

73. Com referência à representação das personagens pelo princípio das marionetes, independente da função dessas personagens na obra, vide: V. V. Hippius, "Pessoas e marionetes na sátira de Saltikóv", in *De Púchkin a Blok*, Moscou-Leningrado, 1966.

e paz; veja-se a descrição de uma loirinha à qual Nicolai faz a corte, em Voroniej, e de seu marido:

> No fim da tarde... à medida que o rosto da mulher tornava-se mais rosado e vivo, o rosto de seu marido ia ficando mais triste e mais sério, como se a cota de animação fosse a princípio uma só para ambos e enquanto ela ia aumentando para a esposa, ia diminuindo para o marido. (Vol. XII, p. 18).

Como ilustração irrefutável, pode-se finalmente considerar a descrição da tarde em casa de Ana Pávlovna Scherer (que abre a narração em *Guerra e paz*), onde o automatismo do comportamento das personagens de fundo é sublinhado por uma comparação peculiar que o autor faz com os fusos acionados numa fiação.

Em relação ao que foi dito acima, pode-se notar que os protagonistas numa obra dividem-se, não raro, em móveis e imóveis; estes últimos não podem mudar seu ambiente, ou seja, estão presos a algum lugar determinado, enquanto os primeiros mudam-no livremente. É natural que as personagens centrais desempenhem quase sempre o papel de figuras móveis, enquanto é próprio das personagens secundárias de diferentes gêneros desempenhar o papel de figuras imóveis [74]. Assim, os "comparsas", apesar de poderem se encontrar ocasionalmente fixados a um certo ambiente, estão presos sempre ao fundo, constituindo uma componente sua imprescindível: a descrição do fundo encerra necessariamente também a descrição dos comparsas. Um princípio tipológico análogo pode ser notado também em relação ao teatro [75].

Um incremento semelhante do convencional do fundo da narração pode expressar-se também pela d e n o m i n a ç ã o das figuras episódicas. Assim, por exemplo, no relato de Catierina Ivánovna, em *Crime e Castigo* de Dostoiévski, surgem inesperadamente sobrenomes de todo inverossímeis e convencionalmente grotescos: "princesa Biezemélnaia" [princesa sem

---

74. Vide: S. I. Niekliudov, "Sobre a questão do nexo entre as relações espaço-temporais e a estrutura do enredo na *bilina* russa", in *Teses das comunicações ao Segundo curso de verão sobre sistemas modelizantes secundários*, Tártu, 1966, p. 42; cf.: I. M. Lotman, "Sobre a metalinguagem das descrições tipológicas de cultura", in *Estudos sobre sistemas de signos*, IV, Tártu, 1969, p. 464.

75. No que se refere ao teatro, são característicos, por um lado, os elementos da pantomima no plano posterior, na ação teatral antiga e, por outro, a aguda intensificação do convencional pela representação da "cena na cena". A respeito do procedimento da "cena na cena" vide: F. S. Boas, "The Play within the Play", in *A Series of Papers on Shakespeare and the Theatre*, 1927.

20

G. Schuchlin, *Execução de Sa*
Bárbara, século XV. O fu
é representado como um qua
no qua

21

S. Zossima e S. Sabateu, tendo por
fundo o mosteiro de Soloviétzk,
ícone do século XVII. O fundo
aparece como quadro no quadro.

22

O Repasto, ilustração de um saltério inglês do século XIV. A representação do fundo é dada como quadro no quadro.

resentação no plano anterior (neste caso, periférico) é dada como quadro no quadro. Ilustração do romance *Três damas de Paris*, século XIV.

terras], "príncipe Chchegolskói" [de *chchégol*: quem se pavoneia] (Vol. V das *Obras reunidas*, p. 186), embora, de um modo geral, os sobrenomes das personagens desta obra, em sua maior parte, não se destaquem como convencionais. Deste modo, ocorre uma mudança brusca dos princípios de descrição: do real para o convencional marcado. Mas, basicamente, este relato é um tipo particular de o b r a n a o b r a, essas figuras não tomam parte na ação, como que não existem "de fato" (no primeiro plano da narrativa), mas aparecem no relato de Catierina Ivánovna. De acordo com isso, elas são dadas, conforme foi visto, pelo procedimento da "representação na representação".

O incremento do convencional, graças à denominação das figuras episódicas, (protagonistas do fundo da narrativa) pode ser observado em toda uma série de obras de Dostoiévski. Vejam-se casos como os da "condessa zalikhvátskaia" [condessa fanfarrona] de *O sonho do titio*, "Dur' – Zajíguini" [de *dur'*: bobagem e *zajigat'*: acender] de *O jogador*, "príncipe Svintchátki" [de *svintit':* parafusar e de *sviniá:* porco] de *O sósia*, "professor Dardanélov" [professor dos Dardanelos] e "ginasiano Búlkin" [de *bulka*: pãozinho] de *Os irmãos Karamazov*. Particularmente sintomático é o desnudamento patente do procedimento da atribuição dos nomes às figuras episódicas ou às personagens secundárias em Dostoiévski – veja-se por exemplo: *píssar Pissarenko* [escrivão Pissarenko – ambos originados de *pissat'*: escrever] do conto "O senhor Prokharchín", *médik Kostopravov* [médico consertador de ossos] do conto "O ladrão honrado", procedimento esse que pode mesmo ser acentuado especialmente pelo autor: o proprietário da casa de jogo em *O adolescente*, na qual este ganha a zero, chama-se Zérchtchikov. A respeito de Trussótski [de *trússost'*: covardia] de *O eterno marido*, o autor escreve que ele, na casa de Zakhliébin, *trussil vsled za vsiémi* [ou seja, acovardava-se diante de todos], de Razumíkhin [de *rázum*: razão] de *Crime e castigo*, diz-se que ele é judicioso [*rassuditel'ni*] e que seu sobrenome demonstra isto, etc., etc.[76].

Deste modo, na representação do fundo (e das figuras do fundo), tanto nas artes plásticas quanto em literatura, pode

---

76. Foi notado por A. Bem – vide: A. Bem, "Nomes próprios em Dostoievski", *Coletânea em homenagem ao prof. L. Milietich*, Sófia, 1933, p. 417-423 (Bem, entretanto, não relaciona o fenômeno por ele notado com a função da personagem na obra); material precioso para exemplos semelhantes pode ser encontrado no trabalho do mesmo autor: *Dicionário dos nomes próprios em Dostoiévski*, na coletânea *Sobre Dostoiévski*, vol. II, aos cuidados de A. Bem, Praga, 1933. É bastante significativo que o próprio Dostoiévski, em *Humilhados e ofendidos*, faça Maslobóiev inventar, num ímpeto de ressentimento contra a aristocracia, sobrenomes como: "barão Pomóikin" [de *pomóika* – lixeira], "conde Barabanov" [de *baraban* – tambor], "conde Butílkin" [de *butilka* – garrafa], (cf. A. Bem, "Nomes próprios em Dostoiévski", p. 422). Estamos vendo, novamente, um procedimento de "representação na representação".

ser aplicado o princípio da "representação na representação". Em outros termos, ocorre aqui uma amplificação do caráter sígnico da descrição (da representação). A descrição se apresenta não como s i g n o de uma realidade a ser representada (como no caso das figuras centrais), mas como s i g n o d o s i g n o da realidade. Pode-se igualmente dizer que neste caso tem lugar uma intensificação do convencional da descrição[77]. As figuras centrais (figuras do plano anterior) opõem-se respectivamente às figuras secundárias pelo princípio d a m e n o r s i g n i c i d a d e (c o n v e n c i o n a l i d a d e) r e l a t i v a de sua descrição. Pode-se compreender isso no sentido de que uma signicidade relativamente menor é associada naturalmente a um maior c a r á t e r r e a l i s t a (verossimilhança) da descrição: as figuras centrais se opõem às secundárias como menos sígnicas (convencionais) e, conseqüentemente, mais próximas da vida.

Com referência à pintura medieval, semelhante aumento do convencional da representação, no fundo do quadro e, em geral, em suas partes menos importantes, é fácil de ser demonstrado observando-se a o r n a m e n t a ç ã o c a r a c t e r í s t i c a d a p i n t u r a nas partes funcionalmente menos importantes no quadro. Considere-se, por exemplo, a representação de uma paisagem, tradicional para o fundo de um quadro antigo, sob o aspecto das assim chamadas "montanhas dos ícones" (que pode converter-se num ornamento meramente convencional) ou então a representação acentuadamente ornamental das pregas de uma roupa (das assim chamadas "falhas") num ícone (Figuras 26-29). No ícone, tal aumento do convencional nas partes menos significativas da representação vem expresso, aliás, ainda no fato de que as ditas partes (o fundo, a roupa etc.) revelam um t r a t a m e n t o especial pelo qual foi introduzida de propósito uma imagem convencional e que se apresenta assim como certo tipo de "representação na representação".

Analogamente podem ser compreendidos os casos acima citados do aparecimento, na periferia da obra, de escorços relativamente marcados e de elementos da perspectiva direta (veja-se B. A. Uspênski, *Poética da Composição*, p. 202). Pode-se pensar que as formas consideradas foram percebidas em seu tempo como convencionais, da mesma maneira pela qual nós, hoje, estamos inclinados a tratar como convencionais as formas fortemente frontais[78] e os elementos da perspectiva inversa.

Não menos característica é a representação simbólica dos atributos do fundo no ícone medieval e na miniatura. Por exemplo, a noite

---

77. Vide: B. A. Uspênski, "A semiótica da arte", in *Simpósio sobre o estudo estrutural dos sistemas de signos*, Moscou, 1962, p. 127, onde a convenção se define pelo conceito do signo como situação de ênfase na expressão e não no conteúdo, e se coloca a questão da medida dessa convenção (determinada por uma série de componentes consecutivos: sinal do sinal do sinal ... etc.).

78. É característico, a esse respeito, o fato de F. I. Busláiev ter achado que "na antiga pintura cristã predominava, inicialmente, o gênero

pode vir representada aí como um pergaminho com estrelas, a alvorada como um galo, etc. (Figura 30)[79]; veja-se também a representação alegórica do rio como uma torrente que flui de um cântaro, seguro por figuras humanas, a visão do inferno como um vulto no plano posterior, etc., etc. Evidentemente a percepção de uma representação desse gênero pressupõe uma recodificação suplementar dos significados, num nível mais elevado (se for comparada com as representações não-simbólicas), análoga àquela que ocorre na língua natural por ocasião da configuração de unidades fraseológicas. Assim, nesse caso também ocorre o aumento do convencional (com o aumento característico da distância entre significante e significado no fundo da representação).

A esse respeito não podemos deixar de lembrar a representação convencional do cenário sob o aspecto das simples tabuletas que indicavam o lugar da ação na cena shakespeareana (e, em geral, antes de Shakespeare). Na realidade, disso pouco se diferencia também a tela que apareceu mais tarde, representando convencionalmente o cenário. A própria convencionalidade do cenário como que matiza a ação no palco, conferindo-lhe mais vitalidade.

Pode ser que justamente o teatro, com a combinação que lhe é característica de atores e cenário (que configuram o fundo da ação, apresentando-se como uma representação dentro de outra), tenha exercido, até certo ponto, uma influência na literatura e nas artes plásticas, condicionando os fenômenos de que tratamos há pouco[80].

Unidade dos princípios
de denotação do
fundo e das molduras

É bastante característica a semelhança dos procedimentos formais no que se refere à representação do fundo e das mol-

escultural" ou seja, nos ícones eram representadas não propriamente as figuras como tais, mas o aspecto estatuário dessas figuras (vide: F. I. Busláiev, "Simbólica bizantina e russa antiga", in *Traços históricos do folclore e da arte russa*, vol. II, São Petersburgo, 1910, p. 204). Isto concorda plenamente com a opinião de Busláiev sobre os ícones como expressão de arte convencional, de onde decorre também a tendência natural de se considerar a imagem neles como construída pelo princípio da "representação na representação".

79. Vide as ilustrações do livro: *Bilinas*, aos cuidados de M. Sperânski, vol. I, Moscou, 1916, figura IV, e as notas de V. N. Chchépkin, p. 441, a essas ilustrações.

80. Escreveu-se muito sobre a influência do teatro na pintura. Veja-se principalmente: E. Mâle, *L'art religieux de la fin du moyen âge en France*, Paris, 1908; G. Cohen, "The influence of the mysteries in art", *Gazette des Beaux Arts*, 1943; P. Francastel, *La réalité figurative. Élements structurels de sociologie de l'art*, Paris, 1965, pp. 215 e ss.;

duras na obra de arte — semelhança essa que se observa nas formas mais diversas de arte. Assim, no teatro antigo, os elementos da pantomima, por um lado, eram típicos do plano posterior da ação e, por outro lado, não raro, serviam de introdução ao espetáculo (vide a pantomima no começo da ação, na antiga versão do "Assassínio de Gonzaga" representada no *Hamlet* de Shakesperare)[81]. Na pintura pré-renascentista, tal semelhança podia manifestar-se, por exemplo, na unidade dos procedimentos da perspectiva, aplicados ao fundo e às margens da representação (as quais podem ser contrapostas, entretanto, ao sistema de perspectiva empregado para o plano anterior da parte central do quadro), nos escorços marcados que aparecem neste e noutros casos, e assim por diante. Uma semelhança igual pode ser descoberta também nas obras literárias, graças à contraposição da descrição externa (característica tanto do fundo quanto das molduras da narração) e da interna.

Tal semelhança, é lógico, nada tem de fortuito. Conforme já notamos repetidas vezes, o fundo, tal como as molduras, pertence à p e r i f e r i a da representação (ou da descrição). Correspondentemente, se considerarmos a obra como um sistema fechado em si mesmo, então, no caso das molduras e do fundo, é normal esperar-se uma posição de observação externa e não interna. O plano posterior da representação desempenha, de modo geral, a mesma função que seu primeiro plano (que aparece nas margens da obra): estes planos se opõem, antes de tudo, por aquilo que ocorre d e n t r o da representação, ou seja, em seu centro. Pode-se pensar que aquilo que é apresentado no f u n d o de qualquer figura central a ser representada, possa, em igual medida, pensar-se como sendo apresentado também em sua parte a n t e r i o r — não é representado aí apenas porque, neste caso, tal representação, menos importante por sua essência, fecharia a própria figura. Por outro lado, aquilo que de fato se encontra n a f r e n t e da representação pode, em inúmeros casos, ser transportado pelo pintor medieval para o f u n d o desta mesma representação — em parte, possivelmente, com a finalidade de não encobrir a representação principal (compare-se com a já lembrada maneira de se representarem os interiores, onde a imagem do edifício no qual se desenrola a ação é transportada para o fundo). A representação do

[tradução brasileira: *A realidade figurativa*, São Paulo, Editora Perspectiva e Editora da Universidade de São Paulo, 1973]. G. R. Kernodle, *From art to theatre. Form and convention in the Renaissance*, Chicago, 1945.

81. Sobre a pantomima no começo do espetáculo, vide: A. Anikst, *O teatro da época de Shakespeare*, Moscou, 1965, p. 289.

24

*Sagração como arcebispo e aposiç[ão]
das mãos*, de *Vida [de]
São Sabateu*, ícone sérvio [do]
século XVII. O templo no interi[or]
do qual decorre a ação é da[do]
pelo lado exter[no]

25

Fundo de cenário num quadro de
Giotto. Giotto, *Dando de beber
ao guia*, afresco na igreja de
S. Francisco em Assis.

Ornamentalização do fundo num ícone (as assim chamadas "montanhas de ícones"). *Colocação no Túmulo*, ícone de fins do século XV.

27

Ornamentalização do fundo num ícone (as assim chamadas "montanhas de ícones"). *O milagre do arcanjo Miguel em Konekh*, ícone do século XVI.

fundo, em muitos casos, pode ser compreendida como um espelhamento do primeiro plano (ou como uma "transparência" dele).

Além disso, não é raro que as molduras da obra sejam construídas de modo a fazê-la apresentar-se como uma o b r a d e n t r o d a o b r a (quadro no quadro, teatro no teatro, conto no conto). Deste modo, as molduras são marcadas da mesma maneira que o fundo, porém, apesar de estar dentro do mesmo princípio, a situação neste caso é exatamente inversa. Se, no caso considerado acima, o fundo da obra era marcado pelo procedimento da "representação dentro da representação", e aquela que ocorria dentro de outra aparentava ser mais convencional em relação a esta última (representação emoldurante), no caso dado a representação localizada dentro de outra é, ao contrário, básica (apresenta-se como centro de composição), enquanto a representação enquadrante, que aparece na periferia, desempenha o papel de moldura. Correspondentemente, no último caso, a representação externa (emoldurante) é dada como mais convencional e, comparada com ela, a representação interna (central) funciona como a mais natural.

Com respeito à pintura pode-se observar a representação de cortinas abertas, que envolvem o quadro (vide a "Madona Sistina" de Rafael), ou, não raro, nas margens da pintura, caixilhos de janela ou o vão de uma porta — deste ou daquele exterior (vide acima).

No que se refere ao teatro, são muito característicos aqueles prólogos que representam a conversa do espectador ou dos atores (no palco) antes do começo do espetáculo (veja-se a introdução teatral no *Fausto*) — e, desse modo, a ação central apresenta-se sob o aspecto de cena na cena.

No que concerne à literatura, pode-se observar o freqüente procedimento do enquadramento do conto por meio de um episódio introdutório que não tem ligações com a ação em si, mas em relação ao qual o conto dado funciona como encaixado (vide o *Livro das mil e uma noites*, o *Decameron*, etc.).

Compreende-se que de modo semelhante ao da construção das molduras da obra — como obra suplementar enquadrante que encerra dentro de si a obra dada (central) — é natural o emprego de um ponto de vista externo, justamente em relação à obra enquadrante, que desempenha o papel de moldura. O ponto de vista externo, por um lado, corresponde diretamente ao ponto de vista do observador ou do leitor, e, por outro, é caracterizado por um marcado caráter ilusionista (decorativo, convencional) que pode matizar a obra central, conferindo-lhe mais vida.

Com base no que foi dito, podem ser interpretadas todas as possíveis vacilações do grau de convencionalidade na obra. As diversas ondas de convencionalidade na descrição, que redundam numa intensificação inesperada do c ó d i g o empregado, e não da informação transmitida (do tipo: "o leitor espera a rima "rosa", vamos, agarre-a depressa" de Púchkin), podem se comparar às maneiras convencionais de se dirigir ao público no meio da ação (por exemplo, Hans Wurst, na comédia medieval): lá e aqui tem lugar um procedimento em nível de metalinguagem em relação ao texto direto da narrativa — em outros termos, uma saída para a periferia da descrição, para seu fundo ou para suas molduras, que permite matizar a própria descrição.

Assim, podemos ver que o procedimento em si da "obra na obra" pode ser empregado tanto na representação do fundo quanto na das molduras. Sendo assim, tanto num caso quanto no outro é característico o emprego do ponto de vista externo.

Observações finais

Esforçamo-nos por sublinhar a unidade dos procedimentos formais da composição em literatura e nas artes figurativas por meio da demonstração de alguns princípios estruturais gerais da organização interna do "texto" artístico (no sentido lato desta expressão). Foi possível fazer isso antes de mais nada porque tanto a obra literária quanto a plástica se caracterizam em maior ou menor medida por um relativo fechamento, isto é, configuram um micromundo particular, organizado de acordo com suas leis específicas (caracterizando, em particular, certa estrutura espaço-temporal). A seguir, em ambos os casos, podem ocorrer inúmeras posições diferentes de autores, do ponto de vista de seu relacionamento mútuo.

A posição de um autor pode ser fixada de modo mais ou menos nítido numa obra literária — aí surge uma analogia imediata com o sistema de perspectiva direta na pintura. Neste caso é legítimo perguntar-se o n d e estava o autor no momento dos acontecimentos descritos e d e o n d e ele conhece a conduta das personagens (em outros termos, trata-se da questão da confiança no autor, por parte do leitor)[82] — exatamente como, na representação em perspectiva, é possível adivinhar-se o lugar do pintor em relação ao acontecimento descrito. Deve ser notado, como fato secundário, que, com a representação em perspectiva direta estaremos comparando o princípio já

---

82. Vide: G. A. Gukóvski, *O realismo de Gógol*, pp. 201 e ss. e, igualmente, R. Scholes e R. Kellogg, *The Nature of Narrative*, New York, 1966, cap. 7.

citado da descrição psicológica com o emprego de especiais "palavras de estranhamento" (quais "parece-nos", "como se" etc.). Em ambos os casos é típico o caráter subjetivo da descrição e por isso mesmo inevitavelmente casual a posição do autor. Em ambos os casos, aliás, é característica significativa a limitação do saber do autor: ele pode não saber alguma coisa, seja o estado interior de uma personagem na descrição literária, seja aquilo que sai dos limites de seu horizonte na representação em perspectiva; além disso, fala-se justamente das limitações conscientes apostas pelo autor, para maior verossimilhança, ao seu próprio saber[83].

Na realidade, é bem na força destas limitações que se torna legítima logicamente a questão das f o n t e s do conhecimento do autor, sobre a qual acabamos de falar. Ao mesmo tempo, porém, postular semelhante questão em relação a outro possível sistema de descrição (representação) não é absolutamente possível, quer dizer, não é correto nos limites deste mesmo sistema. Podem servir de exemplo a epopéia no caso da literatura e a representação construída pelos princípios da perspectiva inversa, no caso da pintura. A obra épica, por exemplo, pode terminar pela morte de todos os protagonistas, mas a pergunta "de onde se sabe", referente aos acontecimentos descritos, tão natural para a literatura "realista", não pode ser feita aqui sem se sair irreversivelmente fora das molduras do sistema artístico dado[84].

Exatamente do mesmo modo, também a representação do objeto no sistema da perspectiva inversa é dada não pela consciência individual, mas pela maneira em que o objeto se dá. Neste caso o artista não se permite representar um objeto retangular que se delineia no horizonte (tal como era prescrito pelas regras da perspectiva linear) apenas porque ele o está vendo assim naquele momento e de um dado ponto de vista. O pintor representa seu objeto tal como ele é e não tal como lhe p a r e c e . A questão da relatividade de qualquer conhecimento em

---

83. Neste sentido é muito típico o caso em que o autor sublinha seu desconhecimento. Ao lado dos já citados (referentes a *Guerra e paz*), veja-se também a frase característica de "O capote" de Gógol, em que o autor (narrador), após ter-nos comunicado o que pensa Akáki Akákievitch, apressa-se em ressalvar: "Ou pode ser que ele não tenha pensado isso — não se pode entrar na alma de uma pessoa e saber tudo o que ela pensa" (Gógol, vol. III, p. 159). Vide igualmente os exemplos da obra de Dostoiévski referidos por Likhatchóv (D. S. Likhatchóv, *A Poética da literatura russa antiga*, p. 326).

84. Mostraremos que, de modo geral, a própria possibilidade ou impossibilidade de se fazer perguntas desta espécie pode servir como traço distintivo deste ou aquele sistema artístico.

geral e, conseqüentemente, do grau de credibilidade em relação ao autor não deve ser posta aqui de maneira alguma. Este mesmo princípio vale também para a epopéia (Cf. os epítetos permanentes da epopéia como traço formal da descrição da vida não "aparente" mas "real")[85].

As coincidências entre os princípios da construção da representação no sistema da perspectiva inversa e os princípios da construção da descrição na epopéia chegam até os detalhes. Assim, para o sistema de perspectiva inversa é característica uma condensação do campo de visão: as folhagens da árvore são dadas sob o aspecto de algumas folhas, uma multidão pode ser representada por um grupo compacto de poucas pessoas, etc.[86]. Isso pode ser comparado com o procedimento análogo encontrado no folclore ou na antiga literatura russa, onde os feitos do exército eram comunicados através da conduta de um único herói, como por exemplo, Evpáti Kolovrát, Vsévolod Bui Tur, etc.[87]. Pode ser lembrado também o procedimento tradicional da descrição da vida na literatura épica, onde a batalha é representada como uma série conseqüente de combates singulares isolados (por exemplo, na *Ilíada* de Homero).

Por outro lado, a condensação do campo de visão pode apresentar como conseqüência a perda da ligação entre as representações isoladas no quadro (quando a mão apenas toca o objeto, mas não o segura, quando os pés das pessoas que andam são postos desordenadamente um na frente do outro, etc.)[88]. Mas semelhante ausência de coordenação entre os episódios isolados é possível também em literatura — e justamente devido à particular concentração da descrição de cada um destes episódios (concentração esta de tal modo forte que cada descrição possui seu valor autônomo, mas perde-se o laço entre elas). Vê-se isto particularmente no folclore; pode-se comparar também a ausência de coordenação em Shakespeare, notada por Goethe e por ele próprio comparada a uma dupla luz no quadro (note-se que a pluralidade de fontes de luz é uma das principais características do sistema da perspectiva inversa)[89].

Assim, por exemplo, aos epítetos constantes na produção épica correspondem os atributos constantes nos ícones antigos. Da mesma forma que "o amável príncipe Vladímir — Solzinho-Vermelho" permanece "amável" e "Solzinho-Vermelho" mesmo diante das condenações, os santos dos ícones russos não se separam de sua vestimenta sagrada em nenhuma hora do dia ou da noite e em nenhuma circunstância. Quem abençoa, está sempre de batina e o príncipe, de veste principesca ou de coroa real, os guerreiros de manta e armadura[90].

85. O caráter convencional de uma descrição deste gênero pode ser constatado apenas a partir de outro sistema de descrição. Nas molduras do sistema dado tal tipo de descrição é objetivo.

86. Vide: L. F. Jéguin, *A linguagem da obra pictórica*, p. 54.

87. Vide: D. S. Likhatchóv, *O homem na literatura da antiga Rússia*, Moscou-Leningrado, 1958, pp. 74, 75; P. G. Bogatirév, *Contos épicos eslovacos e canções lírico-épicas*, Moscou, 1963, pp. 28, 29.

88. Vide: L. F. Jéguin, *A linguagem da obra pictórica*, p. 54.

89. Vide: *Conversações com Goethe, reunidas por Eckermann*, Parte I, Petersburgo, 1905, p. 338 e ss.

90. V. P. Sokolóv, *A linguagem da antiga pintura russa de ícones*, I, Trajes simbólicos. (Separata, Kazãn, 1916), p. 12.

Convém sublinhar que na descrição tanto do primeiro quanto do segundo tipo é possível, em princípio, uma grande quantidade de posições do autor (pontos de vista). Falando-se da pintura, a quantidade de pontos de vista é característica, em primeiro lugar, para o sistema da perspectiva inversa; entretanto, como se observou, ela pode ser constatada também na pintura dos novos tempos e, praticamente, em todas as etapas da evolução da arte. No que se refere à literatura, contrariamente à opinião corrente (a qual liga a descrição em que são utilizados vários pontos de vista com o aparecimento do romance realista social e psicológico), o uso de pontos de vista diferentes na narração pode ser notado também em textos bastante antigos.

Salientamos a este respeito que o procedimento do p a r a l e - l i s m o, característico da espopéia de diferentes povos, testemunha também, não raro, o uso paralelo de alguns pontos de vista.
Por exemplo, quando se diz:

O jovem bondoso ao saguão foi chegando,
Vassíli ao *terem*[91] foi vindo,

diante de nós não há outra coisa a não ser a descrição de um mesmo acontecimento em dois planos diferentes que correspondem a dois diferentes pontos de vista (por assim dizer: um para o "jovem bondoso", outro para "Vassíli").

Uma referência esporádica a pontos de vista diferentes pode ser encontrada nas sagas irlandesas. Por exemplo, na descrição do encontro de Kukhulin e Emer na saga "Os esponsais de Emer", no começo são descritas Emer e suas moças tais como as encontrou Jikhúlin (e isto serve ao narrador para dar uma idéia geral do caráter de Emer) e, em seguida, descreve-se Kukhúlin tal como é visto por Emer e pelas moças (por fim, na maioria das vezes apresenta-se, em discurso direto, uma das moças, o que, em geral, é característico da epopéia).

O emprego de dois pontos de vista opostos pode ser observado também na literatura russa antiga, por exemplo na "História de Kazã" (séc. XVI), onde, na descrição estão juntos os pontos de vista contrários dos russos e dos habitantes sitiados de Kazã[92]. Comparem-se, a este respeito, também as notas de Bakhtin sobre a pluralidade de planos e a conhecida polifonia dos mistérios, sobre os embriões de polifonia em Shakespeare, Rabelais, Cervantes e Grimmelshausen[93].

Não convém compreender os princípios citados nem no sentido de uma avaliação e nem mesmo no sentido de uma evolução (embora, evidentemente, o último princípio seja caracte-

---

91. Habitação em forma de torre, na Rússia antiga (N. da T.).
92. Vide a análise desta obra, a partir de outras posições, nos trabalhos de D. S. Likhatchóv: *A Poética da literatura russa antiga*, pp. 104--107: *A etiqueta literária da Idade Média russa.* — "Poetics, Poetyka, Poética", I, Varsóvia, 1961, pp. 646-648.
93. Vide M. Bakhtin, *Problemas da Poética de Dostoiévski*, pp. 2, 3, 47.

rístico, por exemplo, da visão do mundo[94] medieval, do mesmo modo que o primeiro o é dos novos tempos)[95]. Trata-se antes de duas possibilidades de escolha, em princípio, que tem o autor (narrador ou pintor) e que numa ou noutra combinação podem ocorrer na construção do texto artístico. É possível observar que a própria possibilidade de tal escolha em literatura já se encontra na prática do discurso cotidiano, isto é, do relato familiar (foi o que tentamos mostrar acima). Com efeito, o narrador encontra-se sempre na iminência da escolha se lhe convém contar reproduzindo conseqüentemente sua percepção do acontecimento exposto ou antes apresentando-o de algum modo reorganizado. A reorganização pode visar um efeito maior (o princípio do detetive: no começo faz-se de modo que o ouvinte não adivinhe do que se trata e depois, inesperadamente, lhe é apresentada uma adivinhação) ou, ao contrário, pode visar uma exposição objetiva dos fatos (o narrador não transmite sua compreensão pessoal por não considerá-la essencial neste momento, ou seja, não dá sua posição, mas conta de que forma tudo se passou "efetivamente" — graças à sua reconstrução).

---

94. A objetividade de princípio da percepção e da representação do mundo decorre aqui do não-reconhecimento da arbitrariedade da ligação entre signo e significado, típico, em geral, da visão medieval do mundo.

95. Note-se a este respeito que o próprio cuidado quanto ao m é t o d o (em particular, quanto à linguagem) da descrição, que coloca os fatos descritos na dependência da metódica de sua manifestação, ou, em outras palavras, a atenção privilegiada do "como" e não do "quê" da descrição, é típica justamente da percepção do mundo dos novos tempos.

28

Ornamentalização das dobras do vestu
na arte medieval. *A Prova de S. To*
detalhe de mosaico da Catedral
São Marcos de Veneza, séc
XII–X

29

Ornamentalização das dobras do vestuário na arte medieval. Andréi Rublióv, *A Trindade*, detalhe de ícone do século XV.

30

Reforço do convencional (neste caso
simbólico) no fundo de
representação. *Conselh*
acampamento inimigo, miniatur
frontispício de uma coletâne
crônicas do século XVI. Os atrib
do fundo estão representado
modo sublinhadamente convenci
a noite em forma de rolo
aurora, como um

12. O RITMO DA PROSA LITERÁRIA
N. M. Fortunatov

1. A ritmicidade, a repetição de determinadas construções estruturais, a estrita correspondência das partes do todo entre si e a unidade composicional geral da obra — isso tudo é objeto da mais profunda atenção na arquitetura, música, artes plásticas e, em particular, na poesia.

2. É evidente a necessidade de análises desse tipo no estudo da construção da prosa literária, do caráter unitário de sua organização interna e das peculiaridades de sua arquitetônica. Trata-se da necessidade do estudo da forma literária como portadora de um conteúdo *imagético-emocional*, como aquela "construção arquitetônica" nítida que o autor edifica com o intuito de exercer uma influência emocional, a mais intensamente "contaminadora" (L. Tolstói) possível, sobre o receptor.

3. Esse plano oculto da forma literária, de uma clara proporcionalidade das partes, do caráter repetitivo rítmico de uns ou outros elementos nos limites de uma totalidade estru-

tural geral, percebe-se em certa medida nas análises de poesia, mas não é absolutamente levado em conta quando se trata das leis da forma da obra em prosa.

4. O estudo complexo da obra, na medida em que estimula pesquisas no domínio da metodologia e da metódica das análises, dá a possibilidade de considerar a especificidade da estrutura composicional da obra em prosa, precisamente pela analogia com as leis observadas em outras modalidades de arte. E antes de mais nada, pela analogia com a música, próxima à forma literária por seu princípio da "fluidez", por seu desenvolvimento contínuo, por seu desenrolar no tempo.

5. São característicos, a este respeito, os resultados das análises da prosa de Tchekhov. A harmonia, a proporcionalidade rítmica, o equilíbrio dos elementos artísticos e da unidade estrutural de muitas obras de Tchekhov, "musicais por sua própria construção" (D. · D. Chostakóvitch), revelam-se freqüentemente próximos das leis específicas que se observam na composição musical, onde a organização rítmica costuma ser expressa bem claramente e é observada facilmente tanto em grandes secções da forma quanto na arquitetura geral da obra.

6. O estudo da forma da obra em prosa, pela particularidade de suas construções estruturais, pode vir a ser útil tanto para a teoria da literatura quanto para o estudo da música e de outras teorias da arte e, da mesma maneira, para o estudo da psicologia da percepção artística, para a modelização de processos criativos, etc.

7. A fixação das leis e das propriedades da forma literária, tanto da poesia quanto da prosa, é de grande importância também no que se refere ao aproveitamento dos resultados dessas pesquisas na prática da arte contemporânea e na luta contra os diversos gêneros de falsificação da verdadeira natureza da criação artística.

13. O PAPEL DAS OPOSIÇÕES BINÁRIAS NA ABORDAGEM MITOPOÉTICA DO TEMPO

V. V. Ivanov

1. Considera-se "mitopoética", para empregar a terminologia de muitos trabalhos histórico-culturais recentes, a abordagem do meio ambiente que precedeu a gênese da ciência contemporânea no mundo antigo. Um dos traços mais característicos do modelo mitopoético do mundo é sua descrição pelo emprego de duas séries de símbolos polarmente opostas, i.e. com o emprego de uma classificação simbólica binária.

2. Incluem-se nas oposições universais binárias também as contraposições das duas metades do dia (dia e noite) e das duas estações do ano (inverno – verão ou primavera – outono). Esta última oposição é uma das principais nas mitologias e nos rituais dos povos do mundo inteiro, estando a ela ligados os ritos da mudança de estação. Sua antigüidade é demonstrada, em particular, pelos recentes achados de *Terra Amata* (Nice).

3. Nas sociedades arcaicas onde existia o desmembramento em duas metades reciprocamente acopláveis (exogâmicas), cada uma delas estava relacionada com uma estação do ano, fato esse que encontrava sua expressão nos respectivos rituais.

4. As oposições binárias desse gênero são mais antigas que o habitual esquema quaternário das estações do ano — isso é demonstrado, por exemplo, pela análise das representações do tempo entre os ainos, nas quais, juntamente com o esquema quaternário atual, provavelmente copiado dos japoneses, se conservam traços de um outro mais antigo, binário. O desenvolvimento do sistema das quatro estações do ano (e das quatro partes do dia) a partir de um mais antigo, binário, pode ser observado também nos antigos rituais eslavos e nas designações lingüísticas arcaicas do tempo (do tipo "quantos verões, quantos invernos")[1], que possuem paralelos tipológicos exatos em línguas como a dos ainos. Um desenvolvimento desse tipo é um caso particular de uma formação das mais complexas, em especial dos sistemas sociais e simbólicos quaternários, a partir de sistemas binários mais antigos, que tiveram em seguida um desmembramento dicotômico (em relação ao tempo e a outras estruturas, este processo foi estudado detalhadamente sobre materiais da antiga cultura chinesa).

5. A representação do tempo sob o aspecto de categorias que abrangem oposições mitológicas (noite e dia, vida e morte, inverno e verão) é, portanto, bastante arcaica, da mesma forma que a correlação das duas épocas — a mitológica (pré-histórica) e a histórica —, diferenciando o sagrado do profano.

A concepção do tempo como união de oposições mitológicas estava também na base da teoria pitagórica das reincarnações, que assumiu o aspecto de um esquema numérico com repetições cíclicas. As primitivas representações gregas dos ciclos temporais demonstraram, por suas origens, estarem ligadas com a teoria da classificação binária de tudo o que existe, traços da qual puderam ser encontrados naqueles mesmos filósofos gregos (os pitagóricos e Heráclito), neste sentido tipologicamente muito próximos dos antigos pensadores chineses. Nestes últimos a concepção do tempo estava ligada à distribuição de todos os fenômenos em duas séries polarmente opostas (Yin e Yan), em que está igualmente baseada a antiga teoria chinesa dos números, mitológica por suas origens. Uma das mais antigas aplicações dessa classificação era a predição na

---

1. Expressão corrente da linguagem coloquial russa para indicar muito tempo decorrido entre um encontro e outro (N. da T.).

base do par ou ímpar. Um papel semelhante ao do par ou ímpar foi reconstruído para muitos outros sistemas mitológicos, entre eles o eslavo antigo. Tais representações arcaicas são interessantes também no que diz respeito ao estudo de fenômenos bem mais tardios semelhantes a elas.

6. No pensamento mitopoético arcaizante de Khlébnikov[2] reviveu o arquétipo primevo das oposições mitológicas do tipo par–ímpar. Formulando sua hipotética "lei básica do tempo", Khlébnikov lembrou-se também da crença eslavo-antiga no "par e ímpar" ("As tábuas do destino", 1ª folha); é curioso notar que o par e o ímpar, no antigo sentido divinatório — ritualístico que se conserva nos jogos e nas superstições, é também lembrado nos versos de Khlébnikov ("A tarde joga de par e ímpar"). O mesmo tema aflora também em outros grandes poetas do século (Akhmátova)[3].

7. Khlébnikov via em tais oposições binárias, que ele ilustrou no conhecido exemplo do dualismo iraniano (Arimã e Ormuzd), a manifestação do "desejo de falar do tempo". Sua intuição, baseada numa profunda penetração na essência de uma abordagem mitopoética do tempo, encontra confirmação nas conclusões, acima resumidas, da atual antropologia estrutural.

---

2. O poeta Vielimir Khlébnikov (1885-1922) (N. da T.).
3. Ana Akhmátova (1889-1966) (N. da T.).

14. BIÉLI, BIRKHOFF E O PROBLEMA DA MENSURAÇÃO DA CRIAÇÃO ARTÍSTICA

I. I. Revzin

Abaixo serão confrontadas duas tentativas de introdução de uma medida numérica para a obra artística. Uma delas pertence a Andréi Biéli[1], e a outra, ao conhecido matemático norte-americano G. D. Birkhoff[2].

2. Ambas as concepções apóiam-se nas pesquisas de H. Helmholtz e G. Fechner dedicadas ao problema de uma abordagem da percepção estética em termos de Ciências Naturais. Além disso, enquanto Birkhoff recebia notável influência das investigações do grande poeta Edgard Poe, Biéli partia de sua

1. Andréi Biéli, "Princípio da forma em Estética", *in Simbolismo*, Moscou, 1910, pp. 175-194. [Andréi Biéli (1880-1934), poeta, ficcionista e teórico do simbolismo russo — N. do O.]

2. G. D. Birkhoff, "A Mathematical Theory of Aestetics", *in Collected Mathematical Papers*, New York, 1950.

própria prática de poesia e de pesquisa e do interesse numa fundamentação filosófica da teoria do simbolismo.

3. A fórmula de Birkhoff $M = \dfrac{O}{C}$ liga uma grandeza de valor estético M a uma organização gradativa O (no numerador) e a uma complexidade gradativa C (no denominador), proporcional, segundo ele, ao esforço dispendido pelo indivíduo na percepção.

4. A fórmula de Biéli, $Q \cdot T = Const.$, fala de uma correlação entre a quantidade de criação Q, isto é, a quantidade de esforços gastos na criação do objeto (por exemplo, Q é maior no caso de tratar-se de uma grande estátua e menor no caso de uma estatueta, maior para um poema e menor para uma poesia lírica, etc., etc. Em outras palavras, trata-se simplesmente do comprimento para artes de uma dimensão só, como a arte da palavra; da área, para artes de duas dimensões como a pintura; do volume, para arte de três dimensões, como a escultura ou arquitetura — essa gradação das artes encontra-se no próprio Biéli, e da tensão de criação T. Tal componente, para Biéli a mais importante, consiste, provavelmente, na intensidade da forma construtiva (vide mais adiante o item 13).

No que diz respeito à própria fórmula $Q \cdot T = Const.$, ela é suscitada, unicamente por analogia, pela lei de Boyle-Mariotti e não corresponde absolutamente àquilo que em essência é exposto no artigo (supõe-se precisamente que $Q_1 \cdot T_1$ pode ser maior ou menor que $Q_2 \cdot T_2$. Cf. o raciocínio de Biéli no sentido de que uma estátua gigantesca pode produzir um efeito maior que uma poesia genial de Púchkin). Essencial é aqui a idéia de que a quantidade de criação é inversamente proporcional à tensão.

5. Ao se compararem as concepções de Birkhoff e de Biéli deve-se notar, antes de mais nada, que Birkhoff se coloca rigorosamente na posição do fruidor (do receptor, do perceptor) e, conseqüentemente, constrói uma estética da percepção (cf. a concepção da gramática do ouvinte, na Lingüística contemporânea), enquanto Biéli oscila entre uma estética da percepção e uma estética da criação (comparável à gramática do falante), inclinando-se, via de regra, para este último ponto de vista.

6. Justamente devido a isto, na concepção de Biéli não há lugar para um grau de ordenação, porquanto para um artista criador — de acordo com Biéli — a organização da imagem, i.e. a união do formal e do conteudístico, é o símbolo como finalidade da criação. Basicamente, em lugar de *Const.*, em sua fórmula, ele podia ter colocado qualquer grandeza de simbolização gradual; assim, ele como que sublinha que todos os verdadeiros

criadores atingem aquele grau de simbolização que é indispensável, enquanto são variáveis a quantidade de material organizado e o grau de tensão.

7. Poder-se-ia então comparar a tensão T, como avaliação da efetividade do artista criador, com a grandeza M, que mede a emoção estética do perceptor em Birkhoff, e a quantidade Q de material elaborado pelo autor, com a grandeza de complexidade C, que corresponde à grandeza dos esforços do perceptor.

8. Diante de tal interpretação é possível estabelecer a correspondência entre a fórmula de Birkhoff e a de Biéli.

9. A atitude de Biéli e de Birkhoff em relação às respectivas fórmulas é essencialmente diferente. Biéli não visava de modo algum a utilização de sua fórmula em cálculos e comparações reais (para tanto ele, em pesquisas ulteriores, valer-se-á de meios bem diferentes), embora acreditasse que algum dia se conseguiria medir grandezas dessa natureza. Ele considerava sua fórmula apenas como um modelo que permitia estabelecer a analogia entre o mundo físico e o mundo da criação artística (é sintomático que a idéia da modelização tenha sido claramente expressa por Biéli:

> Como elementos de analogia servir-me-ão elementos da Química teórica. Esses elementos devem construir o modelo da Estética futura. A construção de modelos é feita sob o alto patrocínio da ciência, por isso em meus modelos não acho nada de paradoxal[3]).

Birkhoff introduz índices exatamente definidos para a organização e para a complexidade (por exemplo, dos poemas líricos) e com eles realiza seus cálculos.

10. De acordo com Birkhoff, O é a soma do número dos sons aliterantes, de duas vezes o úmero dos conjuntos sonoros que rimam ao menos com um dentre eles, de duas vezes o número das vogais eminentemente musicais (para uma dada língua), e dessa soma retira-se o número 2ce onde ce é o número das consoantes menos o dobro do número das vogais.

Note-se que o destaque e a fixação dos respectivos componentes é ainda mais importante do que os próprios cálculos. Mas justamente o uso da fórmula pode estimular tais investigações.

11. Para o plano do conteúdo, Birkhoff não propõe nenhuma medida de grau de organização, embora possa acontecer que na qualidade de componente da soma ele acrescente o número dos lexemas ligados por sinonímia (ou simplesmente

---

3. Andréi Biéli, *ob. cit.*, p. 183.

repetidos), o número dos paralelismos gramaticais (cf. o trabalho de Jakobson sobre o paralelismo gramatical)[4] e, possivelmente, alguns outros índices.

12. É evidente, todavia, que a adição isolada de fatos que se referem ao plano da expressão (de acordo com Birkhoff) e ao plano do conteúdo não nos dá ainda o modelo que reflita mais ou menos adequadamente a medida do valor estético.

13. Aqui novamente convém lembrar o modelo de Biéli e o relevo que nele é dado ao conceito de tensão. Voltemos mais uma vez ao que ele entende por tensão:

> A quantidade de esforços criativos dispendidos na criação de obras de grandes dimensões é mais importante do que a tensão da criação. A tensão da criação desempenha o papel mais importante na construção de obras de dimensões reduzidas. Ao criar obras de arte de grandes dimensões, Ibsen procurou, antes, gastar uma quantidade conhecida de energia e depois, pela correção do manuscrito, aumentar a tensão dos esforços gastos... foi assim que Goethe escreveu o Fausto[5].

A fim de inserir esta componente no modelo é necessário, de uma ou de outra maneira, interpretar a afirmação de que o artista introduz em seu trabalho uma tensão conhecida.

14. Como possíveis explicadores poder-se-iam tomar: a) a existência de uma expressão implícita da idéia, no trecho final, b) a correspondência da instrumentação fonética e do conteúdo, c) a correspondência da construção gramatical e do conteúdo, d) a correspondência da organização do léxico e do conteúdo, e) a existência de espaços vazios na construção, suprimidos pelo leitor no processo da percepção, e assim por diante. Não sendo possível medir tais elementos, pode-se imaginar simplesmente o preenchimento por zero ou pela unidade, das colunas da tabela seguinte:

a	b	c	d	e
$K1$	K_2	K_3	K_4	K_5

onde $K_i = 0$ ou 1

15. Se imaginarmos a grandeza, proposta por Birkhoff, como O_1, e designarmos a soma $K_1 + K_2 + K_3 + K_4 + K_5$ por

---

4. Roman Jakobson, "Grammatical parallelism and its russian facet", *in Language*, vol. 42, n. 2, abr.-jun. 1966. Tradução francesa: "Le parallélisme grammatical et ses aspects russes", *in Questions de poétique*, Éditions du Seuil, Paris, 1973 (N. do O.).

5. Andréi Biéli, *ob. cit.*, p. 189.

O_2, poder-se-á representar a grandeza O na fórmula de Birkhoff como $O = O_1 \cdot 2^{O_2}$.

16. Como demonstrou Gunzenhäuser[6] é possível interpretar a grandeza de grau de complexidade C na fórmula de Birkhoff, como grandeza de entropia H. Então o modelo de Birkhoff pode assumir o seguinte aspecto:

$$M = \frac{(O_1) \cdot 2^{K_1 + K_2 + K_3 + K_4 + K_5}}{H}$$

17. Seguindo o espírito da concepção de Biéli, não pretendemos de modo algum propor, através de sua fórmula, qualquer tipo de cálculo, queremos apenas esclarecer as condições para a criação de uma fórmula futura. A proposta apresenta-se conveniente pelas seguintes razões: se não houver uma correspondência, construída especialmente, entre forma e conteúdo, não haverá espaços vazios a serem eliminados e, sendo então $O = O_1$, chegaremos simplesmente à fórmula de Birkhoff. Ao contrário, a existência de uma correspondência conseqüente entre os dois planos aumenta consideravelmente o grau de valor estético, que (com a condição da introdução de um número suficientemente grande de componentes na tabela O_2) crescerá de acordo com a lei exponencial. Finalmente, em caso de ausência de organização em ambos os planos, a medida do valor estético será igual a zero.

18. Como foi dito antes, não pretendemos aplicar em cálculos a fórmula dada. Entretanto, gostaríamos de elucidar com um exemplo o sentido da introdução da tensão. O poema de Rilke:

> Der Tod ist gross
> Wir sind die Seinen
> Lachenden Munds
> Wenn wir uns mitten im Lebem meinen
> Wagt er zu weinen
> Mitten in uns[7]

foi analisada mais de uma vez. A análise do plano da expressão deste poema, feita por V. N. Toporóv[8] permite pensar que a grandeza O_1 seja bastante grande para esse poema (aliás, parece

---

6. R. Gunzenhäuser, "Zur literaturästhetischen Theory G. D. Birkhoffs", *in Mathematik und Dichtung*, Munique, 1965.

7. Tradução literal: "A morte é grande/ Nós somos os Seus/ De lábios sorridentes/ Quando nos cremos em meio à vida/ Ela se atreve a chorar/ Em meio a nós" . (N. da T.)

8. *Estudos sobre sistemas de signos*, 2, Tártu, 1965, pp. 306-308.

que no caso de uma análise tão detalhada e desenvolvida, os cálculos com a fórmula de Birkhoff já se tornam supérfluos).

A construção dos níveis léxico e gramatical neste poema diferencia-se pelo alto grau de organização: *der Tod* é de gênero masculino, o que facilita a personificação da morte como princípio ativo e atuante. O ente que se lhe opõe: *das Leben* é de gênero neutro, o que facilita a representação da vida como princípio passivo, mesmo adiante, no nível léxico: *der Tod weint, der Tod wagt*, enquanto *das Leben* é apresentada apenas como um estado: *wir meinen uns mitten im Leben*. Tanto assim que a oposição *Tod-Leben* é substituída pela outra: *Tod-wir*. Na verdade é criada uma oposição triádica: *Leben – wir – Tod* pelo princípio: *wir – mitten im Lebem, der Tod – mitten in uns*, i.e. pela concepção deste poema (mas não de toda a obra de Rilke!) — dentro do círculo da vida encontra-se o círculo do homem e dentro desse, o da morte:

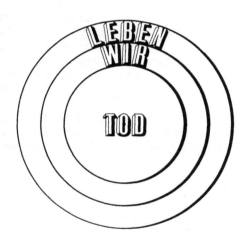

Deste modo a organização do léxico e da gramática, num nível elevado, corresponde à organização da idéia. Isso também ocorre com a parte fonética. Como ressaltou V. N. Toporóv, o tema da morte aparece aqui instrumentado pelos sons baixos o e a (os musicais por excelência, de acordo com Birkhoff). Ao mesmo tempo, o tema da vida e do homem são instrumentados pelos sons altos i e e. Por fim, e isto é o essencial, a tensão é alcançada pela construção de um sistema de oposições:

Objeto	Traços	
morte	grandeza (gross)	conhecimento e daí, choro (weinen)
nós (o homem)		ignorância e, daí, riso (lachen)

Da formação do quadro vazio (cf. os fenômenos análogos em Fonologia) obtém-se naturalmente a conclusão (implícita) deste poema, e o indício da fraqueza é próprio justamente do homem: *wir sind klein*; ao mesmo tempo esta mensagem, que não está contida no texto, é instrumentada por aqueles mesmos sons altos que por todo o texto acompanham o tema da morte.

Esta análise mostra que os cinco quadros que dão a grandeza O_2 devem ser preenchidos pelas unidades e, qualquer que seja o resultado O_1, igualmente, ao que parece, bastante elevado, a soma obtida deve ser multiplicada por $2^5 = 32$. Isso reflete também, segundo parece, o alto grau de tensão no sentido de Biéli. Confirma-se aqui, igualmente, que uma tensão elevada se relaciona com uma quantidade pequena (poesia não muito longa).

19. Numa conferência dedicada ao papel do número na cultura, seria particularmente estranho cair-se no fetichismo do número, no misticismo, e atribuir um significado especial a qualquer tipo de fórmula. É plenamente possível, contudo, construir um modelo que encerre também uma simbólica numérica.

Terceira Parte: SEMIÓTICA E PSICOLOGIA DA PERCEPÇÃO

15. O PROBLEMA DO SUBSTRATO PSICOLÓGICO DO SIGNO E ALGUMAS CONCEPÇÕES TEÓRICAS DE S. M. EISENSTEIN

D. M. Segal

1. Nos trabalhos teóricos de S. M. Eisenstein descobrem-se paralelos interessantes quanto às concepções do substrato psicológico do signo, que nós desenvolvemos em comunicações ao precedente "Curso de verão"[1]. A medula de sua concepção da arte é a teoria do *pathos*. O *pathos*, de acordo com S. M. Eisenstein, baseia-se na semelhança estrutural indubitavelmente objetiva, entre o objeto estético e a reação humana que ele provoca:

> Com todas as fibras, se não da alma, em todo caso de nosso organismo, com a mesma regularidade do mais simples movimento-cresci-

---

1. Trata-se de reuniões realizadas de dois em dois anos pela Universidade de Tártu, nas quais se discutiram problemas de Semiótica, na base de apresentação de trabalhos. Participaram dessas reuniões semioticistas de diferentes cidades da União Soviética (N. do O.).

mento, coincidimos com o que nos é apresentado pela obra. (*A natureza não-indiferente*).

Em certo sentido, esse substrato imanente do fenômeno estético, indiscutível para S. M. Eisenstein, lembra a *idéia* de Platão. Não é por acaso que as fórmulas da ação estética se apresentam em S. M. Eisenstein como analogias e imagens físicas ou matemáticas que podem ser aplicadas a tudo o que existe:

> O crescimento oblíquo efetivo dos fenômenos da natureza cruza-se, na fórmula da divisão áurea, com a forma matemática de expressar a idéia do crescimento (*idem*).

2. A "divisão áurea" é apenas a expressão mais simples dessas leis orgânicas objetivas. S. M. Eisenstein estuda genialmente também outras leis semelhantes: *o conflito dos princípios contrastantes*; sua *síntese* (vide, a esse respeito, a análise que S. M. Eisenstein forneceu de Ivã o Terrível, a partir de seu próprio filme); *o crescimento* (cf. a análise de *A culpa do abade Mouret* de Zola, ainda em *A natureza não-indiferente*, e a surpreendente capacidade de encontrar a forma primitiva da *idéia* do crescimento — uma árvore mágica universal); *o rompimento* (ou seja o preenchimento de algum invólucro até o ponto de seu rompimento instantâneo, o derramamento impetuoso de um conteúdo num outro meio. São oportunas aqui as analogias puramente sensoriais que o próprio Eisenstein elaborou tão bem; isto se sente particularmente na análise do *Germinal*, de *O ventre de Paris* e de outras obras de Zola. Esta análise por si só não é menos impressionante esteticamente, não é menos "extasiante" do que, digamos, as cenas antológicas do *Encouraçado Potiômkin* ou de *Outubro*); *a construção em degraus*, que une o *crescimento* e o *rompimento* (cf. as notáveis analogias de tal construção com o foguete cósmico polifásico e com a reação nuclear em cadeia de 1945. Lembramos, a propósito, uma passagem perfeitamente análoga na *Conversa sobre Dante* de O. E. Mandelstam, onde o desenvolvimento do sentido poético é comparado ao vôo de um avião, que solta, voando, um outro avião, o qual liberta, por sua vez, um terceiro, e assim por diante — e isto ainda em 1934, resultado, certamente, não de enciclopedismo, mas do esforço poderoso do pensamento).

3. Pois bem, observamos em toda parte a tendência para descobrir as leis objetivas que se acham na base da *construção dos objetos*. E agora essas idéias encontram seu suporte nas pesquisas psicológicas que não consideram tal construção abstratamente, como uma lei lógica obrigatória, mas como uma atividade cognitiva do organismo (especificamente — do organismo de um recém-nascido que não domina ainda a linguagem

falada). Resulta que, para o organismo, os objetos possuem uma força de expressão natural e objetiva. (H. Werner, B. Kaplan, *Symbol Formation:*

> As características dinâmico-vetoriais, os sinais fisionômicos, o ritmo, etc. são características internas dos objetos e dos acontecimentos que nós percebemos no mesmo grau das propriedades geométrico-técnicas. Semelhante expressividade objetiva é também intrinsecamente inerente ao organismo, por exemplo, nas poses, nos movimentos do corpo, na mímica, na fonação, etc.)

Não seria tal identidade interna da força de expressão dos objetos e do organismo a base bio-psicológica real daquela "mesma lei que governa a nós e à obra"? (*A natureza não-indiferente*). É interessante notar que a etapa de maior convergência entre significado e significante, por suas qualidades expressivas, é justamente uma das primeiras no plano ontogenético dos estágios. Isto fornece uma base psicofísica às pesquisas das fontes da reação estética, precisamente nas primeiras etapas genéticas, que tanto preocuparam S. M. Eisenstein. Mais tarde, de acordo com os autores da concepção exposta, é que se dá a separação entre significado e significante. Persistem, entretanto, procedimentos para descobrir a unidade referida, também no estado de organismo adulto. Ela se manifesta nos fenômenos variados seguintes:

1) tabus, eufemismos, realismo vocabular de diferentes tipos;
2) fisionomização (ou seja, representação gráfica) de formas lingüísticas com margem suficientemente ampla de coincidência em diferentes sujeitos submetidos à experimentação;
3) hiperfisionomização de formas lingüísticas, amplamente divulgada em alguns estados patológicos da psique (comparáveis tipologicamente com as primeiras etapas, também chamadas de "pensamento primitivo");
4) ligação de algumas reações não controladas a determinados referentes, com reações semelhantes em relação às palavras que designam estes mesmos referentes;
5) desaparecimento do sentido, pela repetição insistente de uma palavra, com ênfase na forma sonora.

Este último fenômeno é particularmente interessante. Se significado e significante não estivessem ligados de algum modo no nível psicológico, a ação sobre o significante (a ênfase dada a ele) não influenciaria o significado. Na medida em que isto não ocorre, é de se esperar que, pelo contrário de uma ação sobre o significado (maior acentuação dada a ele) venhamos a ter uma repercussão no significante. Independentemente de todo da concepção exposta, o autor teve a possibilidade de observar experimentalmente tal situação. Sob o efeito da mescalina num indivíduo que se submeteu à experimentação, ocorreu uma intensificação exagerada do conteúdo dos signos: os objetos passaram a ser percebidos por si sós, passaram a significar a si mesmos. Com isso suas denominações tornaram-se absolutamente inessenciais, irrelevantes[2]. Ao mesmo tempo, o fluxo do discurso empobreceu bastante, apareceram perseverâncias e obliteração de palavras.

Assim, foi obtida mais uma confirmação da existência de algum nível psicológico, que relacione significado e significante. Em alguns casos (sinestesia, cenestesia, percepções individuais, particularmente em pintores e artistas) tal nível pode ser sentido também numa "situação normal" como certo tipo de gesto interior (cf. as idéias de I. A. Sokoliánski a respeito da criação desta espécie de gestos, como uma etapa indispensável na aprendizagem da língua pelos cego-surdo-mudos).

4. Tudo o que foi dito deveria servir como confirmação independente, em nível psicológico, das concepções teóricas gerais de S. M. Eisenstein sobre a idéia imanente que une a estrutura da obra e a reação a esta. Não é sem interesse considerar agora a questão da natureza qualitativa do *pathos* de Eisenstein. Antes de mais nada, deve-se observar que para S. M. Eisenstein o *pathos* é um sentimento ao mesmo tempo muito simples e muito complexo. A simplicidade do *pathos*, com sua participação nas emoções mais profundas, mais primárias, reside no fato de que ele toca as camadas "primordiais" da psique. Sua complexidade está em que ele não se limita às emoções "simples" — ao medo, à alegria, à ira, à satisfação —, mas, antes, qual raio imaterial de luz incolor, que passa pelos vitrais da catedral de Chartres, tão amada por Eisenstein, configura-se a partir da fusão de uma multiplicidade de diferentes emoções.

E aqui é interessante o seguinte. Ao caracterizar a reação estética, que suas construções artísticas devem suscitar, S. M. Eisenstein refere-se freqüentemente ao conceito de *êxtase* e à prática do êxtase, própria, em particular, dos místicos medievais. A caracterização de tal conceito, fornecida por Eisenstein de

---

2. V. N. Toporóv, por ocasião da discussão desta comunicação no setor da Tipologia Estrutural do Instituto de Estudos Eslavos, salientou a necessidade de diferenciar dois tipos de organização psicológica: um, que ao ocorrer estado de transe, passa a conceber as denominações como inessenciais, e outro, que mantém a lembrança apenas da denominação do objeto que lhe parece verdadeira, correspondente a ele. Esta divisão pode ser comparada com a que se faz entre nominalistas e realistas.

forma bastante precisa, coincide, aliás, com o estado que foi registrado em experimentos com psicotrópicos (cf. o extraordinário interesse de S. M. Eisenstein por tais experimentos):

> O estado em si, por sua própria natureza psicológica é disforme ... limita-se apenas à sensação que ainda não encontrou nenhum meio de se expressar, além dos simples signos do próprio estado... justamente assim se apresenta o êxtase em seus aspectos finais — uma saída, além da expressão (*A natureza não-indiferente*).

E eis que aqui S. M. Eisenstein, ao fixar o estado natural obtido no êxtase, dá um salto em sua exposição. Ele acha que semelhante estado se obtém unicamente como resultado do "trabalho" da construção extática — algum resultado iguala-se à própria ação. O olhar do teórico estava tão fixo naquilo que havia descoberto de grande — a existência de algo comum entre a obra e a reação estética, que ele parecia não perceber que o êxtase poderia ser obtido também, em princípio, por outro caminho. Lembremos que em suas brilhantes análises Eisenstein apoiou-se em material (em particular, pictórico) apenas daqueles pintores que permitem que neles se encontre uma *composição* "extática" (El Greco, Picasso, Piranesi). Ao mesmo tempo, inteiras correntes artísticas que criaram obras que podem perfeitamente ser chamadas de extáticas (ou, mais precisamente, próximas da revelação), permanecem fora do campo de visão do teórico. Lembremos, por exemplo, Vermeer ou Van Dyck. Na arte não-européia, toda a pintura japonesa permanece fora, embora sua finalidade explícita tenha sido freqüentemente a obtenção de um estado semelhante ao do êxtase. Pode-se mesmo afirmar que justamente tais tendências condizem com a descrição do êxtase mais do que aquelas às quais ele se referiu.

Com efeito, seguindo as concepções psicológicas da época, S. M. Eisenstein estudou a influência da arte sobre o indivíduo, cuja psicologia era uma espécie de *tabula rasa*. Tal indivíduo, que não estava orientado para um ou outro estado psicológico, na realidade tinha que ser submetido à ação da fórmula do êxtase, era preciso realmente trabalhar com ele. Notemos, ao mesmo tempo, que, embora o fim desse trabalho seja formulado explicitamente, ele não se encontra inserido em nenhuma série ética (cf. "bons sentimentos despertei com a lira"[3]: trata-se aqui da tarefa de *despertar* sentimentos.

Ao mesmo tempo, a existência de uma determinada orientação interior permite suscitar aquele estado natural a respeito do qual escreve Eisenstein, e isto, sem recorrer à "má-

---

3. Verso de A. S. Púchkin. (N. da T.)

quina do êxtase" (cf. a prática da obtenção do *satóri* no sistema japonês do "zen" ou simplesmente a *gratuitous grace*). Isto da mesma forma pode ser referido à arte.

Quarta Parte: SEMIÓTICA E TEATRO

16. O CENÁRIO, O ESPAÇO ARTÍSTICO E O TEMPO NO TEATRO POPULAR
P. G. Bogatyrév

O cenário, em nosso teatro, está organicamente vinculado ao tablado e à sua forma (caixa).

O cenário exerce duas funções dominantes: primeiro —a representação de determinado local, onde se desenrolam a ação e o tempo da ação; assim, em *Boris Godunóv*, de A. S. Púchkin, o cenário representa não somente lugares isolados da Rússia, mas também o tempo no qual se passa a ação; segundo — o auxílio ao ator em sua interpretação.

Estudaremos aqui as funções do cenário no teatro popular que determinam o lugar e o tempo da ação.

De modo notável e original expressa-se a função de representação do local de ação no cenário das peças natalinas tchecas e eslovacas. A função do cenário é aí preenchida por uma caixa, dentro da qual marionetes ou um quadro representam o nascimento de Cristo. A caixa denomina-se "belém" ou "presépio".

Esta caixa, durante todo o tempo da "representação", encontra-se à vista dos espectadores. O "belém" (caixa) constitui o cenário determinante do lugar e do tempo da ação, interpretada por atores vivos, os quais representam pastores e anjos, três reis magos, etc. A presença do "belém" na cena indica apenas em traços gerais o local e o tempo da ação, mais exatamente, que a ação se desenrola no Natal, na localidade onde nasceu Cristo, isto é, Belém. Isto permite interpretar, com a presença do "belém" (caixa no palco), tanto a ação entre os pastores, aos quais o anjo comunica o nascimento de Cristo, no momento em que eles se encontram em alguma parte das montanhas, no pasto, isto é, fora de Belém, como as cenas em que eles chegam para adorar o Menino Jesus e encontram-se na própria Belém.

A peça eslovaca *Peregrinação com o belém no Natal* começa da seguinte forma:

Os pastores Feder e Stakha (atores, caracterizados como pastores) andam de casa em casa e pedem permissão aos donos para interpretar a peça natalina. Nas casas onde são recebidos, entra um anjo com as palavras "Glória" e depois coloca o "belém" na mesa e canta: "Aqui, aqui, cristãos, para os presepinhos, senhores". Quando o anjo termina a canção, os pastores, de pé ante a porta, começam a cantar: "Eia, eia, pastores! Uma forte voz está cantando ali. Depressa, levantai-vos e ide ver quem está lá! Ou estamos sonhando, ou são os anjos que cantam. Ali encontraremos algo de novo, sem precedentes". Segue-se um diálogo relativamente longo dos pastores entre si, geralmente de caráter cômico. Depois os pastores se deitam e adormecem. Um anjo canta: "Gloria, gloria in excelsis Deo!"

Na presente variante o "belém", como singular cenário, permanece na mesa do aposento durante todo o tempo da interpretação da peça natalina e, conforme foi referido acima, constitui um cenário indicador do tempo de representação da peça — o Natal, e do local de representação, isto é, a Palestina.

Em outras variantes da peça natalina, o "belém" não fica em cena quando os pastores estão no pasto e eles, a chamado do anjo, se vêem obrigados a viajar para Belém, onde está a caixa "belém".

Original e muito orgânico para o tablado do teatro popular é o cenário criado pelos movimentos teatrais dos atores. Estes movimentos indicam o lugar onde se desenrola o drama.

Exemplo típico deste tipo de cenário encontramos na peça popular russa *O barco*, na qual os bandidos representam, com movimento teatral, a construção do barco e criam a imagem visual deste, em que eles depois entram e remam, e pelo qual andam o atamã e o capitão cossaco. Com movimento teatral especial, os bandidos mostram como saltam do barco para a margem, e com isto representam o cenário do barco e da margem, ausentes do cenário. Com movimento teatral, os remadores-bandidos mostram o navegar do barco pelo rio. Durante a navegação há diálogos entre o atamã e o capitão e são interpretadas cenas isoladas. Isto indica o tempo da navegação.

Descrevendo a interpretação do drama natalino *Sobre a peregrinação a Belém*, Jan Kopecky[1] diz:

> Esta ação teatral (que representa o cenário — P. B.) teoricamente sem limites, domina o espaço. O recanto da cabana (do aposento) transformou-se no pasto, já que no chão do aposento dormem os pastores. O anjo os desperta e os pastores vão para Belém. Os pastores, entretanto, não abandonam seu lugar anterior (acampamento). Eles andam em círculo, batendo ritmadamente com os cajados no chão; em seguida retornam ao local anterior. O pasto, não obstante, já se transformou em Belém. E o caminho era longo, uma vez que os pastores estão cansados: eles inclinaram as cabeças, apoiaram-se nos cajados e cochilam em pé. Seu longo trajeto é indicado pelos golpes dos cajados.

É interessante, aqui, que os golpes dos cajados, isto é, o som representativo da viagem, mudam o local de ação (diríamos que mudam o cenário): do pasto fizeram Belém. Os golpes de cajado, isto é, apenas os sons, constituem sinal do movimento dos pastores.

O teatro popular, como também o teatro medieval, em contraposição ao teatro da Antigüidade clássica e ao teatro do classicismo francês, não segue a regra da unidade de espaço. Ao contrário, no teatro popular o local de ação muda constantemente durante o espetáculo. Nos exemplos citados por nós sobre a criação do cenário por meio dos movimentos dos atores, mostramos como se realiza, no palco, uma viagem longínqua pelo rio. Na peça natalina, os pastores, por assim dizer, realizam, aos olhos do público, a viagem desde o pasto até Belém. A ausência de cenário pictórico ou escultural permite aos atores mudar rapidamente o local da ação teatral.

Sobre as peças que representam os martírios de São Jorge ou de Santa Bárbara, Jan Kopecky[2] escreve:

> Enquanto no banco estava sentado o rei, os espectadores encontravam-se no palácio. Quando o ator, intérprete do papel do rei, afastou-se em direção dos espectadores, a cena transformou-se em masmorra, e o banco foi utilizado como local de tortura. Depois, quando São Jorge ou Santa Bárbara se afastaram para o lado, no banco novamente sentou-se o rei e os espectadores retornaram ao palácio.

---

1. Jan Kopecky, "Obrana Konvence", *Divadlo*, 1967.
2. *Idem.*

Um grande papel na mudança do local desempenham os intérpretes. Assim, na peça sobre Santa Dorotéia, o rei Fabrício ordena ao carrasco: "Leve-a à encruzilhada dos caminhos e corte-lhe a cabeça à vista de todos". O carrasco toma Dorotéia pela mão, leva-a a alguns passos de distância e a executa.

Depois que Teófilo declara ao rei que é cristão e não deseja servi-lo, o rei ordena ao carrasco levar também Teófilo à encruzilhada dos caminhos e cortar-lhe a cabeça. O carrasco executa a ordem, mas não há nenhuma réplica sobre o fato de ele conduzir Teófilo a apenas alguns passos do trono. E assim, a execução de Dorotéia e de Teófilo realiza-se no palco, não longe do trono, embora o local da execução pareça situar-se numa encruzilhada.

A quase completa ausência de cenários no teatro popular, se não se considerar a descrição verbal destes, está orgânica e estruturalmente ligada à função do espaço e do tempo artísticos no espetáculo popular.

De modo particularmente claro manifesta-se a função da palavra como substituto da decoração na peça popular russa *Czar Maximiliano*[3].

Antes do duelo entre Zmeulã e Anika, o guerreiro[4], após uma altercação entre eles, Anika declara:

> Em vez de jactar-se neste lugar,
> não será melhor sair para lutar em prados *reservados*,
> e cruzar as lanças,
> e ver, afinal, quem se submete a quem? (grifado por nós, P. B.).
> *Zmeulã:* "Há muito estou pronto".

Zmeulã e Anika afastam-se para os prados reservados, mas afastam-se somente em palavras. Em nada mais se manifesta o afastamento deles para aqueles prados.

Adiante Anika, dirigindo-se ao vencido Zmeulã, diz:

> Eis minha lança afiada,
> cortarei tua cabeça.
> (Zmeulã cai).

Tendo cortado a cabeça a Zmeulã, Anika dirige-se ao cadáver com as palavras:

> Dorme, dorme, herói,
> na terra úmida...

3. "Czar Maximiliano", I, in N. E. Ôntchukov, *Dramas populares do Norte*, São Petersburgo, 1911.
4. Personagem que parece ter se originado em lendas gregas. É possível que o nome provenha do espíteto grego $\alpha\nu\acute{\iota}\eta\tau o\varsigma$ (invencível). (N. do O.).

e imediatamente depois de falar ao cadáver de Zmeulã, Anika dirige-se ao Czar Maximiliano, dizendo:

> Eis, severo czar Maximiliano, o corpo de teu inimigo..

O fato de ele dirigir-se ao czar Maximiliano mostra que os prados reservados, onde lutaram Zmeulã e Anika, estavam situados em alguma parte não longe do czar Maximiliano. Em todo caso, quer nas palavras dos atores, quer nas réplicas, não há qualquer indicação de que eles realmente se afastaram para alguma parte, e o czar Maximiliano ordena render glórias ao herói. Todos (os que circundam o trono — P. B.) entoam a canção:

> Glória, glória a ti, herói,
> pois a cidade-Antón foi salva por ti! (duas vezes).

Adiante o czar Maximiliano ordena ao carrasco Brambeus:

> Leva-o (Adolfo — P. B.) ao patíbulo e dá-lhe morte cruel:
> corta-lhe a cabeça do lado direito.

Entretanto, os espectadores não fazem idéia de onde, afinal, se encontra o patíbulo, já que, no drama, este local não é designado nem pelo movimento dos atores, nem por meios da arte dramática: o público não sabe se o local está longe do trono do czar Maximiliano ou ao lado deste.

O carrasco Brambeus corta a cabeça de Adolfo e, após a execução de seu amigo, comete suicídio. Indicação no texto: "Adolfo e o carrasco tombam". A seguir Maximiliano convoca dois velhos coveiros, que são trazidos por um marechal — corredor. No caminho em direção ao trono do czar Maximiliano, os velhos tropeçam nos cadáveres de Adolfo e de Brambeus e caem:

> Epa, com os diabos, que tocos são estes?
> *Anika:* "Não são tocos, aqui jazem os voivodas do tsar".
> *Os velhos* (respondem): "Entre vós, todos são voivodas do czar",
> e, dirigindo-se ao czar, dizem: "Salve, querido paizinho, czar Maximiliano".

E assim, na cena, o patíbulo resulta estar em alguma parte ao lado do trono do czar Maximiliano. Ao tropeçar nos cadáveres, os velhos dirigem-se ao czar com uma saudação. Vemos, novamente, locais diferentes: o trono de Maximiliano, cercado por seus cortesãos; e o patíbulo, onde morrem Adolfo e o carrasco Brambeus, situado perto daquele trono.

Por vezes o cenário onde se desenrola a ação descreve-se com palavras o árabe, na primeira variante do *Czar Maximiliano*, exclama com entusiasmo:

> Opa! Que casas existem aqui, vestimentas multicores.
> Que brilho alegre em toda parte!
> Quem vive neste reino?
> *Todos:* "O czar russo".

Não encontramos aqui nenhum sinal, criado pela arte dramática ou por outra qualquer, que confirme o entusiasmo do árabe. O público que ouve essas exclamações tem de acreditar no árabe e, junto com ele, extasiar-se com o quadro, traçado pelo árabe somente por meio de palavras.

O tempo artístico no folclore difere profundamente do tempo astronômico. Diz o conto russo: "Do dito ao feito há muito trecho".

A fim de mostrar que a ação se desenvolve durante um longo tempo astronômico (por exemplo, a representação da vida de um homem desde o nascimento até a idade avançada), uma peça, em nosso teatro, divide-se em atos e cada ato é separado do outro por um entreato, durante o qual como que decorre um longo tempo astronômico (alguns anos). Citaremos um exemplo, ainda do drama popular *Czar Maximiliano*. Este ordena ao corredor: "Leva o filho insubmisso, Adolfo, para a masmorra..." O mensageiro leva Adolfo. Depois disto o czar Maximiliano pergunta ao mensageiro: "Quem está cantando tão melancólico?" O mensageiro sai e, ao regressar, informa que quem canta melancólico é Adolfo. O czar Maximiliano manda trazer o filho. O mensageiro cumpre a ordem. O czar Maximiliano dirige-se ao filho:

> Ouve, filho meu querido,
> estiveste quatro anos na masmorra...

Tudo que ocorre no palco, desde a saída de Adolfo para a masmorra até seu retorno da masmorra à presença do czar Maximiliano, ocupa, aproximadamente, quatro minutos, mas na peça este período é determinado pelo czar Maximiliano como sendo de quatro anos.

Exemplos semelhantes de extrema falta de correspondência entre o tempo astronômico e o tempo artístico nas peças populares ocorrem com freqüência. Além do mais, a troca da maquilagem dos intérpretes em cada ato mostra também que entre ações isoladas decorreu um longo tempo astronômico.

Mostramos que o local e o tempo no teatro popular somente se delineiam, que sobre eles, como na poesia épica, apenas se fala. A riqueza de ação como que absorve o tempo e o espaço.

17. ANÁLISE SEMIÓTICA DAS PRIMEIRAS PEÇAS DE IONESCO (*A CANTORA CARECA* E *A LIÇÃO*)
O. G. Karpínskaia, I. I. Revzin

1. Os problemas das relações entre as pessoas e a linguagem por elas empregadas têm preocupado muitos escritores, veja-se o caso, por exemplo, de L. N. Tolstói em *Kholstomer*[1] e de L. Carrol em *Alice no país das maravilhas*. Em geral, esses problemas se apresentam como indiretos e subordinados a uma questão fundamental — a reprodução e a interpretação de uma realidade não-lingüística/ daí o condicionamento da introdução das respectivas passagens semióticas, pela especificidade da personagem, em L. N. Tolstói, e pela especificidade da situação, em L. Carrol/. Ionesco, em suas primeiras peças, foi praticamente o primeiro escritor em quem o próprio conteúdo das obras já era o estudo das leis da comunicação e da troca de

---

1. Conto traduzido freqüentemente como *História de um cavalo* (N. do O.).

informação entre as pessoas. A atualidade de suas peças reside no fato de que nelas são estudadas, por meios artísticos, as questões levantadas pela ciências exatas do Século XX/ pela Teoria da Informação, pela Cibernética e, em particular, pela aplicação destas à problemática humana, ou seja, pela Semiótica/. Como ocorre freqüentemente, Ionesco-artista revelou-se mais profundo e penetrante que os esquemas já elaborados, completando-os e enriquecendo-os.

2. Fazendo uso da divisão proposta pelos formalistas russos entre enredo[2] e fábula/ sendo a fábula a realidade objetiva que vem refletida na obra e o enredo, a maneira de refletir essa realidade e de organizá-la, em particular, por meio de linguagem/, as primeiras peças de Ionesco podem ser apresentadas como um resultado do deslocamento da fronteira da fábula e do enredo. Mas, justamente a fábula, como tal, está ausente na obra de Ionesco, nela transforma-se o próprio enredo, a construção do diálogo em particular, i.e., aquilo que em outras obras é elemento da forma e não do conteúdo.

3. As peças que vão ser analisadas podem ser consideradas como uma série de experimentos semióticos (gerais e parciais) que se propõem a esclarecer as leis de comunicação e as fronteiras dentro das quais a comunicação ainda pode ocorrer.

4. Analisaremos as peças da seguinte maneira: tentaremos esclarecer "à maneira de Ionesco" aqueles axiomas da comunicação, cuja alteração produz justamente o efeito artístico. O modelo da comunicação "certa", em relação ao qual convém compreender as peças de Ionesco, apóia-se, como nos parece, nos seguintes axiomas:

4.0. E. (emissor) e R. (receptor) têm em vista a mesma r (realidade);

4.1. Supõe-se que E. e R. fazem uso do mesmo modelo de mundo. O grau de "identidade" pode ser bastante variado (cf. os membros de uma mesma família ou pessoas desconhecidas), mas uma determinada parte comum é indispensável (cf. a não-efetivação deste esquema na comunicação cósmica, que deixou sua marca no sistema "Linkos");

4.2. E. e R. possuem uma certa "memória comum", i.e. uma certa soma de informações relativas ao passado;

4.3. E. e R. prognosticam o futuro aproximadamente da mesma maneira.

Os axiomas 4.2. e 4.3. são conseqüências de 4.0. e 4.1., sendo o axioma seguinte conseqüência de todos os precedentes e do fato da mensagem ser limitada;

2. Em russo: *Siujét* (N. do O.).

4.4. E. deve descrever o mundo com um grau elevado de redução, de elipticidade: o texto que carrega a informação de um certo mundo não pode ser "a descrição de uma situação" no sentido de Karnap (cf. a mesma particularidade nas línguas naturais, que consiste na denominação do objeto a partir de um traço).

4.5. E. deve comunicar algo novo para R. (esta premissa, como se sabe, está na base da Teoria da Informação).

5. Na peça *A cantora careca*, cada ato pode ser considerado como uma experiência semiótica peculiar; tais experiências estão relacionadas com um modelo definido (por semelhança ou diferença de condições) — seu caráter recíproco justamente configura a composição da peça. (Assim, a cena I apresenta-se, a seu modo, como um paralelismo sintático da cena 2, e toda a peça é um acúmulo de experimentos, em condições cada vez mais rígidas.) Vejamos mais detalhadamente a composição da peça.

6.1. 1º Experimento semitótico. Supõe-se que o casal Smith possua uma "memória comum" e que seu conteúdo se torne o conteúdo do diálogo (alteração das condições 4.3. e 4.4. — a última devido à "plenitude da descrição do mundo"). O diálogo que começa pelo monólogo ("quase-monólogo") de Mrs. Smith altera os axiomas cada vez mais profundamente, em particular os 4.0. e 4.2. É curioso notar que as personagens que alteram não apenas todos os axiomas da comunicação como também a lógica comum, se preocupam o tempo todo com a lógica e se interessam por suas regras.

6.2. Experimento semiótico nº 2 — alteração dos axiomas 4.1. e 4.2. A conversa dos cônjuges Martin, que não possuem nenhuma "memória comum". Conseqüência disso é a novidade para R. de cada nova mensagem de E., embora tal novidade resida na não-correspondência paradoxal entre o status social de E. e R., sendo eles cônjuges. O diálogo é construído formalmente como repetição por parte de R. das frases de E.

6.3. No ato seguinte ("Cena com o Bombeiro"), o caráter semiótico do experimento muda um pouco. Além da alteração dos axiomas da comunicação, são desligados consecutivamente outros componentes seus/. De acordo com o sistema de Jakobson: o remetente o receptor, o código, a mensagem, o contexto, o contato/. As cenas seguintes de Ionesco podem ser consideradas como um único experimento semiótico, o nº 3: nele, a seqüência das ações é a seguinte:

6.4. Experimento semiótico nº 3: a) desliga-se a realidade. As personagens começam a contar estórias ou anedotas; b) desliga-se o contato. Cada uma das personagens fala por conta própria, independente do que dizem as outras. As personagens proferem provérbios ou simplesmente "expressões", algumas delas em inglês/ e ninguém se dá conta disso/; c) desliga-se o código. Submetendo-se ao sentido geral do ritmo, as personagens se expressam ritmadamente, por isso sobram certas combinações ritmadas sem nexo, o código desintegra-se e as vogais são pronunciadas isoladas. A partir desse momento, na peça restam o remetente e a mensagem como seqüências de sinais sem sentido/ ou melhor, inicia-se o retorno à primeira ação e o pano desce/.

7. A peça *A cantora careca* não é apenas uma construção artística, mas como toda obra de arte, possui um conteúdo profundo e consegue um determinado efeito artístico, que decorre justamente de sua construção. O sentido artístico da peça está na expressão da idéia da inçomunicabilidade do mundo de Ionesco,/ cf. as freqüentes comparações entre Ionesco e Kafka/. Tal dedução, baseada numa análise semiótica, coincide plenamente com a apreciação dessa peça de Ionesco pelo teórico do teatro polonês Jan Blonski

Nós somos como nós falamos e nós falamos palavras ocas, frases vazias. Vazias, isto é, prontas, impróprias, de ninguém. Engolfados pela frase, afogados no mar da realidade, t o r n a d o s e s t r a n h o s p e l a l i n g u a g e m, não podemos compreender-nos uns aos outros: o verdadeiro tema de *A cantora careca*, é a solidão, *Dialog*, 3, 1963.

8. De maneira análoga pode ser analisada a peça *A lição*, que é construída em paralelo com *A cantora careca*, com a diferença de que o experimento semiótico básico fundamenta-se no desligamento de todas as funções do signo, além da pragmática/ se *A cantora careca* termina pela alteração total do ato da comunicação, *A lição* finda pelo assassínio físico do receptor/.

9. Nas últimas peças de Ionesco, a experiência semiótica passa para um segundo plano. Mesmo assim, a peça *Os rinocerontes* pode ser interpretada igualmente no nível da Semiótica /um contato pleno, um modelo de mundo comum, e uma mesma realização ideal de todas as outras exigências da comunicação conduz à tragédia ainda maior da rinocerontização total/.

Termos empregados:

Fábula — corresponde a *significado* em Frege.
Enredo (*siujét*) corresponde a *Sentido* em Frege. O *siujét* desintegra-se em construções isoladas (episódios) e em sua composição.

Quinta Parte: SEMIÓTICA E CINEMA

18. SOBRE A ESTRUTURA DOS SIGNOS NO CINEMA
V. V. Ivanov

1. A noção, nos estudos de cinema, do primeiro plano como a exibição da parte em lugar do todo /um pencenê em primeiro plano substitui o médico, que usava pencenê e segurava-o na mão, nas cenas precedentes/[1] combina-se com a descrição lingüística da metonímia como mudança de posição sintática, correspondente à mudança do lugar de acentuação sobre um dos elementos de uma estrutura dada. A fixação num pormenor que não está ligado diretamente com o enredo relaciona o cinema metonímico /a começar com Griffith/ com a prosa, onde os autores contemporâneos freqüentemente falam, por meio das suas personagens, sobre a importância para eles do detalhe /*Visto por um palhaço*, de Böll/, que aproxima a literatura moderna da poesia japonesa clássica /*Simur. Introdução* de Salinger/, que é citada com freqüência cada vez maior, como um modelo ae observação dos objetos, inclusive para o cinema

[1]. Alusão a uma cena de *Encouraçado Potiômkin* (N. da T.).

/A. Tarkóvski/. No gênero policial, utiliza-se como particular amplitude a relação do detalhe com a narrativa, o que se explica pelo fato de que o deslocamento do significado, na metonímia e na sinédoque, ocorre nos limites da mesma zona de objeto, o que as distingue da metáfora; esta geralmente une duas diferentes zonas de objeto e por isto conduz a uma série paralela de ocorrências, diferentes das narradas. A possibilidade de fixar, com a ajuda da máquina fotográfica ou da câmera, detalhes essenciais para o desvendamento de um crime /e, por conseguinte, para todo o enredo/, liga a utilização do detalhe no romance policial com a fixação de parte de uma representação num filme /*Blow-up* de Antonioni, cujo enredo se constrói sobre a relação metonímica entre o todo e a parte de uma fotografia/. No romance policial clássico, a orientação metonímica para o objeto não é limitada pelo detalhe, fundido com o enredo: introduzem-se também detalhes extra-enredo, por exemplo, os petrechos de fumante do detetive /o filme de Huston, *O falcão maltês*, segundo o romance homônimo de Dashiel Hammett, etc./.

2. A noção de metáfora como substituição de signos, diferentes quanto ao significado, mas utilizados em contextos sintáticos iguais /Kurilowicz/, corresponde mais à linguagem do cinema de montagem metafórico que à linguagem poética, onde — se nos afastamos dos exemplos arcaicos de paralelismo — estes contextos não são dados diretamente, e é preciso desmembrá-los do texto uno em que eles se transformam /constitui uma analogia exata disso a dupla exposição, na linguagem do cinema mudo e do atual cinema de vanguarda/. A ausência de um segundo contexto leva à literariedade da metáfora, considerada como não específica do cinema /o berço oscilante em *Intolerância*/. Num filme de Chaplin, a multidão que corre e o rebanho são apreendidos como metáfora justamente porque se seguem em contextos idênticos. No jovem Chaplin e em cômicos como os irmãos Marx, Laurel e Hardy, utiliza-se excentricamente /como numa palhaçada/ a comparação metafórica de objetos externamente semelhantes: a personagem come os cordões de sapato como se fossem espaguete, corta um chapéu como carne assada e cobre-o de molho, sobe ao navio por cima de uma passageira caída, como se fosse um portaló. Nestes casos, o segundo contexto /para o espaguete, a carne assada, o portaló/ pode ser subentendido como uma norma conhecida de todos. Mas se são dados ambos os contextos, a metáfora é motivada pela substituição de um objeto por outro.

3. O cinema metonímico, que se orienta, no limite, para o esgotar-se de um episódio num só plano, i.e., para a utili-

zação mínima da montagem de trechos curtos de filme, ao introduzir-se a metáfora dá a esta motivação de enredo. No filme de Chabrol, *Garotos*, para a metáfora que identifica o herói do filme com um tigre, serve de motivação de enredo a visita a um jardim zoológico, durante a qual a heroína e suas amigas ficam olhando as feras, enquanto o herói do filme segue-a com os olhos. Num artigo recente de teoria do cinema, R. Durgnat expressou a suposição de que a frase de montagem *Deuses*, em *Outubro*, poderia ser motivada se tivesse sido filmada num museu Aqui se vê claramente a diferença entre uma diretriz metafórica, onde é essencial a pertinência de cada trecho de montagem a uma série especial, e uma diretriz metonímica, que procura unir as partes de um episódio, por contigüidade /como ocorre quando há movimento contínuo da câmera/. Na frase metafórica de montagem *Deuses*, basicamente se mostram justamente objetos de museu de Etnografia, mas este fato não só não é utilizado na construção, mas, pelo contrário, foi ocultado do espectador, ao contrário de um episódio semelhante em *O testamento do Doutor Mabuse* de Lang, onde são montadas representações de quadros das paredes no gabinete do médico. O desenvolvimento do cinema confirma a conclusão da Poética histórica, de que a predominância de metonímias e ausência de metáforas caracterizam estilos que surgem num período de remate /B. M. Eichenbaum/.

4. A introdução do som, que assumiu parcialmente as funções rítmicas da montagem /sobretudo da montagem de trechos curtos, que podia prejudicar a fluência da narração/, levou à maior duração de cada plano e à substituição da montagem pelo movimento da câmera. Em *O grande consolador* de L. V. Kulechóv, realizado no começo do nosso cinema sonoro, são justapostas e contrapostas duas maneiras diferentes em princípio, de fazer cinema: uma consiste em cenas fictícias — é como que muda /sem palavras, mas com música, que também acompanhava os filmes mudos/, com legendas e montagem breve, e a outra consistindo em cenas "da vida real" — com discurso das personagens e redução ao mínimo da montagem de trechos curtos. É sobremaneira característica a diferença na apresentação do diálogo: na primeira maneira, ele é dado por meio da montagem das representações de cada um dos falantes, enquanto nas cenas da "vida real" a câmera se move de um dos falantes /O. Henry/ a outro /o capitão/.

5. A composição do plano depende de seu lugar no esquema estrutural do filme. Assim, nos *westerns*, a focalização do herói é geralmente seguida do choque com os seus inimigos /que o superam em número/ num botequim. A composição dos

planos neste episódio é muito complexa (à diferença dos precedentes, que ocorrem sobre um fundo de paisagem habitual do faroeste ou de um singelo interior doméstico): o operador utiliza o cenário em múltiplas camadas, a abundância de objetos e pessoas no interior do botequim, a fronteira que passa pelo balcão, etc. Nos recentes *westerns* coloridos, estes planos caracterizam-se também por maior complexidade no arranjo das cores /anteriormente, arranjo de luz e sombra/.

6. O fato de que um enredo pode realizar-se não numa seqüência de planos em frases de montagem, mas na composição de um plano-seqüência, percebe-se com peculiar clareza na composição em profundidade, que para mestres como Wyler serve para o desdobramento polifônico de alguns temas dentro de uma só tomada. No filme de A. Resnais, *O ano passado em Marienbad*, este procedimento plástico é utilizado coerentemente para a contraposição da personagem e do fundo: os demais, presentes no hotel. A imagem sonora é desligada da visual de modo tal que, às vezes, na medida em que a câmera se aproxima do falante, a voz deste se cala, i.e., a composição sonora do quadro pode ser inversa da visual. No filme de Resnais, a composição do plano em profundidade, como um meio puramente cinematográfico da organização do espaço nas tomadas dentro do hotel, é contraposta à perspectiva pictórica tradicional, representada pelo quadro intencionalmente estilizado do parque, que se repete, e pela "perspectividade" sublinhada do cenário teatral, na cena do espetáculo, no início do filme.

Meios de limitação do espaço como intersecção horizontal do quadro, numa composição em profundidade, em Orson Welles /desde os primeiros filmes até os mais recentes, como *Falstaff*/, tornam-se semanticamente fundamentais. Apresenta considerável interesse a semelhança da categoria do espaço em Kafka, que descreve coerentemente locais urbanos fechados /em particular, corredores de último andar/, que servem de fundo à narrativa, e em Orson Welles, que não empreendeu por acaso a experiência da transposição cinematográfica do romance de Kafka.

7. Na base do exemplo da estrutura do filme e da composição do plano, aparece com particular clareza a importância composicional da escolha do ponto de vista e da passagem de um ponto de vista a outro. Se para o teatro, segundo a observação de P. A. Florênski[2], representa dificuldade intransponível a transmissão de uma cena pelos olhos da personagem,

---

2. Matemático e teórico das artes, que publicou na década de 1920 importantes trabalhos, cujo estudo foi retomado pelos atuais semio-

em cinema isto é perfeitamente realizável. Em particular, baseiam-se nisso as possibilidades de utilização do "filme dentro do filme" /uma passagem de *A paixão de Joana d'Arc*, vista em *Viver a vida*, de Godard/, inclusive para o estabelecimento do *feedback* com o espectador /a sala de cinema e a reação do público em *O homem da câmera* de Dziga Viertov/ e para a exibição de fragmentos de filme, no processo da estruturação (*8 1/2* de Fellini, *Tudo à venda* de Wajda). A transposição coerente de um ponto de vista a outro foi princípio básico de construção dos filmes hollywoodianos do período clássico, onde o ponto de vista de uma personagem, com o qual o espectador devia identificar-se, era tomado como estalão. A unificação sintagmática de alguns pontos de vista, que se completavam ou excluíam, cada um dos quais realizado plenamente num só episódio, está na base do "efeito de Kurosawa", obtido em *Rashomon*. A introdução, em grande escala, do monólogo interior na cine-poesia dos últimos dez anos leva à possibilidade da recriação do ponto de vista subjetivo de uma personagem /até à apreensão colorística, como em *O deserto vermelho* de Antonioni/.

8. No monólogo interior cinematográfico, modificam-se os traços característicos da categoria do tempo, pois unem-se tomadas que se referem não só ao presente e ao passado, mas também ao futuro /*A guerra acabou* de A. Resnais, onde com esta finalidade se utiliza a montagem breve/. Em relação ao entrelaçamento de diferentes tempos, que se referem a diferentes períodos históricos, que se realizou a partir de *Intolerância* /sobretudo em seu final, onde se utilizou para isto a montagem de trechos de extensão mínima, num ritmo cada vez mais veloz/, houve um desenvolvimento em projetos de Eisenstein /como *Que viva México!*, *M.M.M.*/, que neste e em outros sentidos estava próximo a *O mestre e Margarita*[3]. A "condensação" do tempo é obrigatória para qualquer filme, em conseqüência das limitações impostas à sua duração. Os casos em que o tempo da representação corresponde ao tempo real do ocorrido /os momentos de silêncio na bolsa, em *O eclipse*/, são assimilados como excepcionais. A utilização do tempo cinematográfico nos melhores filmes sobre artes plás-

---

ticistas soviéticos. Nesta passagem o autor faz a seguinte remissão: B. A. Uspênski, *A Poética da composição*, Moscou, 1970, p. 8 (N. do T.).

3. Romance do escritor soviético M. A. Bulgakov (1891-1940), que o escreveu durante os doze últimos anos de vida, mas que foi publicado somente em 1966-1967, em dois números da revista *Moscou* (N. do T.).

ticas, como *Guernica* de A. Resnais, pode ser considerada como a reconstituição, na forma evidentemente cinemtográfica da montagem /"vertical", com utilização, em *Guernica*, de sons que recriam o clima de guerra/, do rito de percepção do filme que se imprimiu ao esquema inicial. Mas, diferente da pintura, isto se dá segundo as "linhas de costura" /a expressão é de P. A. Florênski, que sublinhou o papel dos esquemas temporais nas artes plásticas/, que funcionam como elementos separadores formais; no filme de Resnais, são elementos exteriores ao quadro: os primeiros trabalhos de Picasso, sobre temas espanhóis, jornais, documentos da Guerra Civil espanhola, graças aos quais o filme torna-se uma espécie de colagem, no espírito das obras cubistas de Picasso. Vê-se por este exemplo que, incluindo-se na linguagem do cinema signos de ·outras artes, eles transformam-se de tal modo que se sublinha a estrutura de seu desenvolvimento no tempo, desenvolvimento esse que desempenha papel central no filme.

Sexta Parte: SEMIÓTICA E FONIATRIA

19. A LINGÜÍSTICA E O ESTUDO DA AFASIA[1]
V. V. Ivanov

O estudo das afasias, que acabou constituindo, por sua natureza uma disciplina científica especial — a a f a s i o l o g i a[2], despertou nos últimos anos o interesse de muitos lin-

---

1. O presente artigo reproduz o trabalho cujos resultados foram primeiramente apresentados na reunião de 22 de março de 1960 sobre questões de defectologia (vide V. V. Ivanov, "Alguns problemas lingüísticos ligados ao estudo da afasia", *Teses apresentadas na terceira reunião científica sobre problemas de defectologia*, Moscou, 1960, pp. 7-9). O autor aproveita o ensejo para manifestar sua profunda gratidão ao Prof. A. R. Luriá e a todos os membros da equipe por ele dirigida, que se ocupam com os problemas da afasia no Instituto de Neurocirurgia Burdenko, pelas preciosas entrevistas e por ter-lhe proporcionado a possibilidade de observar clinicamente os doentes e de participar em exames de alguns casos.

2. Vide: E. H. Lennenberg, resenha sobre o livro de W. Penfield e L. Roberts, *Speech and brain mechanisms, Language*, vol. 36, n. 1 (p. 1), 1960, p. 97.

güistas. Contudo, no simpósio sobre o estudo da afasia, que se realizou em Boston no verão de 1958, Uriel Weinreich dizia com toda a razão que até aquele momento praticamente não existiam estudos da afasia de natureza estritamente lingüística[3]. Do ponto de vista da Lingüística contemporânea, que estuda a língua como um sistema uno, é necessário dar a d e s- c r i ç ã o e s t r u t u r a l d a l i n g u a g e m d o a f á s i c o c o m o u m t o d o, e não se limitar a registrar fenômenos isolados, como tem sido habitual. A condição prévia para tal descrição estrutural é a transcrição (se possível, gravada[4]) dos textos em questão, pronunciados pelo doente em condições naturais. O programa de tal estudo já foi delineado há mais de 15 anos por L. V. Chcherba, que escreveu:

> ... antes de mais nada, é necessário juntar materiais suficientes, ou seja, registros da fala (*parole*) dos afásicos. Seria muito recomendável que os registros fossem feitos em fita com a ajuda de um microfone bastante sensível: em primeiro lugar, disso resultariam textos completamente fidedignos e, em segundo, isso permitiria incluir a Fonética no campo da pesquisa. É necessário entregar os textos obtidos a um lingüista competente, o qual, naturalmente, deverá estar presente à própria gravação, a fim de que possa dispor do máximo de dados para sua compreensão. Na base desses textos, os lingüistas devem tentar constituir o "sistema" (gramática e vocabulário) do dialeto do afásico no momento da transcrição, como se costuma fazer com os textos dialetológicos. Uma vez compreendido o sistema da língua do afásico em sua totalidade e comparado com o normal, poder-se-ão, eventualmente, conhecer as causas dos erros do discurso do afásico, recomendar métodos objetivos para sua eliminação e, em muitos casos, compreender a ligação entre os elementos isolados da língua[5].

Abordar a língua do afásico exatamente como se fosse um novo dialeto foi recentemente proposto por Weinreich no já citado simpósio[6].

---

3. *Approaches to the study of aphasia, Report of an interdisciplinary seminar and conference held at the Boston Veterans Administration Hospital*, June 15 to July 30, 1958, ed. by Charles G. Osgood (nas referências ulteriores, abreviado: *Ap*), 4.2.3, p. 25.

4. De acordo com a experiência, os registros gravados do discurso dos afásicos são de difícil compreensão. Para decifrá-los é indispensável a presença do lingüista por ocasião do registro (cf. a recomendação de L. V. Chcherba que se segue), ou uma descrição suficientemente detalhada da situação em que ocorreu o registro. Desejando estudar o sistema dos gestos dos afásicos, dever-se-ia igualmente proceder à filmagem dos casos mais significativos de afasia.

5. L. V. Chcherba, "Problemas imediatos da Lingüística", *in Trabalhos escolhidos de Lingüística e Fonética*, Leningrado, 1958, vol. 1, p. 12.

6. Ap., 4.2.3., p. 25.

A necessidade de uma abordagem estrutural da linguagem dos afásicos, estudada em situações artificiais, é ditada por considerações não apenas lingüísticas, mas também médicas. O médico que estuda a fala de um afásico pode, com sua intervenção, destruir o quadro que pretende descrever. As respostas dos afásicos às questões do médico são parte da experiência lingüística que este propõe; o discurso obtido nessas condições experimentais pode diferenciar-se substancialmente do discurso do mesmo doente em outras circunstâncias.

Após observação de doentes, chegou-se, mais de uma vez, à conclusão de que nas respostas às questões do médico estavam ausentes os sintomas que existiam no discurso coerente do doente considerado e vice-versa: nas respostas às perguntas do médico podem surgir para o doente dificuldades discursivas adicionais. Assim, depois do médico pronunciar sílabas do tipo *ba — pa*, a afásica X. repetiu corretamente duas (às vezes três, mas não mais) sílabas com fonemas consonânticos que se opunham por sonoridade — surdez, mas, ao mesmo tempo, em sua fala corrente confundiu os fonemas surdos e os sonoros, pronunciando *sim'iá* [família] como *z'im'já*⁷ etc. Ao contrário, o doente K., em cuja fala normal não se notavam trocas de fonemas, passou a confundir as sílabas do tipo *ba — ma, ta — da*, etc., ao repeti-las após o médico. A existência de alterações no sistema fonológico desse doente manifestou-se também em erros de escrita (por exemplo, *upbil* em lugar de *ubil* [matou], onde a vacilação fonológica entre o *p* surdo e o *b* sonoro se reflete na transcrição gráfica *pb*).

Os diferentes resultados obtidos pela observação do doente e pelo estudo de sua fala habitual, podem ser notados também nos tipos de questões que foram elaboradas mais recentemente. O Dr. Braun mostra que testes psicológicos, fora do ambiente habitual, podem proporcionar uma representação errônea das possibilidades discursivas que restam ao paciente e permitem julgar apenas o que ele não pode fazer[8]. Pelos dados de Haus, o fenômeno do agramatismo manifesta-se principalmente nas respostas às perguntas do médico que admitem a omissão de palavras gramaticais (conectivos); em trechos extensos de discurso do enfermo, este fenômeno manifesta-se de maneira muito menos evidente[9].

---

7. Seguiu-se aqui a notação do original, em vez da transliteração que se adotou neste livro (N. do O.).
8. Ap., 2.3.3., pp. 16, 17.
9. Ap., 4.2.2., pp. 17, 18.

Além disso é indispensável ter em vista que algumas questões apresentadas pelo médico dão às vezes a possibilidade de estudar não propriamente a atividade lingüística do doente, mas sua capacidade de efetuar operações metalingüísticas de descrição e análise da língua: praticar transformações em seu interior, distinguir nela certos elementos isolados, etc. ...
Do que foi dito depreende-se que seria desejável substituir (ou ao menos completar) a técnica atualmente em voga do médico entrevistar o doente, pela transcrição de e n u n-c i a d o s   c o n t í n u o s   p r o f e r i d o s   p e l o   d o e n t e e m   c o n d i ç õ e s   n o r m a i s[10]. A análise da "vida lingüística" do doente em diferentes situações existenciais poderia fornecer não apenas material para a descrição estrutural do dialeto do afásico, mas permitiria também aprimorar os métodos de diagnóstico[11].

Na afasiologia, da mesma forma que na dialetologia e em outras áreas lingüísticas onde o próprio estudioso intervém nas relações da língua com o que é estudado (o afásico, o portador de um dialeto, etc.), existe especialmente o grande perigo da influência do sujeito da pesquisa (observador) sobre o objeto (como paralelo, pode-se assinalar a situação análoga em mecânica quântica). Por isso, mesmo no estudo lingüístico da afasia, é importante elaborar uma metodologia que reduza ao mínimo a influência do pesquisador (ou que permita avaliá-la de um modo suficientemente preciso). É claro que, ao contrário, precisamente tal influência constitui-se como problema básico quando se trata do restabelecimento das funções discursivas, quando o médico e o lingüista podem desempenhar a função de pedagogos, ajudando o doente de maneira ativa.

---

10. O modo de transcrição proposto, de textos inteiros, poderia ser empregado também para treinar o doente em operações metalingüísticas (da mesma forma, transcrições de textos podem ser utilizados no aprendizado de uma língua estrangeira, para descoberta e correção de erros).

11. Em relação aos problemas médicos, exigências semelhantes às da observação do comportamento do doente em condições naturais encontram-se na citada resenha de Lennenberg (p. 99). No que se refere ao caráter artificial do estudo das alterações de certos aspectos isolados do comportamento discursivo, que habitualmente se encontram ligados entre si, vide também H. Schuell e J. J. Jenkins, "The nature of language deficit in aphasia", *Psychological Review*, vol. 66, 1959.

1. Para analisar e tratar os defeitos da fala é necessário, antes de mais nada, tornar claro quais elementos do sistema da língua e quais relações entre eles foram afetados. Para as afasias fásicas a p e r t u r b a ç ã o d o s i s t e m a f o n o l ó g i c o manifesta-se pela alteração de traços distintivos fonológicos[12].

Como exemplo tomemos a fala do doente D., que sofre de afasia motora. A análise de sua linguagem, baseada na observação direta, na audição da transcrição gravada de sua conversa com o médico e no conhecimento do histórico da doença, permitiu estabelecer que em seu discurso foram alteradas as seguintes oposições de traços distintivos:

- sonoridade – surdez (trocas do tipo $z - s, d - t, d' - t'$),
- continuidade – descontinuidade (trocas do tipo $l - r$, $l' - r', s - t$),
- densidade – difusão (trocas do tipo $ch - s$), caráter agudo ("brandura") – caráter grave ("dureza") (trocas do tipo $r - r'$),
- nasalidade – não-nasalidade (trocas do tipo $n' - d'$, $m - p$).

Numa série de fatos do discurso desse mesmo doente notou-se a troca de fonemas que se diferenciavam não por um só, mas por dois e mesmo mais traços distintivos ($tch - s$, que se diferenciavam pelo traço da descontinuidade, da densidade, etc.).

Ademais, enquanto se restabelecia a pronúncia, diminuíam (e aos poucos desapareciam) os casos de troca de fonemas que se diferenciavam por mais de um traço (ou seja, que se distanciavam de alguns passos), mas conservaram-se os casos de troca de fonemas diferenciados por um único traço (ou seja, afastados de apenas um passo um do outro), por exemplo as substituições $l - r, d - t$. No discurso do doente D. já após o início do restabelecimento das funções da fala, podiam-se observar pronúncias errôneas do tipo /r' út' i/ em lugar de *liúdi* [gente].

---

12. A importância da Fonologia para o estudo e o tratamento de algumas formas de afasia já foi assinalada, em traços gerais, por N. S. Trubetzkói (N. Trubezkoy, "La phonologie actuelle", *Journal de psychologie normale et pathologique*, XXXe. année, n. 1-4, 1933, p. 241). Esses distúrbios foram estudados de um ponto de vista fonológico primeiramente nos trabalhos de R. O. Jakobson (R. Jakobson "Kindersprache", *Aphasie und Allgemeine Lautgesetze*, Uppsala, 1942) e A. R. Luriá (A. R. Luriá, *Afasia traumática*, Moscou, 1947). O autor observa com satisfação que sua interpretação da afasia fásica como distúrbio dos traços distintivos, surgida graças à influência dos trabalhos de A. R. Luriá e R. O. Jakobson, coincide com a opinião de Weinreich (Ap., 2.5.1., p. 24).

O caráter das substituições fonológicas no discurso do afásico permite expressar algumas suposições sobre o modelo fonológico da língua comum, o qual poderia oferecer uma explicação extremamente simples para essas trocas.

Para uma tal descrição do caso citado de afasia motora (e para uma série de outros casos análogos), que se baseia na hipótese de uma troca preferencial de fonemas que se diferenciam apenas por um traço, pode ser mais conveniente a classificação de alguns fonemas na base dos traços puramente articulatórios, do que a classificação pelos doze traços tradicionais. Assim, a confusão $k - t$ (na forma *jivut* [vivem]) do ponto de vista articulatório poderia ser considerada como um desvio de um passo (a pós-lingual k em lugar da ântero-lingual t), enquanto nos termos dos 12 traços é necessário supor a alteração da oposição de dois traços distintivos (densidade e peso).

A descrição da fala russa dos afásicos motores torna-se mais fácil partindo-se da compreensão de *r* como um fonema estritamente ligado aos outros ântero-linguais (cf. trocas do tipo $r - n, r - d, r - s, r - z$), ou de uma compreensão semelhante de *l* (cf. trocas do tipo $l - n, l - d, l - s, l - z$).

A existência de trocas do tipo $r - z$ no discurso dos afásicos russos pode ser comparada com o fato de que um segmento isolado, que corresponde a um obstáculo (ruído), diante da pronúncia do /r'/ russo, pelos dados de M. Halle, em alguns casos produz a mesma impressão de um /j/[13].

Exatamente as mesmas trocas patológicas do tipo $j - z'$, $j - s'$, $j - r'$, confirmam a exatidão da interpretação fonológica do *j* russo como fricativa sonora estabelecida por G. Fant[14]; a troca $j - s'$, observada no final da palavra, nas formas do tipo /m' os'/ (em lugar de *mói* [meu], /Mas'/ (em lugar de *mai* [maio]), explica-se pela anulação normal da oposição sonoridade — surdez no final da palavra.

Ao lado das perturbações profundas do sistema fonológico, numa mesma palavra pode ser pronunciado qualquer um dos fonemas trocados pelo doente: assim o doente D., desde o início do tratamento (de acordo com a anamnese), pronunciava o primeiro fonema da palavra *luná* [lua] como *n* (isso pode ser explicado pela influência assimilatória do *n* seguinte), *s* ou *z*.

---

13. M. Halle compara esse fenômeno com a evolução do /r'/ palatal, nas línguas eslavas ocidentais. Vide: M. Halle, *The sound pattern of Russian*, 'S-Gravenhage, 1959, p. 125.

14. G. Fant, *Acoustic theory of speech production*, Royal Institute of Technology, Division of Telegraphy — Telephony, Report nº 10, Estocolmo, 1958, pp. 292, 293.

As dificuldades que se originam no paciente diante da escolha de um fonema qualquer, conduzem ao caráter indefinido ("borrado", não-marcado) do discurso, os fonemas vizinhos não se opõem nitidamente; por isso tornam-se particularmente freqüentes os casos de assimilação.

Por exemplo, no discurso do doente X., ao pronunciar a série de palavras *dom* [casa], *zvon* [som], o fonema inicial soa como /dz/, isto é, devido à posição recíproca das duas unidades sonoras próximas, origina-se uma nova unidade complexa.

Nas perturbações referentes a fonemas que se diferenciam por um traço distintivo (um passo), é fato estatístico a preferência por um dos membros de cada par de fonemas, que se opõem pelo referido traço. Assim, no discurso do afásico inglês estudado por Dr. Fry[15], os fonemas sonoros (em particular *d*) eram substituídos regularmente pelos surdos. Os fonemas correspondentes, numa palavra, se comportam como surdos, ocasionando uma mudança no esquema rítmico. Em outros termos, como resultado da alteração dos traços distintivos, uma parte destes traços, geradora do fonema sonoro, é trocada por outra, geradora do fonema surdo.

Convém notar que a troca análoga dos fonemas ingleses, baseada na anulação das oposições do traços diferenciais como surdez-sonoridade (*t* em lugar de *d* na palavra *bird*, "pássaro") e descontinuidade — continuidade (*h* em lugar de *k* na palavra *comb*, "pente") foi provocada artificialmente por W. Penfield operando no cérebro pela excitação elétrica do córtex cerebral)[16].

Fenômenos dessa ordem podem ser comparados com a eliminação de um dos traços distintivos na "linguagem elíptica" estudada por J. Miller[17], ou com a junção de fonemas (convergência) que se nota na história da língua e na linguagem infantil.

Na neutralização patológica da oposição de fonemas, pode às vezes funcionar como representante do arquifonema um membro indicial (positivo) da oposição: por exemplo /z'/ funciona como representante do arquifonema sibilante na neutralização patológica da oposição /s'/ /z'/ no exemplo acima citado da fala do doente X.: /z'im'já/, em lugar de /s'im' já/ [família].

15. D. B. Fry, *Phonemic substitutions in an aphasic patient*, Language and Speech, vol. 2, p. 1, jan.-mar., 1959.

16. W. Penfield, L. Roberts, *Speech and brain mechanisms*, Princeton, 1959, p. 124. O exemplo com a palavra *comb* é particularmente interessante como demonstração da existência da oposição *k* — *h* na língua inglesa (ou de qualquer modo, no dialeto do afásico referido).

17. G. A. Miller, "The perception of speech", *For Roman Jakobson*, 'S-Gravenhage, 1956, pp. 358, 359.

Como resultado da alteração dos traços distintivos, dois (ou mais) fonemas da língua comum se fundem num só. Assim, na fala de um conferencista que sofria de afasia, *k* e *t* se juntavam (correspondentemente *k'* e *t'*), o que acarretava a deturpação do sentido (grupos de palavras pronunciadas por ele podiam ser transcritos pela ortografia comum como *trúpnie rastópti* (pisoteios cadavéricos) em lugar de *krúpnie raskópki* (escavações de vulto, etc.). A referida particularidade da fala do conferencista refletiu-se numa anedota que circulava entre os estudantes: seu ciclo de conferências ter-se-ia iniciado por uma aula, na qual ele teria escrito na lousa a tabela de correspondências entre sua própria fala e a língua russa. Verdadeira ou não esta versão folclórica, pode-se afirmar que tais tabelas de correspondências podem ser construídas nos diferentes casos de afasia motora e sensorial.

Contudo, o mais freqüente é a linguagem do doente refletir dois (ou mais) sistemas fonológicos coexistentes, dos quais um coincide com a norma fonológica e o outro se afasta dela essencialmente. Em tais casos, as palavras pronunciadas de acordo com a norma dão freqüentemente a impressão de correção fonética artificial (tal como a fala de um estrangeiro); isto se observa em particular no decorrer do processo contrário ao do desenvolvimento da afasia (i.e. durante a restauração das funções discursivas). Dessa forma, o doente T., que habitualmente empregava apenas três palavras /kharachó/ [bem], /tut/ [aqui], /normal'no/ [normal], e na primeira dessas três palavras trocava regularmente a inicial contínua *kh* pela descontínua *k*, passou, com certo esforço, a responder às perguntas do médico utilizando outras palavras que correspondiam à norma fonológica.

Diante do fato de refletirem-se, no discurso do doente, dois sistemas fonológicos coexistentes, podem ser restabelecidas, entre os fonemas, as correspondências normais que se encontram, via de regra, na mesma palavra, quando há duas maneiras de pronunciá-la[18]. Assim o doente D. acima descrito, que sofria de afasia motora, manifestava, quando falava depressa, certas trocas de fonemas que não apareciam quando se expressava devagar: a palavra /khadát/, na fala mais lenta era /khalát/ [roupão], enquanto /chlót/ correspondia a /slón/ [elefante].

Pode-se esperar que o estudo do comportamento lingüístico dos afásicos em situações diferentes permita esclarecer diferentes graus de manifestação dos sintomas da afasia em diferentes tipos de fala; tal estudo pode tornar-se útil também

---

18. Fato freqüente na língua russa (N. do O.).

para a comparação com os diferentes tipos de fala em que o comportamento lingüístico é normal.

2. Ao lado das perturbações paradigmáticas que envolvem as unidades fonológicas elementares e as relações entre elas no sistema, podem ocorrer nas afasias fásicas também as perturbações sintagmáticas que se referem à c o m b i n a ç ã o d o s e l e m e n t o s f o n o l ó g i c o s n a s e q ü ê n c i a (no texto).

Em alguns casos as perturbações sintagmáticas, independentes das paradigmáticas, podem ser observadas "em estado puro". Assim no doente S., a quem em março de 1957 foi extraído um tumor benigno externo na região pré-lóbica esquerda, observou-se, após uma série de exames em abril de 1960, por um lado a alteração da estrutura da sílaba e, por outro, a ausência de acentos na fala. Esses traços supersegmentários (prosódicos) aparecem ligados entre si na mesma forma que trechos de discurso maiores que um fonema. Para o referido doente, a dificuldade essencial consistia na pronúncia de grupos consonânticos, tanto que neles costumava inserir vogais; por exemplo, no grupo *lt* desenvolvia-se uma vogal não-acentuada, ou seja, configurava-se a combinação /l' t/. Tornava-se particularmente difícil a passagem de um fonema consonantal a outro possuidor de traços distintivos semelhantes, por exemplo a passagem de *s* a *ch*, na palavra *schibát'* [derrubar]. A passagem de um fonema a outro realizava-se com uma facilidade relativa, maior do que a passagem entre dois fonemas consonânticos; isso foi comprovado pelos resultados das experiências de síntese automática dos sons da fala.

O caso do doente K., o qual, além de apresentar uma afecção no hemicrânio esquerdo, sofria de um tumor no hemicrânio direito posterior, evidenciou claramente como as alterações do tipo descrito acima estão relacionadas com distúrbios funcionais gerais.

Para esse doente, as dificuldades maiores surgiam quando se tratava de passar de um fonema a outro numa palavra que não lhe fosse conhecida. É característico o fato de que para esse mesmo doente a formação de palavras a partir de letras esparsas do alfabeto constituía uma tarefa extremamente difícil. Dificuldades análogas de combinação de elementos da língua se lhe apresentavam quando se tratava de formar palavras compostas: em lugar de *mukhomor* [mata-moscas – espécie de cogumelo] ele dizia *mukhonós* [carrega-moscas] (este engano não era portador de um caráter puramente fonético, visto que /nós/ comparece após o morfema conjuntivo /o/ em palavras compostas do tipo *vodonós* [aguadeiro]), etc.

Conseqüentemente, nesse doente, as dificuldades ligadas à combinação de elementos manifestavam-se não apenas no nível fonológico, mas tambem em níveis mais elevados. Ficou particularmente claro, porém, que tais dificuldades apareciam principalmente quando se tratava da combinação de elementos fonológicos[19].

De acordo com a hipótese de M. Halle, pela qual a análise (inclusive a análise dos sons do discurso) pode ser considerada como um processo inverso ao da síntese[20], é de grande interesse notar que para o doente K. a maior dificuldade era constituída pela pronúncia de um alofone isolado de um fonema separado (i.e. a construção de uma seqüência onde o fonema se encontre entre duas falhas). Como disse o próprio doente: "Eu não consigo pronunciar letras separadas, apenas palavras". Ou seja, a análise de seqüências de fonemas (isto é, o fato de se destacarem certas unidades na seqüência) para este doente é tão difícil quanto a síntese das seqüências de fonemas. As palavras conhecidas para o doente K. eram unidades prontas, que não se precisava criar[21]; por isso, ao pronunciar as palavras que sabia de cor, cometia menos enganos do que ao tentar repetir sílabas desprovidas de sentido (embora em sua linguagem corrente se notassem trocas de palavras foneticamente

---

19. Desse modo, pode-se estender ao nível fonológico a divisão proposta por R. O. Jakobson entre os distúrbios nas relações de contigüidade (*contiguity disorder*) e os distúrbios nas relações de similaridade (*similarity disorder*). Nos trabalhos do próprio R. O. Jakobson, esta divisão é ilustrada principalmente por exemplos de níveis mais elevados (léxico, sintático), cf. R. Jakobson, "Two aspects of language and two types of aphasia disturbances", no livro de R. Jakobson e M. Halle, *Fundamentals of language*, 'S-Gravenhage, 1956, pp. 55-82; R. Jakobson, "Aphasia as a linguistic problem", *in On expressive language*, Worcester, 1955.

20. No que se refere especialmente às aplicações para a análise e a síntese do discurso falado, vide: M. Halle e K. M. Stevens, *Analysis by synthesis*, Air Force Cambridge Research Center Technical Report, 59-198, Bedford, Mass., 1959. Com respeito à afasia, é necessário, entretanto, lembrar que, se para a descrição dos distúrbios de síntese e dos distúrbios de análise da audição a eles ligados, devidos à afasia motora, os traços articulatórios (vide acima) possuem uma significação especial, para a descrição da afasia sensorial, possivelmente, são mais importantes os traços puramente acústicos (vide: A. R. Luriá, *Esboços de escrita psicológica*, Moscou, 1950, p. 45). Todavia, tanto essa questão quanto o problema de toda a fonologia da equivalência dos traços articulatórios e acústicos, ainda requer um estudo experimental suplementar.

21. Tais casos são analisados por R. O. Jakobson no que se refere ao estudo das alterações nas relações de contigüidade (vide: R. Jakobson e M. Halle, ob. cit., p. 74).

semelhantes, como por exemplo: *zameniáiu* [troco] em lugar de *zametcháiu* [noto]). As sílabas desprovidas de sentido, admitamos, seriam interpretadas pelo doente K. como palavras familiares, conhecidas por ele sob forma de unidades prontas. Quando o médico pedia ao paciente que repetisse as sílabas *ta ta ta*, este repetia a palavra *tak tak tak* [assim][22]. Diante da impossibilidade de interpretar uma dada combinação de fonemas, o doente habitualmente pronunciava-a de forma incorreta: em lugar da sílaba *pa*, ele pronunciava *psa*, em vez de *po* — duas sílabas: *o, pa* (o que lembra os princípios da transferência de consoantes na escrita silábica), em lugar de duas sílabas diferentes *pa – ba*, duas sílabas idênticas *ba, ba*, etc. A alteração da capacidade metalingüística de separar unidades fonológicas por parte do doente K., não significava a destruição do inventário das próprias unidades, tanto que ao pronunciar palavras conhecidas, o referido inventário era utilizado com um número relativamente pequeno de erros.

O que resultou totalmente alterado no paciente K., foi a acentuação das palavras: ele não diferenciava pelo acento, em sua pronúncia, tais palavras russas como: *zámok* [castelo] – *zamók* [cadeado] (ambas as sílabas eram pronunciadas de maneira aproximadamente igual, com o mesmo tipo de vogal *a*), *Mila* [nome próprio, diminutivo de Ludmila] – *milá* [amável]. Para diferenciar estas palavras, o doente K. recorria tanto ao emprego de palavras esclarecedoras (assim, à palavra *zámok* ele acrescentava a explicação – *instituto*) quanto à composição de fonemas. Na frase: *éta diévuchka milá, a ieió zavút Mila* (esta moça é amável e ela se chama Mila), em lugar de *Mila* o doente pronunciava /m'is'/, o que pode estar ligado à progressiva influência assimilatória de *z* na palavra precedente (da mesma forma a pronúncia de *l* em lugar de *v* na palavra *diévuchka* [moça], na mesma frase, pode estar relacionada com a influência regressiva do *l* em *Mila*: na primeira parte do período, o *l* assimila um outro fonema, na segunda o próprio *l* está sujeito a uma influência assimilatória). Desse modo, na fala desse doente a alteração das diferenciações de acentuação pode conduzir a trocas fonológicas.

3. Em muitos casos, ao lado de alterações no sistema fonológico da língua falada, observam-se alterações no sistema

---

22. Isso explica também por que outro doente – G., atendendo ao pedido de pronunciar /a/, pronunciava /b/ (i.e., tomou *a* não como um elemento sonoro isolado, desprovido de sentido, mas como uma palavra à parte, a denominação de uma letra, e correspondentemente repetia o nome da letra seguinte do alfabeto).

da escrita (agrafia) e no sistema dos gestos[23]. Em outros termos, nesses casos, pode-se considerar a afasia como manifestação daquele mesmo distúrbio dos vários sistemas sígnicos pelo qual s ã o a l t e r a d o s o s m o d o s d e c o d i f i c a ç ã o ("plano da expressão") das unidades destes sistemas, prescindindo da substância, i.e., do caráter material (acústico ou ótico) desses modos de codificação. Contudo, os diferentes sistemas de signos podem ser afetados pela doença de maneira diferente, dependendo do tipo ao qual pertence o sistema em questão. Diante disso é essencial o n ú m e r o d o s c ó d i g o s d e v á r i o s n í v e i s que constituem em sua totalidade o sistema dado. Quanto maior for o número de códigos de vários níveis, tanto mais estável resultará o sistema formado pelo conjunto desses códigos. A escrita alfabética mostra-se mais estável que a escrita hieroglífica, na medida em que, na primeira, cada palavra (unidade do código do léxico) ou cada morfema (unidade do código dos morfemas) é codificada pela série dos grafemas (das unidades do código de nível mais baixo), enquanto na segunda, a cada palavra (ou morfema) corresponde um complexo gráfico determinado (uma unidade de código do mesmo nível que o código das palavras ou dos morfemas)[24]. Por isso, o número de unidades do código dos grafemas da escrita alfabética é consideravelmente menor do que o número de unidades do código dos hieróglifos da escrita hieroglífica; a grande complexidade numérica torna esse sistema menos efetivo, o que se nota claramente na agrafia[25]. No caso em que o paciente, até adoecer, emprega dois códigos − o hieroglífico e o alfabético − via de regra, estes dois códigos vão ser afetados num nível diferente. No caso de um japonês que, quando são, dominava a escrita hieroglífica e o alfabeto silábico (escrita fonética), observou-se que, em conseqüência da agrafia, a escrita hieroglífica fora afetada em maior medida que a fonética; de maneira semelhante, no caso de um chinês que conhecia a escrita hieroglífica chinesa e a escrita inglesa, esta última foi restabe-

---

23. No que se refere às alterações da comunicação gestual devido à afasia, vide: Ap., 5.3.2., pp. 67-60. Este fenômeno já fora notado nos clássicos trabalhos de Jakobson (e mais tarde, de Head), onde, pela primeira vez, foi mostrado o significado do nexo entre os distúrbios da língua e os dos outros sistemas simbólicos (sígnicos) (cf. o que se segue a esse respeito).

24. Por conseguinte, tal sistema de escrita pode ser chamado também de "logográfico". Cf. H. M. Hoenigswald, *Language change and linguistic reconstruction*, Chicago, 1906, p. 6.

25. *Ap.*, 2.5.5., p. 33.

lecida num grau maior do que a primeira[26]. Em analogia com esses fenômenos, apresenta-se o caso da afasia de uma surda-muda, a qual reconstituiu o alfabeto manual, mas não a língua dos gestos, de natureza ideográfica[27].

Dois sistemas alfabéticos de escrita (por exemplo, o francês e o russo) podem distinguir-se entre si pelo fato de que um deles (o francês) faz vasto uso de meios gráficos de diferenciação de morfemas (mas não de fonemas)[28], aproximando-se nesse sentido da escrita hieroglífica, enquanto no outro sistema (o russo) ocorre mais seguidamente a correspondência unívoca entre grafemas e fonemas. Neste caso, a reconstituição do sistema próximo ao hieroglífico resulta mais difícil. Isso foi mostrado por A. R. Luriá no exemplo do caso em que, após uma afasia parietal, um jornalista francês (polonês de origem), que dominava a língua russa, reconstituiu a escrita russa mais facilmente que a francesa[29].

O desenvolvimento, nos casos indicados, pode ser comparado com a passagem paulatina dos sistemas hieroglíficos aos alfabéticos na filogênese da humanidade (cf. também a passagem gradual da língua simbólica dos gestos para o alfabeto dactílico no ensino da língua a surdo-mudos e cegos-surdo-mudos). Em todos os casos referidos, o desenvolvimento ocorre no sentido do sistema mais efetivo, que emprega um número relativamente limitado de unidades do alfabeto de código de nível inferior, para a codificação das unidades dos códigos de níveis superiores. A preferência por esse sistema, na afasia, pode ser explicada por condições neurofisiológicas particular-

---

26. *Idem*, pp. 31, 32.
27. *Idem*, p. 30.
28. Sobre o emprego de sistemas alfabéticos de escrita para a transmissão de diferenças entre os morfemas (mas não os fonemas) cf.: H. Hoenigswald, ob. cit., pp. 6-8.
29. A. R. Luriá, *Afasia traumática*, pp. 242, 243; *Esboços de escrita psicofisiológica*, pp. 62-64; "A propósito da alteração da escrita e da leitura nos poliglotas", *Revista Fisiológica da Academia de Ciências da R.S.R. da Ucrânia*, vol. II, n. 4, 1956; "Differences between disturbance of speech and writing in Russian and in French", *in International Journal of Slavic linguistics and poetics*, III, 1960. A esse caso, observado com relação à afasia parietal, A. R. Luriá contrapõe a afasia temporal, em que a palavra pode ser escrita como um todo, mas não é possível destacar nela elementos separados (vide supra). Entretanto, para a demonstração definitiva daquilo que constitui a grande dificuldade da reconstituição dos sistemas hieroglíficos, ligada à localização da afecção no cérebro, é indispensável estudar a correlação entre os dois sistemas diferentes (o hieroglífico e o alfabético) em face da afasia temporal.

mente difíceis de transmissão de comunicações[30]; em outros casos, a escolha de um sistema mais eficiente pode estar ligada igualmente com o aumento do volume da informação transmitida.

Na medida em que, devido à afasia, a possibilidade de empregar a língua falada, para comunicação, resulta consideravelmente limitada, pode crescer correspondentemente o papel desempenhado pelo sistema dos gestos, embora, como já foi notado anteriormente, mesmo este pode se ver frustrado. Em outras palavras, as tarefas para as quais um indivíduo normal utiliza um sistema intacto de signos são realizadas, no caso da afasia, pela utilização simultânea de dois sistemas sígnicos — a língua falada e a gesticulação; aos signos desses sistemas podem se associar também alguns sinais extra-sistêmicos[31], por exemplo o assobio.

Como exemplo mais claro, pode servir a experiência da comunicação com o doente T., cujo vocabulário de língua falada consistia ao todo em três palavras: *normal, bem, aqui*. Como se notou anteriormente, ao lado desse sistema sonoro triádico T., nas aulas e em conversas, conseguia valer-se, com grande esforço, de uma língua falada mais próxima da norma. Mas, habitualmente, após proferir algumas palavras, deslizava para o sistema de três palavras (para ele mais costumeiro); aí, em sua ajuda, intervinha o sistema dos gestos. À pergunta do pedagogo: "hoje o médico te olhou (*smatriél*)?" o doente respondia *s'matr'el*, i.e., repetia a última palavra da frase interrogativa (nela eliminando a união inicial de consoantes, o que era característico não só em sua fala, mas na de um grande número de outros afásicos). Depois disso ele passava para a forma de comunicação que lhe era mais habitual e acrescentava "Aqui bem", acompanhando esta expressão com gestos, assobios e virar de olhos. A combinação de um gesto qualquer e um assobio, ou seja de um sinal acústico extralingüístico — exterior ao sistema — foi observada no paciente T. e também numa série de outros casos; por exemplo, foi com a mesma combinação que T., por ocasião daquela mesma conversa, respondeu à pergunta: "De que canção você gosta?": um sinal de negação e um assobio mostraram ter ele esquecido o que se lhe havia perguntado. Tentava des-

---

30. Cf. a comparação proposta por Haus entre a afasia e a transmissão de informação em condições especiais (Ap., 4.2.2., p.p. 17, 18).

31. Em relação aos sinais extra-sistêmicos e a seus papéis na comunicação humana normal, vide: E. Buyssens, *Les langages et le discours*, Bruxelles, 1943; G. Mounin, "Les sistèmes de communication non linguistiques et leur place dans la vie du XXe siècle", *in Bulletin de la Société de linquistique de Paris*, vol. 54, fasc. 1, 1959, pp. 176-200.

crever seu trabalho de sinaleiro com o sinal *tu-tu-tu* imitando o som, associado a um gesto; depois *tu-tu* era repetido sob forma dos *tut-tut* [aqui, aqui] já conhecidos dele (cf. o que foi referido acima na análoga transferência de sentido *ta-ta-tak-tak*).

Tentando contar (a pedido do pedagogo) como havia passado o dia precedente, T. combinou sua habituais palavras do sistema triádico com gestos, com alguns termos e com arranjos inteiros de palavras, que lhe haviam sido ensinadas nas aulas, por exemplo "dói a cabeça". O relato iniciou-se pela palavra *ontem*, à qual se seguiu a habitual *bem*. Depois veio a palavra *de manhã* [*útrom*] acompanhada de um gesto esclarecedor, em seguida, a combinação aprendida *dói a cabeça*, acompanhada de um gesto apontando a cabeça. Gestos acoplados a palavras foram usados pelo paciente T. também em algumas conversas, durante as quais empreendeu-se a tentativa de forçá-lo a lembrar e contar sua vida. Essas conversas, que o levavam a misturar alguns fragmentos da língua russa, sua fala triádica habitual e a língua dos gestos, poderiam parecer a um observador externo a conversa de um estrangeiro que fizesse amplo uso de gestos para transmitir o conteúdo que ele não conseguia expressar com a ajuda da língua falada por seu interlocutor (cf. o emprego da língua gestual como língua intertribal nas sociedades primitivas).

Numa série de casos, era evidente que os gestos que tinham um caráter ideográfico, permitiam ao doente T. responder corretamente àquelas perguntas às quais ele não poderia responder tão rápida e exatamente com a ajuda da língua falada. À pergunta "Quantas letras há na palavra?", T. respondia com um gesto mostrando três dedo, depois disso, olhando para os três dedos da mão, ele pronunciava o numeral *três*. No caso referido, os signos da língua falada – os numerais – são claramente derivados dos signos da língua dos gestos, o que é comparável com os fenômenos análogos nas línguas muito antigas[32].

Em suas conversas com o médico, o paciente T. usava corretamente os pronomes pessoais somente quando sugeridos por aquele (em resposta a perguntas do tipo "Quem está sentado na cadeira?" ou "Quem está se sentindo mal?"), embora às vezes confundisse as pessoas (*eu, tu*, etc.). No relato de sua

---

32. Cf. L. Levy-Brühl, *O pensamento primitivo*, Moscou, 1930; A. T. Brayant, *O povo zulu antes da chegada dos europeus*, Moscou, 1953, pp. 162, 163; I. L. Snieguirev, *Os numerais na língua zulu* – Coletânea, *Academia de Ciências da U.R.S.S. XLV. Ao acadêmico N. I. Marr*, Moscou-Leningrado, 1935, pp. 342, 343; *Problemas lingüísticos dos numerais*, col. de artigos, Leningrado, 1927; V. V. Ivanov, *Manual didático-metodológico para o curso "Fundamentos da Lingüística"*, Edição da Universidade Estatal de Moscou, 1958.

vida passada, T. empregou convenientemente o pronome *eu* acompanhando-o por um gesto. Desejando dizer que trabalhava como sinaleiro, T. pronunciou /*morj*/ [morsa] (em lugar de Morse), depois *eu* e apontou para si mesmo. Neste caso em que havia uma notável alteração no discurso oral, enquanto a língua ideográfica dos gestos proporcionava às vezes a possibilidade de transmitir um tipo de comunicação que o doente não conseguia codificar com as palavras da língua falada, poder-se-ia ver a influência contrária daquilo que foi descrito acima, ou seja, a conservação de um sistema hieroglífico paralelamente à destruição do alfabético[33] (os hábitos de escrita encontravam-se em T. destruídos quase completamente, e sua reconstituição estava ligada a dificuldades ainda maiores que a reconstituição do discurso falado). Contudo, mesmo a linguagem gestual de T. era muito limitada: o gesto mais freqüente era levar a mão à cabeça (tal gesto associado a um assobio significava que T. não lembrava o que lhe era perguntado, não podia dizer o que queria, não tinha esperança de sarar, etc.). O emprego preferencial de gestos diante de uma limitação das possibilidades de usar a língua falada, pode ser comparado ao papel da língua gestual no caso da total ausência de língua oral nos surdo-mudos e nos cego-surdo-mudos.

Os sistemas contemporâneos de escrita (com exceção dos puramente hieroglíficos que ainda existem em limitadas regiões do globo terrestre) diferenciam-se da língua dos gestos pela presença de ligações diretas com o sistema acústico — com a língua falada, para cuja transmissão eles servem. Por isso, as agrafias são habitualmente acompanhadas por afasia fásica, embora a análise da correlação entre essas duas espécies de distúrbio se tenha revelado importante para o estudo do nexo entre os correspondentes sistemas sígnicos: as agrafias são derivadas de afasias, na mesma medida em que a língua escrita é um sistema secundário em relação à língua oral[34]. Contudo, o aumento gradual do papel da língua escrita, característico da comuni-

---

33. Para a demonstração da hipótese acima citada de A. R. Luriá, é essencial a localização da afecção do cérebro nesse doente. Entretanto, a solução desse problema tornou-se difícil pela natureza complexa da prolongada doença: já em 1956 haviam extraído a T., que acompanhamos de novembro a dezembro de 1960, parte da substância cerebral por ocasião de uma trepanação do crânio na região esquerda parieto-temporal-occipital.

34. Vide: A. R. Luriá, *Esboços de escrita psicofisiológica*. A respeito da "transcifração" (ou seja da transcodificação) na passagem da língua oral para a escrita, cf.: N. A. Bernstein, *Sobre a construção dos movimentos*, Moscou, 1947, p. 145.

cação contemporânea, cria as condições para que esta língua venha a adquirir uma independência relativa. Isto pode, por exemplo, explicar um caso patológico como a assimilação da escrita por uma criança à qual falte quase completamente o discurso oral[35]. Este caso, ligado não à afasia, mas à esquizofrenia ou ao autismo infantil pré-esquizofrênico, revela a nítida influência dos meios óticos contemporâneos de comunicação de massa no desenvolvimento lingüístico patológico da personalidade. Um menino norte-americano que quase não empregava a língua oral, após ter aprendido a pronunciar os sons da fala e ter-se apropriado da palavra da linguagem infantil *daddy*, "papai", aos três anos e meio de idade manifestou um bom conhecimento da língua escrita. Subitamente começou a escrever palavras e frases que havia visto pela televisão: nomes de programas, propaganda comercial, etc.[36]. Ficou esclarecido que ele, desde a primeira infância, costumava passar dias inteiros brincando diante do aparelho ligado, bem em frente ao qual sua mãe colocava-lhe o cercado. A televisão revelou-se uma influência poderosa em seu desenvolvimento e determinou por completo a natureza das frases que ele veio a escrever. Sua ocupação preferida era escrever ou recortar as letras do alfabeto. Após tê-las recortado, ele se aproximava do médico que o estava tratando e pronunciava *a- b- c-*. Era, dessa maneira, um dos raros casos em que a criança, ao empregar a língua oral, evidencia claramente que, para ela, esta é derivada da escrita. Isto relaciona-se evidentemente com outro caso em que o mesmo menino, olhando para os automóveis de brinquedo, pronunciou distintamente os nomes das várias marchas de carro: *"chevrolet, oldsmobile, cadillac, buick"*[37]. Este exemplo patológico é interessante, em primeiro lugar, porque testemunha a possibilidade de uma atividade destruidora da civilização técnica, na formulação da linguagem, em segundo lugar porque demonstra o aumento do papel desempenhado pela língua escrita como função imitativa, que antes pertencia à língua dos gestos (cf. seu emprego pelas crianças surdo-mudas). Se para o emprego de gestos como substituições da língua oral na ontogênese, é possível encontrar correspondências filogenéticas em fenômenos muito arcaicos que se encontram nas várias línguas do globo (cf. o que foi dito acima sobre os numerais), o uso da língua

---

35. G. E. Arnold, "Writing instead of speaking", *in Aktuelle Probleme der Phoniatrie und Logopadie*, vol. I, Basiléia, New York, 1960.

36. G. E. Arnold, ob. cit., p. 157.

37. *Idem*, p. 158.

escrita na mesma função é sem dúvida um fenômeno novo, que se explica pelo aparecimento de novos fatores sociais.

4. Os fenômenos de afasia testemunham que o s d o i s a s p e c t o s d o s i g n o l i n g ü í s t i c o — o significado e o significante — s ã o r e l a t i v a m e n t e i n d e p e n d e n t e s, uma vez que a modificação de um deles pode ser acompanhada da permanência do outro. Em outras palavras, é possível falar da independência relativa dos distúrbios do discurso no plano da expressão (i.e. do código ou dos códigos de níveis inferiores) em relação às alterações no plano do conteúdo (i.e., do código ou dos códigos de níveis superiores). E. S. Bein relaciona, com razão, os resultados de seus trabalhos, que evidenciam a nítida permanência da estrutura gramatical em caso de afasia sensorial, com as observações de L. S. Vigótski sobre o discurso infantil, que demonstram o afastamento, na primeira fase de desenvolvimento, entre os planos da expressão e do conteúdo[38].

Do ponto de vista da Lingüística estrutural, este mesmo problema foi recentemente considerado por R. O Jakobson, o qual demonstrou que diante do esquecimento do som (ou do significado) da palavra devido à afasia, seu lugar no sistema é habitualmente mantido pela existência de um som (ou significado) da palavra dada, definido negativamente em relação aos sons (ou significados) de todas as outras palavras da língua[39]. Esta dedução, particularmente importante para a demonstração da idéia saussureana da língua como sistema baseado em oposições, pode ser fartamente ilustrada por rico material clínico. Assim, o doente T., ao tentar recordar e contar sua vida, procurava descrever sua ocupação por ocasião de uma excursão ao Altai nos anos de estudante: "Caderno eu escrevia e livrinho sobre... bem aqui... um... Moscou muitos livrinhos de desenhos — não... — globo". O doente queria proferir alguma palavra que tivesse traços semânticos (multiplicadores semânticos) comuns às palavras *desenho* e *globo*, mas que se diferenciasse de ambas. Quando lhe sugeriram a palavra necessária *mapa*, ele repetiu-a satisfeito. Fenômenos semelhantes foram observados no caso do paciente B., cujo discurso estava sendo reconstituído após uma afasia total. Ele não conseguia lembrar o nome

---

38. E. S. Bein, "A respeito de algumas particularidades da estrutura semântica da palavra e da construção gramatical do discurso na afasia sensorial", in *Vorpóssi psikhológui* (Questões de Psicologia), 1957, n. 4, pp. 91 e 100.

39. R. Jakobson, Linguistic glosses to Goldstein's, "Wortbegriff", *Journal of Individual Psychology*, vol. 15, maio de 1959, pp. 62-65.

de um carro do qual lhe mostravam uma imagem e dava definições negativas dessa palavra: *não é uma carruagem*, nem *uma carroça de guerra*[40] (a série dessas palavras está ligada ao fato de que o vocabulário profissional de professor de História, do doente, começava a ser reconstituído). Tais definições negativas de palavras, que lembram a escolha do sobrenome "cavalar" no conto de Tchekhov[41], são de interesse significativo para o estabelecimento de um sistema de traços semânticos, comuns a todas as palavras que constituem os referidos campos semânticos. O sistema desses traços pode permanecer enquanto se altera o sistema dos traços fonológicos, por isso o estudo da afasia é de grande interesse para esclarecer a estrutura particular do signo lingüístico que possui, ao mesmo tempo, o conjunto dos traços semânticos e fonológicos[42].

É possível confrontar os fenômenos do tabu (cuja comparação com alterações patológicas já fora proposta por S. Freud)[43] com os distúrbios que produzem modificações do nexo entre significado e significante. Um caso especial é constituído pela transformação em tabu não de uma única palavra, mas de todas elas, i.e. de toda a língua falada, fato que se observa no silêncio histérico (e na surdo-mudez histérica) e em fenômenos semelhantes de natureza religiosa (a interdição imposta sobre a língua falada durante o período de luto e de iniciação em certas tribos australianas; a proibição de empregar a língua oral entre os membros de algumas ordens monásticas européias, etc.). No último caso, a língua oral é substituída pela linguagem ideográfica dos gestos, i.e., por um outro sistema sígnico, que pode ser diferenciado da língua oral por seu caráter não-hieroglífico de codificação das unidades do código lexical[44].

---

40. No original: *tatchanka*, isto é, carroça com metralhadora, utilizada na Guerra Civil (N. do O.).

41. *Lochadínaia família* (Um sobrenome cavalar) é o título de um conto de A. P. Tchekhov. Existe tradução brasileira (Anton Tschecov, *Histórias imortais*, Editora Cultrix, São Paulo, 1959, introdução, seleção e tradução do russo, de Tatiana Belinky) (N. do O.).

42. Contudo, como acertadamente faz notar a esse respeito E. Buyssens, os casos patológicos não oferecem base para deduções imediatas sobre o que diz respeito à norma (E. Buyssens, ob. cit., p. 59).

43. S. Freud, *Totem und Tabu*, "Gesammelte Werke", Bd. 9, Londres, 1948.

44. Com respeito à linguagem gestual dos monges vide: E. Buyssens, "Le langage par gestes chez les moines", *Revue de l'Institut de Sociologie*, 1956, n. 4. Sobre o aranto, cf.: A. Sommerfelt, *La Langue et la société*, Oslo, 1938, pp. 36, 37 e 174; coletânea *Povos da Austrália e da Oceânia*, Moscou, 1956, pp. 94-96.

Isso pode ser comparado com o caso acima mencionado da transferência parcial das funções da língua oral para a língua dos gestos, devido à afasia. Todos os fenômenos enumerados são semelhantes num aspecto: eles mostram que o lado significativo do signo (e, conseqüentemente, o plano do conteúdo da língua, i.e., os códigos de níveis superiores) pode existir, em medida considerável, independente do lado significante (por conseguinte, do plano da expressão da língua, ou seja, dos códigos de níveis inferiores).

5. Constitui manifestação fundamental da perturbação do sistema semântico devido a afasias semânticas a a l t e r a-ç ã o   d a s   o p o s i ç õ e s   s e m â n t i c a s   n o   i n t e r i o r d e   u m   c a m p o   s e m â n t i c o. Como nota A. R. Luriá, no caso da afasia parietal (semântica) "as palavras de uma esfera semântica que possuam qualquer traço comum, começam facilmente a ser substituídas umas pelas outras"[45]. Esse tipo de doente diz erradamente *finger*, "dedo", em lugar de *hand*, "mão", *dog*, "cachorro", em vez de, *horse*, "cavalo", e assim por diante[46].

O doente G., cujo sistema semântico fora modificado possivelmente como conseqüência secundária da alteração da audição fonológica, manifestou, durante o relato de sua doença, trocas semânticas[47] do tipo *velhice* em lugar de *mocidade* (na frase *da velhice até agora*). Falando de seu trabalho, ele disse: *O país era grande. Por isso eu estive tanto no sul quanto embaixo*. A palavra *embaixo* aqui se opõe claramente a *sul*, ou seja indica uma posição no mapa que corresponde ao norte (e, conseqüentemente, é empregada incorretamente em lugar de *em cima*, se é que o engano não está em ter falado *no sul* em lugar de *no norte*). No caso em questão, a alteração das diferenças semânticas está ligada às modificações das relações espaciais[48],

---

45. Cf.: A. R. Luriá, *Estudo da afasia à luz da patologia cerebral, Parte primeira, Afasia parietal (semântica)*, Moscou, 1940 (manuscrito), p. 205. Aproveitamos o ensejo para agradecer a A. R. Luriá o fato de nos ter gentilmente proporcionado a possibilidade de conhecer o manuscrito de sua monografia. No que se refere à afasia semântica, cf. também R. Brain, "The semantic aspect of aphasia", *Archivum linguisticum*, vol. 8, n. 1, 1956.

46. T. Weisenburg and K. E. McBride, *Aphasia*, New York, 1935, p. 267.

47. A análise das particularidades lingüísticas deste relato está sendo realizada no laboratório dirigido por A. R. Luriá, com a participação de A. A. Zaliczniák e V. A. Uspênski, aos quais o autor expressa sua gratidão pelas valiosas observações feitas a respeito desta análise.

48. O autor agradece a I. M. Helfand a indicação do papel de desintegração das relações espaciais (e alterações da orientação no espaço psicológico) nos casos de afasia (informação oral).

caso esse que encontra paralelos nos fatos descritos em outros trabalhos, em particular no relatado por A. R. Luriá, em que um topógrafo doente "traçou um mapa com uma série de erros grosseiros que indicavam a desagregação dos esquemas espaciais"[49].

O doente G. foi também levado pelas trocas semânticas a empregar erroneamente as denominações de profissões e cargos (i.e. referentes à esfera social): por exemplo, numa conversa com o médico, respondendo à pergunta: "Qual era seu posto?" o paciente G. dizia *lugar-tenente-coronel. Quando sou eu quem fala, digo qualquer palavra; quando falam comigo, tudo voa... General-coronel... tenente-coronel... ou não sei o quê, o que o senhor quiser.* A enumeração de uma série de palavras (*lugar-tenente, tenente-coronel, coronel, general*), entre as quais o próprio paciente não conseguia escolher o termo necessário, é comparável às escritas do tipo *upbil* [em lugar de *ubil*, "matou"] onde são reproduzidos graficamente, um ao lado do outro, dois fonemas entre os quais não é feita nenhuma escolha. De forma semelhante, no relato de sua doença, o paciente G. chamava a médica que o assistiu no começo de sua enfermidade, de *professora*, mas, por duas vezes, esclareceu: *professora, ou seja, médica... moça... professora, ou seja, irmã.*

Exemplos semelhantes de confusão semântica de palavras podem ser colhidos no discurso de uma série de outros doentes, onde os fenômenos semânticos são freqüentemente resultados secundários de distúrbios fonológicos (contudo, eles aparecem habitualmente no caso de tarefas difíceis propostas ao doente): *disco – mostrador, telefone – relógio* (doente M.), *jarro – leiteira* (doente K.), *pote – uma espécie de panelinha* (doente B.), *baga – flor* (doente V.) *cruzador – lança-minas* (doente T.). Fenômenos análogos se observam também na reapreciação de locuções idiomáticas: *apetite de lobo* é compreendido: "come pouco"[50] (ou seja, no sentido oposto, cf. *velhice – juventude*).

No caso da excitação de determinadas zonas do córtex cerebral durante operações no cérebro, Penfield conseguiu provocar tal neutralização das oposições semânticas que, em lugar *scissors* ["tesouras"], o paciente dizia *cutters* ["cortadores, instrumentos para cortar"], em vez de *bed* ["cama, leito"] – *hay* ["feno"], em lugar de *butterfly* ["borboleta"] – *moth* ["tra-

---

49. A. R. Luriá, *Afasia traumática*, p. 157.

50. O último exemplo foi retirado da tese de I. Vald, *Particularidades de afasia em poliglotas*, Moscou, 1956 (manuscrito), p. 70.

ça"][51]. Em outros termos, na afasia fásica, da neutralização das oposições semânticas provém uma neutralização análoga das oposições fonológicas.

Se, na afasia fásica, são alterados os traços fonológicos diferenciais (i.e. as relações entre os fonemas no interior de uma categoria fonológica), na afasia semântica se modificam os traços distintivos semânticos (i.e. as relações entre significados nos limites de um campo semântico). A comparação das alterações das oposições semânticas com as das oposições fonológicas pode contribuir a estabelecer uma estrutura formal monotípica do plano da expressão (dos códigos de níveis inferiores) e uma estrutura formal do plano do conteúdo (dos códigos de níveis superiores).

Tanto quanto em relação à neutralização das diferenciações fonológicas na afasia fásica, para as substituições semânticas desse tipo pode ser encontrada uma série de analogias seja na filogênese, seja na ontogênese. Pode-se pensar que não apenas o sistema fonológico, mas também o semântico é habitualmente mudado pelos deslocamentos consecutivos de um traço distintivo[52]. Assim, a confusão semântica *dá – toma*, observada no discurso de um afásico (doente T.) é análoga à correlação histórica entre o hitita *da* ("pegar") e as formas familiares com o significado de "dar" em outras línguas indo-européias, e também ao emprego de *dái* [dá] com o sentido de *ná* [toma] na linguagem infantil[53].

Da mesma forma que o estudo da neutralização patológica das diferenciações fonológicas pode se revelar importante para a verificação do sistema dos traços distintivos fonológicos, a análise das convergências semânticas na afasia semântica pode ser muito importante para a construção de um sistema de unidades semânticas elementares (desse ponto de vista, é útil também a análise das denominações negativas acima citadas, do tipo *não é uma carruagem, nem uma carroça de guerra*). Para destacar os traços comuns que unem palavras diferentes, é significativo que às vezes o doente esteja em condições de pronunciar somente a palavra que denomina esse traço comum, mas não consiga diferenciar palavras isoladas que possuem esse traço. Como observa A. R. Luriá,

51. W. Penfield, L. Roberts, ob. cit., p. 124.
52. Cf. V. V. Ivanov, "Definição provável do tempo lingüístico", na coletânea *Problemas do discurso estatístico*, Leningrado, 1958.
53. Gentil informação de E. V. Padútcheva e de A. A. Zalizniák. Tal troca pode estar ligada também a confusões características (d – n: *dái – ná*), típico do discurso infantil e da linguagem dos afásicos.

uma particularidade característica desses casos é também a dificuldade notada na identificação concreta do objeto. Assim, a imagem de um leão ou de um cachorro começa a ser avaliada como "animal", entretanto o doente não está em condições de encontrar o grupo de traços que constitui a diferença específica de dado objeto concreto[54].

A denominação da classe ("animal") funciona como representante do arqui-sema que se originou graças à anulação das oposições entre os semas.

O paciente M., atendendo ao pedido do médico de dar nome a um objeto representado numa imagem, nomeava habitualmente a classe à qual pertencia o objeto e acrescentava ter esquecido sua denominação especial: *Bagas, mas quais/ Flor – qual? – Agora eu vou lembrar.* Às vezes M. acrescentava um traço que se referia à parte significante do signo – *uma flor de três letras* (*mak* [papoula], conforme as normas de solução das palavras cruzadas). Em raros casos à denominação da classe podia seguir-se o nome do objeto em questão – *flor, papoula* (é possível comparar a isto a combinação do representante do arquifonema com o fonema que se encontra encerrado naquele: *ch* nas palavras *schkola, Sascha* (de *chkola* [escola] e *Sacha* [diminutivo de Alexandre], em alguns afásicos). Para uma comparação com o comportamento lingüístico normal, é interessante a seguinte resposta do paciente ao pedido do médico de nomear uma andorinha, representada numa imagem: *Pássaro. É especial. É diferente. Este é outro. Mas, como ele se chama? Aliás, isso eu nunca soube.* Muitos habitantes das cidades conhecem apenas as diferenciações do aspecto significante das denominações dos pássaros, das flores, das bagas, mas não sabem o que realmente diferencia um do outro os objetos correlacionados. Por isso na afasia as distinções entre essas denominações mudam com bastante freqüência (cf. as dificuldades análogas na distinção entre nomes próprios).

Convém observar que os casos apontados de uso da denominação da classe em lugar do nome de certos elementos que pertencem a ela, contradizem a idéia difundida da afasia como passagem das categorias abstratas para um funcionamento concreto[55].

---

54. A. R. Luriá, *Afasia traumática*, p. 180.

55. Este ponto de vista, que foi divulgado em obras sobre afasiologia (K. Goldstein, *Language and language disturbances*, Nova York, 1948) e sobre Lingüística geral (E. Buyssens, *Les langages et le discours*, Bruxelas, 1943, pp. 21, 22 e 26), foi objeto, nos últimos tempos, de críticas fundamentadas (R. Brown, *Words and things*, Glencoe, Illinois, 1958, pp. 287-292).

Se nos exemplos considerados ficou evidente a neutralização das oposições semânticas no sistema, em outros casos patenteou-se a mesma neutralização de oposições no texto, i.e., na seqüência. Assim, a doente X. não conseguia denominar os objetos referentes a setores diversos, que lhe eram mostrados consecutivamente. Ela habitualmente nomeava o segundo objeto, repetindo a expressão *um par de*, que ela ouvira do médico, ou simplesmente exclamava: *Oh, senhor, como é isso?*, etc. Após ter-lhe sido mostrada uma figura com a imagem de um cachorro [*sabaka*] e outra com a de uma chaleira [*tcháinik*] mostraram-lhe outro animal, um gato [*kochka*] e ela chamou-o de *tcháinaia sabáka* [cachorro de chá]. Essa combinação indica que o nome do objeto ligado paradigmaticamente (no sistema de língua) com o nome *cachorro* (ou seja, pertencente ao mesmo campo semântico dos nomes de animais) liga-se sintagmaticamente (na seqüência discursiva) ao nome *chaleira* (ou seja, vem em seguida a ele). Ao mesmo tempo, essa combinação é formada com base no tipo das combinações com *tcháinaia kalbassá,* [salsichão; literalmente: salame de chá] e nesse sentido pode ser considerada uma nova expressão idiomática, criada em condições experimentais. Este fenômeno relaciona-se com a perseveração (ou seja, com a influência da palavra precedente) e é análogo ao acima descrito, da formação da unidade complexa (*dz*) devido à recíproca influência assimilatória dos fonemas vizinhos *d* e *z* no discurso do mesmo paciente.

6. Conforme mostram os estudos mais recentes, nos distúrbios da fala aparecem nitidamente as d i s t i n ç õ e s q u a n t i t a t i v a s e n t r e p a l a v r a s d e f u n ç ã o e p a l a v r a s d e s i g n i f i c a d o p l e n o, morfemas gramaticais e léxicos[56]. Os distúrbios da fala podem ser usados para traçar a fronteira entre os elementos funcionais que se encontram mais freqüentemente e toda a restante reserva de morfemas de uma dada língua. Com isso, como propôs Haus[57], o agramatismo pode ser comparado com a transmissão de comunicações em condições especiais, onde são omitidos os elementos redundantes, restabelecidos pelo contexto. Desse ponto de vista, grande parte dos elementos gramaticais das comunicações discursivas resulta redundante.

Por conseguinte, as afasias podem ser usadas para definir a redundância e outros parâmetros teórico-informacionais da língua.

Apresenta interesse considerável a análise estatística e teórico-informacional do emprego de várias classes gramaticais

56. *Ap.*, 4.2.2., pp. 17, 18.
57. Ob. cit.

de palavras nos diferentes aspectos da afasia[58]. As diferenças quantitativas entre classes de palavras no discurso telegráfico, comparadas com o discurso normal e com a fala de um doente que sofre de afasia semântica, podem ser ilustradas com os dados que se seguem, colhidos em material de doentes dos E.U.A.[59]: o número de substantivos no discurso telegráfico de um doente que fala inglês perfaz 24,2%; na língua inglesa normal, 13,2%; na fala de um doente que sofre de afasia semântica, 4,4%; números correspondentes para os verbos — 6,8% (discurso telegráfico), 12,0% (discurso normal), 13,4% (discurso de um doente que sofre de afasia semântica). Vê-se, por estes dados, que o estilo telegráfico caracteriza-se pela falta de verbos (i.e. por seu caráter nominal), poder-se-ia chamá-lo com todo direito de estilo nominal. Na afasia semântica, ao contrário, intensifica-se o papel desempenhado pelos verbos (e pronomes) e diminui a função dos substantivos.

Esses dados coincidem basicamente com os resultados da confrontação de diferentes tipos de afasia em doentes que falam outras línguas, e entre elas, o russo. Assim o doente G., em cujo discurso se notavam os fenômenos de afasia semântica referidos anteriormente, empregava verbos com bastante freqüência. Descrevia do seguinte modo sua especialidade anterior (o paciente havia sido ferroviário): *Eles trabalham esse negocinho. Como ligar, como trocar, quanto tirar*. Tal acoplamento de infinitos manifestou-se também no relato de G. sobre a maneira como adoeceu: *Trabalhar, trabalhar. Acrescentar, acrescentar*. Os substantivos empregados por G. faziam parte, a maioria das vezes, das palavras com sentido genérico (às vezes com caráter semi-pronominal, como por exemplo, *negócio*). Isso pode ser relacionado com o fato de que, no discurso do doente G., eram empregados alguns neologismos — substantivos abstratos terminados em *ost'*, construídos segundo o modelo da palavra *spetziál'nost'* [especialidade]: *vaiénnost'* [caráter militar], *jeleznodarójnost'* [caráter ferroviário] (o aparecimento do sufixo — *ost'* nessas palavras, proferidas em seguida à palavra *spetziálnost'*, pode ser relacionado com as perseverações, típicas do discurso dos afásicos). Quer dizer, os substantivos eram usados no discurso de G., não para designar objetos, mas numa função próxima à dos infinitivos (*caráter guerreiro* — "ser guerreiro", *caráter ferroviário* — "ser ferroviário").

---

58. *Ap.*, 4.3.4., pp. 33-35. Vide as observações de caráter geral sobre a necessidade de uma abordagem estatística da afasia, no artigo de G. Herdan: "The statistical interpretation of aphasia", *in Confinia psychiatrica*, vol. I, 1958.

59. Vide:*Ap.* 4.3.4., p. 35.

Como exemplo oposto, de estilo nominal, pode ser tomado o discurso do doente T., o qual, até o início das aulas de recuperação, pelos dados da anamnese, geralmente não fazia uso de verbos. Ao contar sua vida, T. os ignorava quase completamente, embora deles fizesse bom uso nas respostas às perguntas do médico. No relato de seu trabalho na marinha, encontraram-se verbos duas vezes: *guerra... marinheiro... cruzador... Leningrado... telegrama... troca... separou-se... coberta... estavam navios fileira*. Por ocasião da repetição deste trabalho na aula seguinte, T. não soube empregar nenhum verbo sem que lhe sugerissem: *o cruzador... um ano, dois, três... o cruzador... e já o navio... o grande cruzador... eu muito... muitos rapazes,... eu Mordje* (em lugar de *Morse*)... *eu... os rapazes... muita gente*, etc. Também em seu relato sobre uma expedição ao Altai nos anos de estudante, os verbos estavam quase ausentes: *expedição... uma vez, duas vezes... ao Altai... montanhas, pedras... difíceis de escrever... eu... escreve... caderno*.

A ausência (ou número muito limitado) de verbos no discurso de T. (da mesma forma que em outros doentes que aparentavam sintomas análogos) ligava-se a uma alteração das estruturas sintáticas básicas. Ao fim de sete aulas, T. apropriara-se de um sintagma predicativo de duas palavras (do tipo: *havia navios*). Entretanto, a transformação semântica pela qual ao sintagma predicativo binário era acrescentada uma palavra adverbial explicativa ou uma construção preposicional apresentava-se-lhe como uma grande dificuldade. Em lugar de *Hoje sopra o vento*, o doente dizia *O vento sopra o rosto*. Quando se tratava de descrever situações representadas por quadrinhos, o erro mais freqüente referia-se às construções preposicionais: *O menino está da cama* (até aqui havia sido proferida uma série desconexa de palavras: *o menino... sapatos... está*), *o menino... vai... cogumelos, O menino... trepou... árvores*, etc. Dificuldades semelhantes, na construção de estruturas sintáticas complexas, foram notadas no doente B., por ocasião de um desenvolvimento inverso da afasia total.

Conforme permite supor a experiência do ensino da língua a alguns afásicos e cegos-surdo-mudos, é possível começar o treinamento pelo ensino de axiomas lingüísticos relacionados com situações elementares: aos poucos, são introduzidos textos mais complexos, retirados de axiomas por meio da aplicação de algumas transformações. Em outros termos, durante o treinamento, da seqüência dos textos a serem estudados, devem ser extraídos os axiomas e as regras que geram as frases da língua dada (o ensino de uma língua assim apresentado coincide com as idéias dos últimos trabalhos de N. Chomsky).

As alterações das estruturas sintáticas que se notam nos casos de afasia encontram analogias surpreendentes na história da língua[60]. O predomínio da coordenação sobre a subordinação e a ausência de uma expressão sintática precisa dos traços lógicos entre os componentes do período são igualmente característicos para a maioria das línguas antigas (ou línguas de escrita mais recente), muito próximos dos fenômenos observados na afasia. A esse respeito são interessantes os dados referentes à alteração da expressão lingüística das relações entre as partes e o todo. Convém notar que as agnosias que se referem a partes do corpo, estão habitualmente ligadas a dificuldades de nomear partes de vários objetos (por exemplo, partes de uma bicicleta)[61]. A alteração das relações entre parte e todo é comparável, por um lado, com o fenômeno sintático arcaico da oposição participial, que se encontra nas antigas línguas indo-européias e que possui paralelos tipológicos em muitas línguas sem escrita, e, por outro lado, com aquela equivalência entre parte e todo que, como já notou Dostoiévski e depois dele Eisenstein[62], é característica da construção dos sonhos (i.e. da simbólica do inconsciente). Ao mesmo tempo, tal ocorrência pode encontrar analogia na lógica da participação, que Lévy-Brühl reconstruiu para o pensamento primitivo. Nas afasias, como na solução dos problemas elementares da identificação e da combinação dos signos no sonho, são eliminadas algumas das limitações sintáticas que caracterizam os sistemas sígnicos contemporâneos; o resultado dessa eliminação revela-se tipologicamente próximo de sistemas bastante arcaicos e primitivos.

7. Para a teoria geral dos sistemas de signos, Semiótica[63], pode apresentar especial interesse o estudo da afasia como d i s-t ú r b i o   c o m u m   a   v á r i o s   s i s t e m a s   s e m i ó t i-c o s. A possibilidade de pesquisar os distúrbios em diferentes sistemas de signos (de símbolos) foi apontada pela primeira vez por J. H. Jackson que, com referência a isso, formulou uma série de idéias importantes para a Semiótica geral[64]. As idéias

---

60. A. R. Luriá, "Aphasia and analysis of speech processes", *Language and speech*, vol. I. n. 1, abr.-mar., 1958, p. 26.

61. *Ap.*, 2.3.3., pp. 17, 18.

62. Vide a conversa de Ivã Karamazov com o diabo: S. M. Eisenstein, "Páginas da vida", *Znâmia*, 1960, n. 10, p. 156.

63. Nos trabalhos sobre afasia, o emprego do termo "Semiótica" pode apresentar dois sentidos, devido à existência de um termo médico homônimo; no presente trabalho, entretanto, este nunca é empregado.

64. J. H. Jackson, "Words and other symbols in mentation", *in Selected writings of J. H. Jackson*, vol. II, New York, 1948 (cf. tam-

de Jackson foram desenvolvidas por Head, que definiu a afasia como perturbação "da formulação simbólica e da expressão"[65].

É de interesse especial, na abordagem semiótica das afasias, o estudo dos distúrbios da linguagem do ponto de vista de seu relacionamento com os outros sistemas de signos (de acordo com o que foi dito acima sobre a correlação das perturbações da língua escrita e oral e da linguagem dos gestos). Como fez notar R. O. Jakobson, umas das manifestações mais características da afasia consiste na perturbação das operações metalingüísticas, durante as quais o sistema sígnico (a língua) é descrito por meio de um ou de outro sistema de signos, que funciona como metalinguagem. É possível ligar com a perturbação das operações metalingüísticas, em particular, a impossibilidade da realização de transformações (por exemplo, a identificação dos sinônimos) no interior de uma dada língua ou mesmo entre duas línguas diferentes[66]. É significativo também que na afasia transgride-se freqüentemente o uso dos pronomes pessoais, que indicam a relação do discurso com os participantes do ato do discurso[67].

Um caso particular é constituído pela utilização da alteração de um sistema sígnico (a língua), que intervém como código de nível inferior, na codificação das unidades de um outro sistema de signos (a arte), o qual funciona como código de nível superior. Graças a tal uso, os fenômenos que se encontram na afasia, num outro nível de organização, podem ser considerados não sintomas de doença, mas particularidades de estilo, o qual vem a ser, desse ponto de vista, uma sublimação artística da doença. Em outras palavras, poder-se-ia dizer que quando há alteração do código de nível inferior, há conservação do código de nível superior; a existência de uma complementaridade na relação entre o grau de domínio dos códigos de diferentes níveis poderia explicar casos célebres de linguagem "confusa" de grandes poetas. A esse respeito convém notar a possibilidade de se comparar o estilo de Joyce (em *Ulysses* e especialmente em *Finnegans Wake*) com a afasia dos poliglotas. A criação de esti-

bém os demais artigos de Jackson sobre a afasia, reunidos na mesma edição).

65. H. Head, *Aphasia and kindred disorders of speech*, New York, 1926, vol. I, p. 210.

66. R. Jakobson and M. Halle, *Fundamentals of language*, pp. 67, 68.

67. Cf. R. Jakobson, *Shifters, verbal categories and the Russian verb*, Cambridge, Mass., 1957; V. V. Ivanov, "Código e comunicação", in *Boletim da sociedade de tradução mecânica*, 1957, n. 5, p. 49 (cf. também as analogias com esse fenômeno na filogênese e na ontogênese).

los originais ou de linguagens especiais (por exemplo, a linguagem transmental)[68], próprias apenas de um dado escritor, encontra da mesma forma analogia num outro (inferior) nível de organização, em fenômenos patológicos correspondentes — na neofasia (cf. adiante[69]). Vale a pena salientar que, no caso dado, como numa série de outros, são particularmente valiosos, para uma comparação com a linguagem poética, não os dados da linguagem dos afásicos, mas os da fala dos alienados e dos neuróticos.

A reavaliação das locuções idiomáticas graças à compreensão literal de suas partes constitutivas e ao ressurgimento de sua forma interna na linguagem poética, é comparável ao fenômeno análogo no discurso dos afásicos[70]. Em literatura pode-se construir, por esse procedimento, o argumento de toda uma obra (*Contos de caça* de Chesterton). Entretanto, são comuns, no caso em questão, não tanto as causas psicológicas deste fenômeno quanto as lingüísticas: a natureza contraditória do sistema da língua, que é eliminada por ocasião das alterações do sistema ou em caso de seu uso literário. De forma idêntica deve ser compreendido que o caráter de "jogo vencido" das coincidências sonoras redundantes de palavras e de suas partes (que não carregam informação de sentido no discurso comum) ligam a linguagem poética com a linguagem dos retardados mentais.

Os fenômenos da mudez histérica pseudofásica, que, conforme já mostramos, são comparáveis com os tabus, podem apresentar interesse também para o estudo do problema do silêncio poético (o qual, em determinadas condições psicológicas e sociais, pode ser considerado como elemento significante de grau zero da linguagem poética, da mesma forma que, em relação ao discurso comum, o silêncio, a começar pelo trabalho de Reves sobre a origem da língua, é considerado um fato lingüístico). Não resta dúvida que, por exemplo, o "abuso do silêncio" (palavras de Valéry), característico do período tardio da criação de Rilke (depois da Primeira Guerra Mundial), possui muito em comum com a ausência patológica da fala. Se o silêncio, neste caso, intervém como elemento da linguagem sígnica

---

68. A *zaúm* (linguagem transmental) foi praticada pelos poetas do futurismo russo.

69. Cf. A. A. Pogódin, "A língua como criação", *in Questões da teoria e da psicologia da criação*, Kharkov, 1913, vol. IV, pp. 70, 71.

70. No diagnóstico, tal reavalização das locuções idiomáticas chama-se com freqüência e erroneamente de incompreensão das metáforas.

da poesia, no caso dos tabus ele funciona como um meio de codificação de signos do sistema religioso.

É preciso observar que a interpretação religiosa das alterações da fala remonta a épocas bastante remotas; seu primeiro testemunho histórico é o relato do príncipe hitita Mursilis de que fora privado do dom da fala[71]. Aqui a própria afasia total é considerada elemento do sistema fônico da religião. Em outras palavras, a afasia total (como em outros casos a seqüência de unidades da língua) intervém como texto religioso.

Os métodos da pesquisa semiótica podem mostrar-se úteis não apenas para analisar de que modo as alterações do discurso são usadas num nível mais alto de organização, mas também para esclarecer as causas dessas mesmas alterações de origem neurótica. Na medida em que a neurose pode ser considerada como um sistema comparável com a língua[72], é possível considerar os distúrbios neuróticos da fala como um caso especial de interação dos sistemas de signos da conduta humana, em que um sistema — o da língua — se alterou em parte.

8. O número de diferentes sistemas de signos (de um mesmo nível ou de níveis diversos) que uma dada pessoa domina, pode servir de critério para a avaliação das possibilidades intelectuais de sua personalidade[73]. A investigação dos distúrbios desses sistemas é muito importante para se estudar o problema da l i n g u a g e m d a p e r s o n a l i d a d e, à qual foi novamente dado um lugar de destaque, pela Lingüística contemporânea, nos trabalhos de Sapir[74] e de Firth, indicativo, este último, da importância da análise das afasias[75]. Se a personalidade pode ser definida como feixe de traços distintivos (de programas de comportamento ou de programas lingüísticos)[76],

---

71. A. Gotze e H. Pedersen, *Mursilis Sprachlahmung*, Kobenhavn, 1934.

72. Cf. Lawrence S. Kubie, "The relationship of symbolic function in language formation and in neurosis", *in Cybernetics, Transactions of the 7th Conference*, New York, 1951, pp. 210 e ss.

73. De acordo com a classificação de N. A. Bernstein, todos esses sistemas referem-se a um nível superior de organização E. (N. A. Bernstein, ob. cit., p. 150).

74. E. Sapir, *Selected writing in language, culture and personality*, Berkeley — Los Angeles, 1949.

75. J. R. Firth, *Papers in Linguistics*, Londres, 1958, p. 188.

76. Cf. semelhante concepção lingüística da personalidade em Firth (J. R. Firth, ob. cit., p. 184) e na teoria da sinalização de I. V. Knorozov (comunicação à Conferência sobre Processamento da Informação, Tradução Mecânica e Leitura Automática do Texto, em janeiro de 1961).

então nos distúrbios do discurso, alguns desses signos são neutralizados e dão origem, às vezes, a alguns traços distintivos complementares — fato esse particularmente importante para questões de poética. Conforme Sapir mostrou de maneira convincente, o problema da linguagem da personalidade, tal como muitos outros problemas lingüísticos, é um assunto da Psicologia social. A personalidade é formada pela intersecção dos canais de ligação que existem num dado meio social; por isso, estudando as alterações desses canais de ligação, é possível, para empregar os termos das teses póstumas de L. S. Vigótski, "traçar o caminho que leva dos distúrbios focais de um gênero definido à mudança específica da personalidade inteira e de seu modo de vida"[77].

As alterações da língua (e de outros sistemas de signos) na afasia revelam-se muito próximas das alterações que caracterizam o comportamento lingüístico normal de cada membro da sociedade[78]. Assim, por exemplo, o fenômeno do esquecimento do aspecto sonoro da palavra, cujo significado é conhecido por quem fala, encontra-se não apenas nos afásicos, mas no discurso comum (cf. os versos de O. E. Mandelstam que servem de epígrafe ao capítulo final do livro de L. S. Vigótski *Pensamento e discurso:*

Esqueci a palavra que queria dizer
E o pensamento incorpóreo volta à morada das trevas. . .)

Mesmo fenômenos tão específicos da afasia como a perseveração encontram numerosas analogias no discurso normal[79]. A fala do doente T. que consistia basicamente na repetição periódica das três palavras *normal, bem* e *aqui*[80], pode perfeitamente ser comparada com o discurso normal, onde, de acordo com a observação do autor, nos últimos tempos o emprego da palavra *normal*, como característica universal de qualquer situação, aumentou sensivelmente (pesquisou-se o discurso

---

77. L. S. Vigótski, "Psicologia e estudo da localização", *in Primeiro Congresso Ucraniano de Neuropatólogos e Psiquiatras, Teses das comunicações*, Kharkov, 1934, p. 41.
78. Vide: E. H. Lenneberg, ob. cit., p. 107; T. Weisenburg e K. E. McBride, ob. cit., p. 3.
79. N. A. Bernstein, ob. cit., pp. 237, 238.
80. Estas três palavras, pelo visto, eram necessárias nas situações de comunicação discursiva limitada do doente e se repetiam com maior freqüência: nas respostas às perguntas de como ele se sentia (*bem, normal*) e à pergunta *onde dói (aqui)*. Cf. a limitação do vocabulário das crianças.

Pietróv[81]. Desse modo, os fenômenos da afasia podem ser concotidiano dos operários de estabelecimentos técnicos); cf. o vocabulário abreviado de "A ogra Elezinha", descrito por Ilf e siderados muitas vezes não apenas como um desvio da norma, mas como continuação e realização extrema de tendências que se encontram no discurso normal. Deste ponto de vista, é possível comparar com os casos de afasia retratos discursivos individuais de personagens literárias (cf., por exemplo, o estilo telegráfico de Jingle em *Memórias póstumas do Clube de Pickwick* de Dickens).

Os desvios das normas estatísticas ordinárias da língua observam-se nos doentes de afasia semântica e de agramatismo, mas não no jargão de afásicos cuja fala tenha tido sua parte pragmática alterada[82]. Além do mais, como agudamente observou Miller, o jargão de tais afásicos ou psicóticos pode ser usado como modelo estatístico de língua, do tipo de Shannon[83]. Uma abordagem estatística da língua, de quarta ou quinta ordem, dá quase o mesmo resultado que o jargão dos afásicos, cf., por exemplo, as frases inglesas do tipo: *Went to the movies with a man I used to go toward Harvard Square in Cambridge is mad fun for*[84]. Em outros termos, o discurso sem sentido (ou idiota) conserva as regularidades estatísticas normais da língua. Isto se refere não apenas à fala dos afásicos, mas a uma série de outros textos (por exemplo, a muitas obras lingüísticas).

Muitos pesquisadores (ultimamente N. Chomsky) têm reparado que a norma lingüística, tal como é descrita nas gramáticas, não se observa comumente em falantes que no discurso real empregam frases entrecortadas, nem sempre construídas corretamente e de acordo com a série de sinais acústicos (mur-

---

81. Alusão a um escrito de Iliá Ilf e Ievguêni Pietróv (1897-1937 e 1903-1942, respectivamente), autores soviéticos que escreveram em colaboração — N. do O.

82. *Ap.*, 4.3.4., p. 35.

83. G. A. Miller, "Speech and language", *in Handbook of experimental psychology*, ed. by Stevens, publ. by Wiley and Sons, 1951, p. 790.

84. G. A. Miller, "Language Engineering", *in Journal of the Acoustical Society of America*, vol. 22, n. 6, 1950, p. 723. Cf. princípios analógicos: A. Taylor e N. Moray, "Statistical approximations to English and French", *in Language and Speech*, vol. 3, p. 1, jan.-mar. 1960, pp. 7-10; A. M. Laglom e I. M. Laglom, *Probabilidade e Informação*, Moscou, 1960, p. 194; E. V. Padútcheva, "Possibilidade do estudo da língua pelos métodos da teoria da informação", *in Comunicações à Conferência de Processamento da Informação, Tradução mecânica e Leitura Automática do Texto*, Moscou, fasc. 5, 1961, p. 8.

múrio, etc.). A norma lingüística não é extraída diretamente dessas frases, mas é reconstruída com base nelas[85].

Conseqüentemente, a diferença entre os afásicos e os outros membros de dada coletividade lingüística consiste a maioria das vezes, não em sintomas isolados, mas na mudança total do comportamento lingüístico de uma pessoa. Particularmente importante revela-se a mudança das diretrizes de vontade de um indivíduo, devido a defeitos da fala[86]. Muitos afásicos descrevem os defeitos de sua fala como se fossem observadores de fora, impotentes de modificar o que quer que seja, cf. as seguintes queixas: *Eu agora não ouço muita coisa... Agora, chamar... Ora, como é que eu posso dizer... Eu não sei dizer agora... Saber eu sei, mas dizer... Mas não dizer, desculpe... Ouvir, eu ouvirei quem quer que fale, pode ser que eu compreenda. Mas eu mesmo falar...; Chego em casa e pergunto... Tão logo me perguntam, eu esqueço... não consigo raciocinar* (Donte G). O doente V., em cuja anamnese constava notar ele seus enganos mas manter-se tranqüilo no que se referia à sua cura, assim se manifestava regularmente em sua conversa: *Não entendi... Agora não compreendo... Há algo que não entendi...* etc.[87]. Tal colocação com relação aos distúrbios da fala deve estar ligada a particularidades específicas da psique do indivíduo, visto que ela constitui uma das diferenças essenciais entre as afasias do homem e as alterações análogas na atividade fono-articulatória dos animais. Os casos de afasia em papagaios, descritos na literatura especializada, caracterizam-se pelo fato de que os próprios papagaios tendem a corrigir os defeitos de sua fala[88].

Ocorre que para o estudo da particularidade apontada, nos afásicos, é fundamental pesquisar os fenômenos inconscientes. Em determinados casos, o relato do próprio afásico

---

85. A última formulação é o resultado da discussão do assunto com V. A. Uspênski, a quem o autor agradece as opiniões valiosas expressas quanto aos problemas da afasia. O autor se interessa por elas desde 1956, por influência da discussão com V. A. Uspênski sobre as questões cibernéticas da Lingüística.

86. Cf. notas a respeito dos defeitos da vontade na afasia, no livro de A. R. Luriá, *The nature of human conflicts*, New York, 1932. Essas idéias de A. R. Luriá são importantes para a pesquisa cibernética do papel da linguagem no controle do comportamento humano.

87. Grande número de semelhantes expressões de doentes são dadas no livro de A. R. Luriá, *Afasia traumática*.

88. J. C. Licklider, "The manner in which and extent to which speech can be distorted and remain intelligible", *in Cybernetics. Transactions of the 7th. Conference*, New York, 1951, p. 102.

sobre o início da doença pode ser interpretado no espírito da Psicanálise clássica. Assim, o relato do doente G., onde o lugar mais importante era ocupado pela médica (*doutora... professora... irmã... moça...*), que estava cuidando dele no começo da doença, poderia ser interpretado de acordo com Freud: *Quando começou... a ignorante*[89]. *...Depois da guerra passaram-se uns três dias... Nós sempre fomos educados... A professora... fortes... Trabalhar, trabalhar... acrescentar, acrescentar... A professora, ou seja a médica... Depois de repente ela saiu... Desculpa, presta atenção, vai ter dificuldades... Depois da guerra passaram-se ao todo uns seis dias... A moça, a professora, ou seja, a irmã... ache, procure a doença e farão esta operação... Tem muita coisa agora que eu não ouço...* Não somente nesses casos, mas em muitos outros menos claros, as causas da atitude específica do doente para com sua doença podem estar relacionadas com complexos psíquicos inconscientes, provenientes de algum trauma sofrido. Neste sentido, as afasias podem ser perfeitamente comparáveis com "defeitos pseudo-afásicos" como a surdo-mudez contusiva (histérica)[90].

Na análise das estruturas inconscientes que estão na base dos distúrbios discursivos, é preciso não esquecer que, em sua descrição (da mesma forma que na descrição da totalidade dos fenômenos discursivos inconscientes), é necessária a Psicologia social do inconsciente, a qual se diferencia substancialmente da freudiana, embora possuam traços em comum[91]. O domínio inconsciente (automático) da língua natal, aprendida no tempo devido, as lembranças de todos os desenvolvimentos da qual tornaram-se inconscientes, é diferente do domínio inconsciente das línguas aprendidas ulteriormente. A atitude em relação às línguas estrangeiras, cujo domínio por parte de um dado falante se tornou automatizado, é comparável com a atitude

---

89. Com "a ignorante" o doente G. referia-se à sua doença. As primeiras palavras do relato podem ser traduzidas do seguinte modo: "A doença começou assim... Quando nós éramos sãos", etc.

90. Sobre as fontes inconscientes desta última cf.: A. R. Luriá, *Restauração das funções do cérebro após um trauma de guerra*, Moscou, 1948, pp. 28-31.

91. O primeiro lingüista a insistir na necessidade de tais pesquisas, resultantes de uma teoria psicológica mais geral do que a freudiana, foi Sapir. (Vide: E. Sapir, *A Linguagem*, Moscou-Leningrado, 1934; E. Sapir, "The unconscious patterning of behavior in society", *in Selected writings in language, culture and personality*, pp. 544-596. Cf.: E Benveniste, "Remarques sur la founction du langage dans la découverte freudienne", *in La Psychanalyse*, vol. I, Paris, 1956.)

em relação aos fenômenos relegados para o subconsciente durante a vida consciente adulta. Pode-se considerar cada uma das línguas automatizadas como um programa introduzido no indivíduo pela sociedade; à luz dos trabalhos de Whorf, pode-se supor que a língua natal (que se forma, como outras estruturas inconscientes, na primeira infância) desempenha o papel de programa programante, ou seja, se revela um fenômeno determinante na conduta futura da personalidade e nos programas futuros, que são formados pelo próprio indivíduo (cf. programas programantes como os transmitidos por via genética). O emprego desigual de duas línguas diferentes na histeria[92], comparado com os casos de afasia dos poliglotas, pode ser explicado pelo fato de cada língua estar relacionada com um programa particular de comportamento. Pode ser encontrado algo análogo na norma dos poliglotas que fazem uso em sua casa de diversas línguas, na criação poética, etc. (cf., por exemplo, a correlação entre a língua russa, a alemã e a francesa na vida e na obra de Tiutchev). Na análise da afasia dos poliglotas, freqüentemente devida a causas emocionais inconscientes, é indispensável ter em conta também os fatores sociais que podem influir na alteração de um dos dois sistemas lingüísticos. Assim, em tempo de guerra ou de após-guerra, a alteração de uma das línguas dos dois lados antagônicos pode estar ligada a fatores de caráter social, que influem na criação dos complexos inconscientes. O argumento do romance de Giraudoux *Sigfried et Limousin* baseia-se num caso de afasia de um poliglota em tais condições históricas. Ao mesmo tempo, tanto quanto os fatos da Sociologia lingüística, são essenciais também os fatos da "biografia lingüística"[93] do poliglota que sofre de afasia. Desse modo, o exemplo tomado por Vald em sua tese, do poliglota que aos 30 anos falava, lia e escrevia em russo, inglês e alemão e que depois, durante 16 anos (até a ocorrência de um trauma cerebral em 1953), não empregou mais nenhuma língua estrangeira[94], merece atenção especial, pois aqui os

---

92. Cf. A. L. Pogódin, ob. cit., pp. 74, 75. O autor aproveita o ensejo para agradecer a I. S. Martemianov as idéias interessantes a respeito do problema em questão.

93. Sobre a necessidade de se estudar a "semasiologia biográfica", vide: J. R. Firth, ob. cit., p. 99. Relativamente ao primeiro período da ontogênese, esta questão foi resolvida por Piaget, L. S. Vigótski e uma série de outros estudiosos; períodos mais tardios podem ser pesquisados, antes de mais nada, com base em materiais referentes ao desenvolvimento da linguagem de um escritor e reunidos em obras de pesquisa e dicionários.

94. I. Vald, ob. cit., p. 92.

sistemas de língua, afetados pelo trauma cerebral, haviam deixado de ser empregados pelo doente muito antes disso. Em outras palavras, também aqui os fenômenos patológicos podem ser a continuação de uma tendência que já se observa na norma. Não apenas uma dada pessoa, mas um coletivo lingüístico, podem vir a ser caracterizados pelo número de sistemas de signos empregados e pelo caráter de suas alterações; por isso, muitas vezes, para explicar essas mesmas alterações, é necessário conhecer os traços do coletivo todo[95]. Assim, os resultados das afasias nos poliglotas numa cidade de duas línguas como Montreal (e algumas partes do Canadá)[96] refletem, em grau considerável, a correlação entre inglês e francês, nessas regiões de bilingüismo difuso.

Pode-se considerar como um aspecto particular da afasia do poliglota a alteração da possibilidade da utilização artística de uma das duas línguas (i.e. sua aplicação como código de nível inferior para a codificação dos signos poéticos — unidades do código de nível superior). O poeta e lingüista I. contou que após ter sido acometido de tifo, durante a Guerra Civil, perdeu a capacidade de escrever versos numa das línguas estrangeiras (francês) e, embora continuasse a falar e a escrever artigos científicos em francês, não pôde terminar uma grande tradução poética do russo para o francês, cujo começo muitos críticos de valor haviam considerado bastante promissor. Este caso é comparável com a afasia comum do poliglota provocada pelas mesmas causas: de acordo com a informação oral de I., que dominava, até apanhar o tifo, as línguas russa e cazaque, após a doença não só perdeu em grau considerável o conhecimento desta última, mas também a capacidade de aprender línguas estrangeiras. Nos dois últimos casos trata-se, provavelmente, de pseudo-afasia, provocada pela ação de estruturas psíquicas inconscientes (e não por alguma afecção focal).

É caso peculiar de bilingüismo aquele em que uma das línguas é empregada num certo ambiente apenas por um de seus membros, sendo ele, desse modo, inventor de uma nova língua. Este caso (neofasia) é relativamente raro nas afasias,

---

95. Como analogia pode ser considerada a análise daquelas alterações do discurso que se explicam completamente pela natureza fechada do microcoletivo, em cujos limites se efetua o contato; vide a análise da fala dos gêmeos no livro de A. R. Luriá e F. R. Iudóvitch, *A fala e o desenvolvimento dos processos psíquicos na criança*, Moscou, 1956.

96. Alguns dados sobre as afasias dos poliglotas no Canadá aparecem no livro de W. Penfield e L. Roberts, ob. cit.

visto que o sistema empregado pelo afásico é, na maioria das vezes, resultado da degenerescência (desagregação) da língua normal e não resultado de sua transformação ou enxerto em outras línguas, característica esta própria na neofasia[97]. Entretanto, em alguns aspectos da afasia observam-se fenômenos próximos da neofasia: assim pelos dados da anamnese, o doente S., que substituía todos os fonemas misturando-os com sons pouco claros, empregava para a contagem, graças à capacidade de contar que conservara, a associação normal de sons *ded*. Tal contagem, que no primeiro estágio da doença não possuía nada em comum com a contagem da língua normal, aproximou-se aos poucos da série normal dos numerais, passando pelas etapas seguintes: 1) *ded – ded – ded – ded – ded*, 2) *as – da – ty – titine – pat*, 3) *adín – dadan – dy – ditine – pat* [do russo: (*rás*) *adín, – dva, – tri, – tchetire, – piat'* – respectivamente: (*uma vez*), *um, dois, três, quatro, cinco*]. As particularidades fonéticas de semelhantes numerais, feitos artificialmente nessa linguagem mista especializada, explicam-se pela impossibilidade de pronunciar alguns sons: assim *adín* (ou *as*) e *ditine* são empregados devido ao fato do doente não estar em condições de pronunciar *r* nas palavras *rás* [uma vez] e *tchetire* [quatro]. (Mais tarde ele pronunciou *rlás* e *tchetirle*, com a confusão dos fonemas r – l.) Esta língua especializada, cujas palavras são constituídas por trocas fonéticas (substituições) de palavras da língua russa comum, foi desaparecendo à medida que se foi restabelecendo a pronúncia das palavras russas.

As neofasias (tal como as afasias) não devem ser consideradas apenas como desvios da norma. Como já se notou em literatura especializada, um grande número de fenômenos semelhantes observa-se na elaboração de línguas novas, como o esperanto[98], ou de linguagens poéticas transmentais[99], que possuem, do ponto de vista da teoria da informação, uma redundância extremamente baixa. A diferença entre os doentes mentais que inventam uma nova língua e o autor de qualquer projeto de uma língua internacional artificial consiste principalmente

---

97. Para a relação entre as línguas novas que se configuraram na neofasia e as línguas já conhecidas de seu inventor, vide: J. Stuchlik, "K fenomenologii patologických jazykových novotvaru", SAS, 1960, n. 4; L. H. Gray, *Foundations of language*, New York, 1940, p. 91; J. P. S. Robertson e S. J. Shamsie, "A systematic examination of gibberish in a multilingual schizophrenic patient", *in Language and Speech*, vol. 2, p. 2, 1959.

98. Vide: J. Stuchlik, ob. cit.

99. Vide: A. L. Pogódin, ob. cit.

no grau de reconhecimento social da nova língua, i.e. na quantidade de membros de uma coletividade que irão empregá-la[100]. Como particularidade dos distúrbios discursivos na esquizofrenia, que é, antes de tudo, alteração da conduta social[101], pode ser considerado o fato de que, graças ao autismo do doente cujos diversos programas de comportamento se separam bruscamente, tudo se afasta, em medida considerável, do programa de comportamento e dos programas da língua, próprios dos outros membros da coletividade. Isto reflete-se principalmente no caráter complexo dos significados das palavras[102], o qual é comparável com o período pré-compreensivo do desenvolvimento da criança e com ocorrências arcaicas no sistema semântico de línguas como o aranto. A complexidade dos significados, que se opõe diametralmente à univocidade de significado dos termos científicos ou das palavras das línguas das máquinas lógico-informacionais, é em grande medida e como norma, inerente à linguagem cotidiana, e em particular, à linguagem poética. Somente em patologia, porém, esta particularidade da linguagem comum, devido à desagregação do sistema semântico compreensivo, transforma-se num fenômeno comparável aos traços que podem ser reconstruídos em relação aos sistemas semióticos mais antigos[103]. A esse respeito convém observar que as artes plásticas dos esquizofrênicos adquirem aspectos de escrita pictográfica[104] de um sistema sígnico bastante arcaico, com o qual podem ser encontradas analogias também em alguns

---

100. Vide observações semelhantes a respeito de inventores de novos cultos (i.e. de novos sistemas sígnicos religiosos): M. Meed e T. Schwartz, "The cult as a condensed social process", *in Group processes. Transaction of the Fifth Conference*, New York, 1960, p. 90.

101. Vide o interessante material comparativo sobre a dependência da esquizofrenia de fatores sociais: M. K. Opler, "Schizophrenia and culture", *Scientific American*, vol. 197, n. 3, 1957.

102. L. S. Vigótski. "A alteração dos significados na esquizofrenia", *in Pesquisas psicológicas escolhidas*, Moscou, 1956, pp. 491-496. Tal estudo é um exemplo clássico da análise dos distúrbios da fala, do ponto de vista da Psicologia social. A respeito da linguagem dos esquizofrênicos, vide: H. Werner, "On the development of word meaning", *in Cybernetics. Transactions of the 7th Conference*, New York, 1951, pp. 187-214.

103. Deste ponto de vista, a descrição do pensamento primitivo complexo nos trabalhos de Marrá, que poderia ser chamado o Tchurlinis [grande pintor lituano, pioneiro da arte moderna – N. do O.] da língua, apresenta um interesse especial, principalmente como testemunho documental da origem patológica do sistema analógico, explicável pela doença do próprio estudioso.

104. T. A. Pasto, The schizoid bias in visual art, *Confinia psychiatrica*, vol. I, n. 1, 1958, p. 45.

casos de agrafia[105]. Nas agrafias, entretanto, trata-se de confusão entre desenhos e a escrita já conhecida do doente, enquanto na filogênese ocorria a transformação de desenhos numa escrita até o momento inexistente.

9. As primeiras tentativas de tradução mecânica e de outras aplicações de computadores na elaboração de textos lingüísticos permitem formular o problema da d a c o m p a r a ção dos distúrbios da atividade discursiva humana automatizada com alguns fenômenos que são revelados graças às operações mecânicas realizadas com a língua. Combinações que se afastam da norma lingüística e que se organizam nos atos do discurso mecânico, a partir de elementos do sistema da língua e de acordo com as regras deste sistema (ou de acordo com uma observação inexata), são comparáveis ao discurso humano não normalizado (dialetal, infantil, poético) e aos desvios patológicos da norma da língua (afasias). Nas afasias se descobrem também erros característicos das máquinas, relacionados com o volume limitado de memória operacional. Como faz notar um dos doentes que sofre dessa enfermidade, ele não consegue conceber *Muito tão de uma vez. Muito. Confunde-se logo* (doente V.). A limitação da memória operativa manifesta-se na impossibilidade de repetir corretamente séries longas de fonemas, de sílabas, de palavras e assim por diante. É característico que no caso do doente T., numa conversa com o médico, revelava-se continuamente um fenômeno comparável ao princípio "last in, first out", o qual, por razões técnicas, é admitido ao lidar-se com a memória operativa, em alguns grupos de tradução mecânica: a última palavra a ser pronunciada pelo médico é repetida em primeiro lugar pelo doente (*casa bosque – bosque casa; hoje sopra o vento – o vento sopra o rosto; no bosque floresceram as violetas – as violetas o vento sopra*). A compreensão literal de expressões idiomáticas que podem ser notadas nas afasias é comparável a erros semelhantes na tradução mecânica, quando as palavras que entram na expressão idiomática estão relacionadas com unidades vocabulares correspondentes que não contêm marcas de entrada em circulação[106]. A comparação entre operações humanas e mecâ-

---

105. No que se refere às analogias com os sistemas de escrita arcaicos, intermediários entre a arte escrita e a plástica e que podem ser percebidas na agrafia, vide: H. A. Bernstein, ob. cit., pp. 146, 147.

106. Cf. V. V. Ivanov, "Alguns problemas de tradução mecânica na U.R.S.S.", *in Teses das Comunicações para a Conferência sobre Processamento da Informação, Tradução Mecânica e Leitura Automática do Texto*, Moscou, 1961, p. 49.

nicas com a língua permite descrever o cérebro como análogo a máquina universal que contivesse mecanismos especiais para a introdução e a retirada de informação lingüística (esses mecanismos eram antes chamados incorretamente de centros da fala); algumas operações com a língua (a escolha de um elemento da memória, a construção de uma seqüência de elementos) não são especializadas, por isso a perturbação dessas operações repercute não apenas sobre a língua, mas também sobre as operações aritméticas, os movimentos rítmicos[107], etc. Ao mesmo tempo, levantou-se a hipótese de que no indivíduo adulto a automatização da atividade discursiva está ligada a uma representação esquemática (mas não programática) do sistema da língua (antes de tudo da língua natal), isto é, à presença de um mecanismo especializado para a manutenção desse sistema. Com isso explicar-se-ia uma atitude mais plástica em relação à linguagem infantil[108], quando o sistema da língua se apresenta ainda apenas como um programa introduzível (e não como um esquema dos elementos do cérebro); por isso as afasias infantis são habitualmente curadas sem trabalhos especiais[109]. De acordo com esta hipótese, os casos de afasia nos poliglotas em que a língua natal é afetada deveriam ser explicados pela perturbação dessa representação esquêmica (quando é mantido o programa de atividade discursiva na língua estrangeira).

Para modelizar as operações lingüísticas do cérebro na máquina, o problema da correlação dos hemisférios cerebrais é de interesse fundamental. Para fins de tradução mecânica pode-se empregar o sistema de duas máquinas acopladas, onde cada uma controlaria o trabalho da outra, fato de importância capital em vista da grande probabilidade de erros. Poder-se-ia pensar, todavia, que tal sistema, sem dúvida, não seria análogo ao sistema dos hemisférios, uma vez que o restabelecimento espontâneo das alterações discursivas poderia também estar relacionado com uma dominância condicional, geneticamente irregular, do hemisfério esquerdo[110]. Trabalhos mais recentes demonstram convincentemente o alto grau de especialização das funções discursivas no hemisfério dominante, num desen-

---

107. Cf.: A. R. Luriá, "Dois aspectos da atividade analítico-sintética do córtex cerebral", *in Anais da Universidade Estatal de Odessa I. I. Métchinkov*, vol. 147, Odessa, 1957.

108. E. H. Lennenberg, ob. cit., p. 109.

109. E. Guttman, "Aphasia in children", *Brain*, vol. 65, 1942.

110. A. R. Luriá, *Afasia traumática*, pp. 31-47.

volvimento normal[111]. Tais conclusões são de interesse indiscutível para o estudo do problema da origem da língua e da consolidação fisiológica do laço entre a língua e o instrumento básico de trabalho (a mão), de vez que um nível tão alto de especialização é peculiaridade distintiva do homem.

No cérebro, como na máquina, a codificação da informação em forma de signo revela-se indispensável para a conservação desta; por isso as alterações das atividades lingüísticas resultaram ligadas a alterações da memória. De interesse especial são aqueles casos de afasia em que o doente não está capacitado para lembrar sua própria vida (doente T.). Após uma série de tratamentos ele conseguiu lembrar alguns episódios e restabelecer ao mesmo tempo palavras que sem dúvida haviam pertencido antes a seu vocabulário ativo. Do ponto de vista da ligação entre memória e linguagem, merecem ser estudados os meios de codificação propostos na psicanálise de estruturas inconscientes (de programas programantes), que já se haviam configurado antes do domínio da língua.

Futuramente, quando às máquinas forem acrescentados aparelhos que dêem variadas indicações, será possível o estudo cibernético das relações entre a linguagem desses aparelhos (ou seja, os dados da experiência) e as linguagens internas das máquinas. Isto pode lançar luz sobre certos distúrbios da fala onde (como, por exemplo, na esquizofrenia) são estabelecidos laços entre o sistema sintagmático da língua concreta e a experiência, sem a ajuda de uma linguagem lógica intermediária[112].

Graças ao já avançado trabalho de análise automática e de síntese do discurso falado e escrito, têm-se revelado nesse campo as mais nítidas analogias cibernéticas com as afasias e as agrafias. Em particular, o distúrbio característico na agrafia que altera as propriedades topológicas dos grafemas[113], encontra um paralelo na maioria dos sistemas contemporâneos de leitura, que permitem reconhecer as letras de uma escrita qualquer ou de um grupo de escritas. Neste caso, como em muitos

---

111. H. Goodglass e F. A. Quadfasel, "Language — laterality in left-handed patients", *Brain*, vol. 77, 1954; W. Penfield e L. Roberts, ob. cit.; E. H. Lenneberg, ob. cit., p. 101; A. Subirana e L. Oller-Dawiella, "Laterality, maturity and electro-encephalography", *in Aktuelle Probleme der Phoniatrie und Logopädie*, vol. 1, 1960.

112. Cf.: V. V. Ivanov, "Questões lingüísticas da criação de uma língua mecânica para a máquina informacional" *in Materiais para a Tradução Mecânica* (coletânea), 1, Leningrado, 1958, p. 34.

113. Cf. N. A. Bernstein, ob. cit., pp. 123, 124.

outros, as máquinas, atualmente, são antes comparáveis com os afásicos do que com quem emprega corretamente a linguagem comum. Um estudo comparativo ulterior da estrutura dos sistemas da língua dentro da norma e na patologia é essencial não somente para o diagnóstico de doenças cerebrais, para o tratamento de afasias e para a Lingüística em geral, mas também para o aumento das possibilidades das operações mecânicas com textos de língua.

FONTES UTILIZADAS

LOTMAN, I. M. "K problêmie tipológuii cultúri" (Sobre o problema da tipologia da cultura). *Semeiotike, Trudi po znakovim sistiêmam* III (*Semeiotike*, Estudos sobre sistemas de signos III), Anais da Universidade Estatal de Tártu, Estônia, 1967.

MIELETÍNSKI, I. M. "Structúrnaia tipológuia i folclor" (Tipologia estrutural e folclore), *Contekst* 1973 (Contexto 1973), Editora *Naúka* (Ciência), Moscou, 1974.

IELIZÁRENKOVA, T. I. & TOPORÓV, V. N. "Mifologuítcheskie priedstavlênia o gribákh v sviazi s guipotésoi o piervonatchálnom kharáctiere sômi" (Concepções mitológicas sobre os cogumelos, relacionadas com a hipótese do caráter primitivo do soma). *Semeiotike, Tézissi dokládov liétniei chkóli po vtorítchnim modelíruiuchchim sistêmam* (*Semeiotike*, Teses das Comunicações do Curso de Verão sobre Sistemas Modelizantes Secundários 4), Edição da Universidade Estatal de Tártu, Estônia, 1970.

PIATIGÓRSKI, A. M. "Mir símvolov drévniei budíiskoi cultúri" (O mundo dos símbolos da antiga cultura budista). *Idem*.

LEVINTON, G. A. "Niékotorie óbchchie voprósi izutchênia svádiebnovo obriada" (Algumas questões gerais no estudo do rito matrimonial). *Idem.*

ZALIZNIÁK, A. A., IVANOV, V. V., TOPORÓV, V. N. "O vozmójnosti structurno-tipologuítcheskovo izutchênia niékotorikh modelíruiu-

chchikh semiotítcheskith sistiem" (Sobre a possibilidade de um estudo tipológico-estrutural de alguns sistems semióticos modelizantes), *Structurno-tipologuítcheskie islédovania* (Pesquisas tipológico-estruturais), Moscou, Editora da Academia de Ciências da U.R.S.S., 1962.
SEGAL, D. M. "O sviázi semântiki tieksta s ievó formálnoi structúroi" (Sobre a relação da semântica do texto com sua estrutura formal). *Poetics, Poetyka, Poética* II, Varsóvia, 1966.
LOTMAN, I. M. "O niékotorikh printzipiálnikh trúdnostiakh v structúrnom opissânii tieksta" (Sobre algumas dificuldades de princípio na descrição estrutural de um texto). *Semeiotike, Trudi po znakovim sistêmam* IV (*Semiotike*, Estudos sobre sistemas de signos), Anais da Universidade Estatal de Tártu, Estônia, 1969.
SEGAL, D. M. "Problema psikhologuítchekovo substracta znaka i niékoto‎ e teoretítcheskie vozzriênia S. M. Eisensteina" (O problema do bstrato psicológico do signo e algumas concepções teóricas de ‎. M. Eisentein), *Semeiotike, Tezíssi dokladov liétniei chkóli po ‎toritchmim modelíruiuchchim sistêmam* 3 (Teses das Comunicações do Curso de Verão sobre Sistemas Modelizantes Secundários 3), Edição da Universidade de Tártu, Estônia, 1968.
CHCHEGLÓV, I. K. "Niékotorie tcherti structúri "Metamorfoz" Ovídia (Algumas características da estrutura de *As Metamorfoses* de Ovídio). *Structurno-tipologuítcheskie islédovania* (Pesquisas tipológico-estruturais), Moscou, Editora da Academia de Ciências da U.R.S.S., 1962.
USPÊNSKI, B. A. "Semiótica u Chestertona" (A Semiótica em Chesterton), *Simpózium po structúrnomu izutchêniu znakovikh sistem. Tézissi dokladov* (Simpósio sobre o estudo estrutural dos sistemas de signos. Teses das comunicações), Moscou, 1962.
"Structúrnaia óbvhvhnost ráznikh vidov iskustva. Óbchchie príntzipi organizátzii proizviediênia v jívopissi i litteratúre" (Elementos estruturais comuns às diferentes formas de arte. Princípios gerais de organização da obra em pintura e literatura), Capítulo VII de *Poética compozítzii* (A Poética da composição), Moscou, Editora *Iskustvo* (Arte), 1970.
FORTUNATOV, N. M. "Ritm khudójestvienoi prósi" (O ritmo da prosa literária), *Simpózium "Problêmi ritma, khudójestvienovo vrêmeni i prostranstva v litieratúre i iskústvie"* (Simpósio "Problemas do ritmo, do tempo artístico e do espaço na arte e na literatura"), Leningrado, Editora *Soviétski pissátiel* (Escritor Soviético), 1970.
IVANOV, V. V. *Rol dvoítchnikh protivopolójnostiei dliá mifo-poetítcheskovo podkhoda k vrêmieni* (O papel das oposições binárias na abordagem mitopoética do tempo). *Idem*.
BOGATIRÉV, P. G. "Decorátzia, khudójestvienoie miesto i vrêmia v naródnom teatre" (O cenário, o espaço artístico e o tempo no teatro popular), *Semeiotike, Tezíssi dokladov liétniei chkóli po vtorítchnim modelíruiuchchim sistiêmam* 3 (*Semeiotike*, Teses das Comunicações do Curso de Verão sobre Sistemas Modelizantes Secundários 3), Edição da Universidade de Tártu, Estônia, 1968.
KARPÍNSKAIA, O. G., REVZIN, I. I. "Semiotítcheskii análiz ránikh piés Ionesco" ("Líssaia pievitza", "Urók") (Análise semiótica das primeiras peças de Ionesco (*A cantora careca* e *A lição*). *Tézissi dokladov liétniei chkóli po vtorítchnim modelíruiuchchim sistiêmam* 2 (Teses das comunicações do Curso de Verão sobre Sistemas Modelizantes Secundários 2), Edição da Universidade Estatal de Tártu, Estônia, 1966.

IVANOV, V. V. *O structúre znakov kinó* (Sobre a estrutura dos signos no cinema). Curso de Verão citado, 4, Edição da Universidade Estatal de Tártu, Estônia, 1970.

IVANOV, V. V. "Lingvística i islédovanie afásii" (A Lingüística e o estudo da afasia). *Structurno-Tipologuítcheskie Islédovania* (Pesquisas Tipológico-Estruturais), Moscou, Editora da Academia de Ciências da U.R.S.S., 1962.

SEMIOLOGIA E SEMIÓTICA NA PERSPECTIVA

O Sistema dos Objetos – Jean Baudrillard (D070)
Introdução à Semanálise – Julia Kristeva (D084)
Semiótica Russa – Boris Schnaiderman (D162)
Semiótica, Informação e Comunicação – J. Teixeira Coelho Netto (D168)
Morfologia e Estrutura no Conto Folclórico – Alan Dundes (D252)
Semiótica – Charles S. Peirce (E046)
Tratado Geral de Semiótica – Umberto Eco (E073)
A Estratégia dos Signos – Lucrécia D'Aléssio Ferrara (E079)
Lector in Fabula – Umberto Eco (E089)
Poética em Ação – Roman Jakobson (E092)
Tradução Intersemiótica – Julio Plaza (E093)
O Signo de Três – Umberto Eco e Thomas A. Sebeok (E121)
O Significado do Ídiche – Benjamin Harshav (E134)
Os Limites da Interpretação – Umberto Eco (E135)
A Teoria Geral dos Signos – Elisabeth Walther-Bense (E164)
Imaginários Urbanos – Armando Silva (E173)
Presenças do Outro – Eric Landowski (E183)
Autopoiesis. Semiótica. Escritura – Eduardo de Oliveira Elias (E253)
Poética e Estruturalismo em Israel – Ziva Ben-Porat e Benjamin Hrushovski (EL28)

COLEÇÃO DEBATES (últimos lançamentos)

321. *Tradução, Ato Desmedido*, Boris Schnaiderman.
322. *Preconceito, Racismo e Política*, Anatol Rosenfeld.
323. *Contar Histórias Com o Jogo Teatral*, Alessandra Ancona de Faria.
324. *Judaísmo, Reflexões e Vivências*, Anatol Rosenfeld.
325. *Dramaturgia de Televisão*, Renata Pallottini.
326. *Brecht e o Teatro Épico*, Anatol Rosenfeld.
327. *Teatro no Brasil*, Ruggero Jacobbi.
328. *40 Questões Para Um Papel*, Jurij Alschitz.
329. *Teatro Brasileiro: Ideias de uma História*, J. Guinsburg e Rosangela Patriota.
330. *Dramaturgia: A Construção da Personagem*, Renata Pallottini.
331. *Caminhante, Não Há Caminho. Só Rastros*, Ana Cristina Colla.
332. *Ensaios de Atuação*, Renato Ferracini.
333. *A Vertical do Papel*, Jurij Alschitz
334. *Máscara e Personagem: O Judeu no Teatro Brasileiro*, Maria Augusta de Toledo Bergerman
335. *Razão de Estado e Outros Estados da Razão*, Roberto Romano
336. *Teatro em Crise*, Anatol Rosenfeld
337. *Lukács e Seus Contemporâneos*, Nicaolas Terulian
338. *A Tradução Como Manipulação*, Cyril Aslanov
339. *Teoria da Alteridade Jurídica*, Carlos Eduardo Nicolletti Camillo
340. *Estética e Teatro Alemão*, Anatol Rosenfeld

Este livro foi impresso em Cotia,
nas oficinas da Meta Brasil,
para a Editora Perspectiva.